KB087317

CEDU쎄듀는 A **C**omprehensive **E**nglish e**DU**cation(종합적 영어교육)의 약자입니다.

온라인으로 학습하는 풍부한 기초 어법 문항

Mobile & PC 동시 학습이 가능한

쎄듀런 온라인 문법 트레이닝 서비스

학생용

❶ 주관식 1　　❷ 주관식 2　　❸ 주관식 3　　❹ 객관식　　❺ 선택&주관식

어법끝 START 실력다지기 온라인 학습 50% 할인 쿠폰

할인 쿠폰 번호	**LFL6D5U7YYZA**
쿠폰 사용기간	**쿠폰 등록일로부터 90일**

*어법끝 START의 온라인 학습 교재 코스와 동일하니 학습시 참고 바랍니다.

PC 쿠폰 등록 방법

1 쎄듀런에 학생 아이디로 회원가입 후 로그인해 주세요.
2 [결제내역→쿠폰내역]에서 쿠폰 번호를 등록하여 주세요.
3 쿠폰 등록 후 홈페이지 최상단의 [상품소개→(학생전용) 쎄듀캠퍼스]에서
　할인 쿠폰을 적용하여 상품을 결제해주세요.
4 [마이캠퍼스→쎄듀캠퍼스→어법끝 START 실력다지기 클래스]에서 학습을
　시작해주세요.

유의사항

- 본 할인 쿠폰과 이용권은 학생 아이디로만 사용 가능합니다.
- 쎄듀캠퍼스 상품은 PC에서만 결제할 수 있습니다.
- 해당 서비스는 내부 사정으로 인해 조기 종료되거나 내용이 변경될 수 있습니다.

어법끝 START 실력다지기 맛보기 클래스 무료 체험권 (유닛1개)

무료 체험권 번호	**TGU6QBZ7HGE6**
클래스 이용기간	**체험권 등록일로부터 30일**

Mobile 쿠폰 등록 방법

1 쎄듀런 앱을 다운로드해 주세요.
2 쎄듀런에 학생 아이디로 회원가입 후 로그인해 주세요.
3 마이캠퍼스에서 [쿠폰등록]을 클릭하여 번호를 입력해주세요.
4 쿠폰 등록 후 [마이캠퍼스→쎄듀캠퍼스→어법끝 START 실력다지기
　맛보기 클래스]에서 학습을 바로 시작해주세요.

PC 쿠폰 등록 방법

1 쎄듀런에 학생 아이디로 회원가입 후 로그인해 주세요.
2 [결제내역→쿠폰내역]에서 쿠폰 번호를 등록하여 주세요.
3 쿠폰 등록 후 [마이캠퍼스→쎄듀캠퍼스→어법끝 START 실력다지기
　맛보기 클래스]에서 학습을 바로 시작해주세요.

쎄듀런 모바일앱 설치

쎄듀런 홈페이지
www.cedulearn.com

쎄듀런 카페
cafe.naver.com/cedulearnteacher

어법끝 START
실력다지기

Grammar & Usage

저자

김기훈 現 ㈜쎄듀 대표이사

現 메가스터디 영어영역 대표강사

前 서울특별시 교육청 외국어 교육정책자문위원회 위원

저서 천일문 / 천일문 Training Book / 천일문 GRAMMAR

첫단추 BASIC / Grammar Q / ALL씀 서술형 / Reading Relay

어휘끝 / 어법끝 / 쎄듀 본영어 / 절대평가 PLAN A

The 리딩플레이어 / 빈칸백서 / 오답백서

첫단추 / 파워업 / 쎈쓰업 / 수능영어 절대유형 / 수능실감 등

쎄듀 영어교육연구센터

쎄듀 영어교육센터는 영어 콘텐츠에 대한 전문지식과 경험을 바탕으로

최고의 교육 콘텐츠를 만들고자 최선의 노력을 다하는 전문가 집단입니다.

오혜정 수석연구원 · **김진경** 전임연구원

검토에 도움을 주신 분 | 이홍복 선생님

원고에 도움을 주신 분 | 한정은

마케팅   콘텐츠 마케팅 사업본부

제작   정승호

영업   문병구

인디자인 편집 올댓에디팅

디자인   쎄듀 디자인팀

영문교열   Eric Scheusner · Janna Christie

펴낸이   김기훈 | 김진희

펴낸곳   (주)쎄듀 | 서울특별시 강남구 논현로 305 (역삼동)

발행일   2020년 9월 28일 1쇄

내용문의 www.cedubook.com

구입문의 콘텐츠 마케팅 사업본부

Tel. 02-6241-2007

Fax. 02-2058-0209

등록번호 제 22-2472호

ISBN   978-89-6806-203-2

Second Edition Copyright © 2024 by CEDU Inc.

All rights reserved. No part of this publication may be reproduced, stored in a retrieval system, or transmitted in any form or by any means, electronic, mechanical, photocopying, recording, or otherwise, without the prior permission of the copyright owner.

본 교재의 독창적인 내용에 대한 일체의 무단 전재 · 모방은 법률로 금지되어 있습니다. 파본은 교환해드립니다.

Preface

이 책을 내며

어법끝 START의 최신개정판이 출시되면서 연습문제집인 <어법끝 START 실력다지기>도 함께 개정하여 선보이게 되었습니다. 어법 실력은 개념을 우선 익히고 많은 문제를 통해 적용 훈련을 하는 것이 가장 효과적이므로 본 문제집을 통해서 좀 더 확고한 어법 실력을 다질 수 있습니다. 이 책의 특징은 다음과 같습니다.

1 <어법끝 START> 맞춤형 복습 교재

수능, 모평, 학평 등의 기출 분석에 근거하여 어법 문제를 유형별로 접근한 어법끝 START의 교재 순서를 그대로 따르기 때문에, 어법끝 START를 복습하는 데 가장 최적화된 교재라고 할 수 있습니다. 시험에 출제되는 네모형과 밑줄형 문제, 그리고 내신 서술형의 형태별 접근법과 어법 설명, 문제 풀이 등을 동일하게 적용했습니다.

2 체계적 학습 순서

PART I '네모 어법'과 PART II '밑줄 어법'에서 유형별로 어법 핵심 포인트를 되새기는 코너를 제공합니다. 최근 강세인 밑줄 어법과 내신 서술형(영작 포함) 대비를 위해 PART I에서도 이를 빠짐없이 수록하였습니다. 포인트별 접근법에서 유념해야 할 중요 사항이 무엇이었는지 스스로 빈칸을 채워가며 복습하고, 문장형 연습문제를 풀며 다시 적용할 수 있게 하였습니다. 유형별 학습을 마치면 PART III '실전 모의고사'로 최종 마무리할 수 있도록 구성했습니다.

3 실전 모의고사 15회 제공

본 책은 어법 요약정리와 문장 연습문제에 그치지 않고 실전 문제 풀이까지 도전할 수 있도록 PART III에 모의고사 15회(총 60개 지문)를 수록하였습니다. 앞에서 학습한 어법 사항을 모두 누적시킨 것으로, 실전 적용력을 한층 강화해줄 것입니다.

어법끝 START가 어법을 처음 시작하는 학생들에게 어법 학습의 첫걸음을 떼게 해주었다면, 이제 체계적인 개념 정리와 양질의 추가 문제를 제공하는 <어법끝 START 실력다지기>를 통해 다음 단계로의 발돋움을 한층 수월하게 해드리고자 합니다. 이 책을 마친 후에 상위 단계 교재인 <어법끝 ESSENTIAL>까지 학습한다면 진정한 어법 실력자로 자리매김할 수 있을 것입니다. 어법의 완전 정복을 위한 한 걸음 한 걸음마다 본 교재가 든든한 도우미가 되기를 기원합니다.

저자

about this book

<어법끝 START 실력다지기>의 구성과 특징

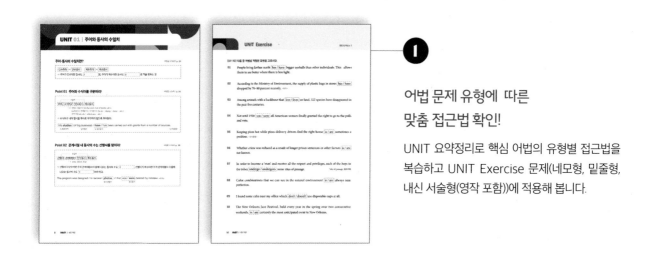

1

어법 문제 유형에 따른
맞춤 접근법 확인!

UNIT 요약정리로 핵심 어법의 유형별 접근법을
복습하고 UNIT Exercise 문제(네모형, 밑줄형,
내신 서술형(영작 포함))에 적용해 봅니다.

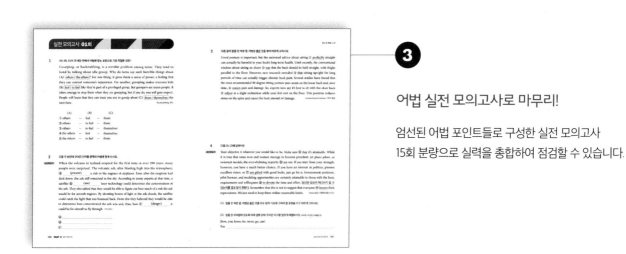

2

실력다지기 문제로 중간 점검!

각 UNIT의 어법 사항을 지문형으로 출제하였고,
네모형, 밑줄형, 내신 서술형(영작 포함)의 다양한
문제를 실전에 가까운 형태로 연습합니다.

3

어법 실전 모의고사로 마무리!

엄선된 어법 포인트들로 구성한 실전 모의고사
15회 분량으로 실력을 총합하여 점검할 수 있습니다.

contents

*

PART I
네모 어법

UNIT 01 | 주어와 동사의 수일치

주어-동사의 수일치란?

어법끝 START p. 25

| 단수주어 | → | 단수동사 | | 복수주어 | → | 복수동사 |

➡ 주어가 단수이면 동사도 [1   ]로, 주어가 복수이면 동사도 [2   ]로 짝을 맞추는 것.

Point 01 주어와 수식어를 구분하라!

어법끝 START p. 26

┌─── 수일치 ───┐

| 주어 | 수식어구 | 단수동사 / 복수동사 |

　　　　└→ 전명구, 형용사구 (in the room, full of books, etc.),
　　　　　　to부정사구, 현재분사구, 과거분사구 (to do ~, doing ~, done ~, etc.),
　　　　　　관계사절 (who is ~, which are ~, etc.)

➡ 수식어구 내의 명사를 주어로 착각하지 않도록 주의한다.

(His **studies**) (of big business) / **have** / has been carried out with grants from a number of sources.
　S 복수주어　　　　　　단수명사　　　　V 복수동사　　　　　　　　　　　　　　　　　　　　　　　　　　　<모의응용>

Point 02 관계사절 내 동사의 수는 선행사를 찾아라!

어법끝 START p. 30

┌─── 수일치 ───┐

| 선행사 | 관계대명사 | 단수동사 / 복수동사 |

　　　　　└→ who, which, that

➡ 선행사가 단수이면 주격 관계대명사 다음에 나오는 동사의 수도 [3   ], 선행사가 복수이면 주격 관계대명사 다음에
　나오는 동사의 수도 [4   ]여야 한다.

The program was designed / to recover (**photos**) // that was / **were** deleted by mistake. <모의>
　　　　　　　　　　　　　　　　　　복수선행사　　　　　복수동사

Point 03 주어가 동사 뒤에 나오는 구문에 주의하라!

부사(구) 또는 부정어(구), there + 단수동사 / 복수동사 + 주어
　└→ in the room, etc.　└→ no, not, never, little, hardly, scarcely, nowhere, not until, only, etc.

➡ 동사와 자리가 바뀐 [5]를 찾는다. 문장 앞에 위치한 부사(구)나 부정어(구), there를 주어로 착각하지 않는다.

No longer / [is / **are**] / (**self-driving cars**) considered science fiction.
　　　　　　 V 복수동사　　　 S 복수주어

Point 04 주어 형태에 주목하라!

v-ing구, to-v구, 명사절 + [6] 동사
　└ 주어　└→ that ~

➡ 구나 절은 한 덩어리로 [6] 취급한다.

(**Getting in the habit of asking questions**) / [transform / **transforms**] you / into an active listener. <모의>
　　　　　　　　　 S　　　　　　　　　　　　　　　 V 단수동사

---

each, every ~ + [7] 동사

both, 「the + 형용사」 + [8] 동사

➡ each, every는 [7] 취급하고, both, 「the + 형용사(~한 사람들)」는 [8] 취급한다.

부분 표현 + N + 단수동사 / 복수동사
　　└→ most of, some of, all of, the rest of, the majority of, 분수(two thirds, etc.) of, 00 percent of, etc.

➡ 부분 표현에서는 of 뒤의 명사(N)의 수에 동사를 일치시킨다.

About 95 percent of the (**water**) (on earth) / [**is** / are] not drinkable. <모의응용>
　　　　　　　　　　　　 S 단수주어　　　　　 V 단수동사

[01-10] 다음 중 어법상 적절한 표현을 고르시오.

01   People living farther north has / have bigger eyeballs than other individuals. This allows them to see better where there is less light.

02   According to the Ministry of Environment, the supply of plastic bags in stores has / have dropped by 70~80 percent recently. <모의>

03   Among animals with a backbone that live / lives on land, 322 species have disappeared in the past five centuries.

04   Not until 1920 was / were all American women finally granted the right to go to the polls and vote.

05   Keeping pizza hot while pizza-delivery drivers find the right house is / are sometimes a problem. <모의응용>

06   Whether crime was reduced as a result of longer prison sentences or other factors is / are not known.

07   In order to become a 'man' and receive all the respect and privileges, each of the boys in the tribes undergo / undergoes some rites of passage.   *rite of passage: 통과 의례

08   Color combinations that we can see in the natural environment is / are always near perfection.

09   I found some cafes near my office which don't / doesn't use disposable cups at all.

10   The New Orleans Jazz Festival, held every year in the spring over two consecutive weekends, is / are certainly the most anticipated event in New Orleans.

11 The cellist who won several major international competitions <u>were</u> raised in a family of musicians.

12 Never <u>does</u> he do anything that goes against his parents' wishes.

13 Every product that we buy at stores <u>have</u> an impact on our planet.

14 Where viruses came from <u>is</u> not a simple question to answer. No single hypothesis may be correct.

15 Some of the biggest names in music <u>are</u> going to come together to make a charity album.

내신맛보기

16 다음 A~G 중 어법상 <u>틀린</u> 것 3개를 찾아 기호와 고쳐야 할 표현을 쓰고 바르게 고치시오.

A. The majority of the tourists staying at the hotel were either Russian or Polish.

B. A new address system based on road names have been used since 2014.

C. What concerned me was our lack of preparation for attending the conference.

D. There are a considerable difference of opinion between the two parties.

E. Every person has the right to live life with dignity.

F. Right in front of our house are the tall buildings which were newly built this year.

G. Comparing ourselves to others have the possibility to negatively affect our self-esteem.

	기호	고쳐야 할 표현	고친 표현
(1)			
(2)			
(3)			

1 (A), (B), (C)의 각 네모 안에서 어법에 맞는 표현으로 가장 적절한 것은?

Many businesses around the world (A) send / sends free gifts or samples through the mail, or allow customers to try and test new products in order to persuade future customers to purchase them. Charity organizations, too, use the give-and-take approach by perhaps sending target persons a package of Christmas cards or calendars. Those who receive the package (B) feel / feels obligated to send something in return. This sense of obligation to return the favor (C) is / are so powerful that it affects our daily lives very much. Invited to a dinner party, we feel under pressure to invite our hosts to one of ours. If someone gives us a gift, we need to return it in kind. <모의응용>

	(A)		(B)		(C)
①	send	—	feel	—	are
②	send	—	feel	—	is
③	sends	—	feel	—	are
④	send	—	feels	—	are
⑤	sends	—	feels	—	is

2 (A), (B), (C)의 각 네모 안에서 어법에 맞는 표현으로 가장 적절한 것은?

Taste and smell are closely interlinked and both of them (A) are / is known as the chemical senses. Many studies indicate that we often eat with our noses. Eating with our noses (B) mean / means if food passes the smell test, it will most likely pass the taste test. In one survey, when questioned about the smell and taste of McDonald's food, consumers tended to react positively to smell and taste, or negatively to both. In other words, our senses respond predictably; unpleasant smells tend to match with unpleasant tastes. It is rare to hate the smell but love the food, or vice versa. Truly, the nose and mouth that we use to experience the world (C) form / forms one single sense.

	(A)		(B)		(C)
①	are	—	means	—	form
②	are	—	means	—	forms
③	are	—	mean	—	form
④	is	—	mean	—	forms
⑤	is	—	means	—	form

3

내신맛보기

다음 밑줄 친 부분 중, 어법상 틀린 것을 2개 찾아 기호와 고쳐야 할 표현을 쓰고 바르게 고치시오.

There ⓐ <u>is</u> a lot of energy in the ocean from thermal, tidal, and wave-generating forces. Consequently, there ⓑ <u>has</u> been a number of experiments to capture the sea's reservoir of energy. The Japanese tried to capture the ocean's thermal energy by using warmer waters at the surface and cooler waters underneath to run a steam turbine. Meanwhile, the Canadians and the French ⓒ <u>have</u> successfully captured the energy in the tides. Rising tides enter a reservoir controlled by gates which ⓓ <u>closes</u> at high tide. After the tide goes out, the reservoir releases the water to drive turbines. Others have tried to capture the energy of similar sources, and some of these experiments ⓔ <u>have</u> been successful.

*turbine: 터빈 (물, 증기 등의 에너지를 동력으로 변환시키는 기계) **reservoir: 저장(소)

기호	고쳐야 할 표현	고친 표현

4

내신맛보기

ⓐ~ⓓ에 들어갈 말로 가장 적절한 것을 <보기>에서 골라 문맥과 어법에 맞게 변형하여 넣으시오. (중복 사용 불가)

<보기>	start	have	impact	value

When it comes to creating a body image, each of us in this society ⓐ _____ a set of factors: family environment, ability or disability, the attitudes of peers, social media, cultural background and more. However, how we feel about ourselves directly ⓑ _____ what we ultimately see in the mirror. Creating positive body images ⓒ _____ with how we think about ourselves. It requires self-esteem, a positive attitude and emotional stability. This can be difficult: sometimes, negative messages from others can make us anxious. For a positive body image, we must be able to take some necessary actions. For example, we can disregard others' comments and learn to value ourselves higher. We can also choose friends in our life that ⓓ _____ our personality.

ⓐ _____

ⓑ _____

ⓒ _____

ⓓ _____

UNIT 02 | 명사 / 대명사의 일치

명사-대명사/수식어의 일치란?

어법끝 START p. 41

➡️ 명사와 그것을 대신하는 대명사 간의 수, 인칭을 서로 맞추는 것.

➡️ 셀 수 있는 명사와 셀 수 없는 명사의 수식어를 서로 맞추는 것.
  ↳ advice, money, information, news, -(e)ry로 끝나는 명사(e.g. scenery(경치), jewelry(보석류), machinery(기계(류))), furniture(가구), clothing(의류), baggage, luggage(짐), mail(우편물), equipment(장비), evidence(증거), etc.

Point 05　대명사의 형태에 주의하라!

어법끝 START p. 42

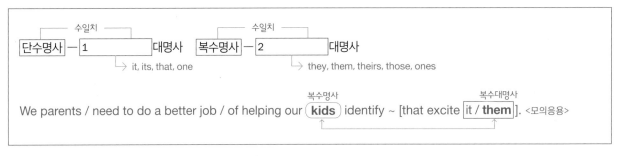

```
        ┌── 수일치 ──┐              ┌── 수일치 ──┐
   단수명사 ─ [  1  ] ─ 대명사    복수명사 ─ [  2  ] ─ 대명사
             ↳ it, its, that, one          ↳ they, them, theirs, those, ones
```

　　　　　　　　　　　　　　　　　　　　　　복수명사　　　　　　　　　　　　복수대명사
We parents / need to do a better job / of helping our (kids) identify ~ [that excite it / **them**]. <모의응용>

➡️ 소유대명사 = 소유격 + 명사
  ↳ mine, yours, ours, his, hers, theirs

(The robotic muscles) / are 100 times stronger / than you / **yours**.
　　　　　　　　　　　　　　　　　　　　　　　　　　↑ = your muscles

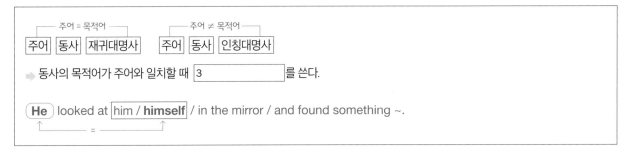

```
   ┌── 주어 = 목적어 ──┐          ┌── 주어 ≠ 목적어 ──┐
   주어  동사  재귀대명사      주어  동사  인칭대명사
```

➡️ 동사의 목적어가 주어와 일치할 때 [3] 를 쓴다.

(He) looked at him / **himself** / in the mirror / and found something ~.
　　　　 =　　　　 ↑

Point 06　명사의 수에 따라 수식어를 구별하라!

어법끝 START p. 45

```
              ┌── 수식어와 명사의 일치 ──┐
   수를 나타내는 수식어 / 양을 나타내는 수식어   명사
```

➡️ 셀 수 [4] 명사의 복수형 앞에는 many, a few[few] 같은 수식어가 온다.

➡️ 셀 수 [5] 명사 앞에는 much, a little[little] 같은 수식어가 온다.

➡️ some, any, a lot of[lots of], plenty of + 셀 수 있는[없는] 명사

One of my friends / found **some** / a few (money) / in a library book.

UNIT Exercise

[01-07] 다음 중 어법상 적절한 표현을 고르시오.

01 Equipped with a special remote control, the car allows owners to call the car over to pick it / them up in case of bad weather.

02 Today, Antarctica has more than thirty research stations, including that / those of Argentina, Australia, and Germany. <모의>

03 Since the day she arrived she has been a part of our family and loved our kids and dogs like they were her / hers.

04 A study found that dolphins not only can recognize them / themselves in a mirror but also can notice changes in their appearance.

05 Seeing the University of Incheon tag on some luggage, I knew another / the other Korean would be in my cabin. At least I would have someone to talk to.

06 Damage from acid rain has become widespread in a number of / a great deal of areas of the world. <모의응용>

07 Sometimes grandparents spoil their relationship with their children by giving too many / much advice on the upbringing of young people.

[08-10] 다음 밑줄 친 부분이 어법상 올바르면 ○표, 어색하면 ✕표하고 바르게 고치시오.

08 Some say that social networking helps us maintain our social ties. <u>The others</u> say it can be a waste of time and a severe distraction.

09 There is still <u>plenty of work</u> to be done to improve children's safety.

10 Restaurants must provide country of origin information about <u>its</u> food for customers.

UNIT 02 실력다지기

[1-5] 다음 문장에서 <u>틀린</u> 곳을 하나씩 찾아 밑줄을 긋고 이를 바르게 고치시오.

1   A great number of student are finding volunteer opportunities at nearby libraries.

2   The possibility of a smoker getting lung cancer is nearly ten times higher than those of a non-smoker.

3   This morning, the girl who was sitting next to myself on the bus asked me where I was going.

4   Please sign two copies of the contract. Retain one for your files and return other to us.

5   It's not right to criticize others because their opinions are different from you.

6   (A), (B), (C)의 각 네모 안에서 어법에 맞는 표현으로 가장 적절한 것은?

For much of human history, people have looked up at the night sky and looked at the moon. They wondered what the moon was made of. They wanted to know how big it was and how far away it was. One of the most interesting questions was "Where did the moon come from?" No one knew for sure. Scientists developed many different theories but they could not prove that (A) their / theirs were correct. Then, between 1969 and 1972, the United States sent astronauts to the moon to allow (B) it / them to explore the moon and return to Earth with rock samples. Scientists have studied (C) them / themselves and they can finally answer questions about the origin of the moon. They think that the moon was formed from the earth. <모의응용>

	(A)		(B)		(C)
①	their	—	them	—	themselves
②	theirs	—	them	—	themselves
③	theirs	—	it	—	them
④	their	—	it	—	themselves
⑤	theirs	—	them	—	them

7 (A), (B), (C)의 각 네모 안에서 어법에 맞는 표현으로 가장 적절한 것은?

Erich Weiss was born in Budapest, Hungary, in 1874. When he was a child, his family immigrated to the United States. Beginning at age eight, Erich did (A) a number of / a great deal of work such as selling newspapers and shining shoes because he had to help support his poor family. As a teenager, he discovered his talent for magic. He read books about (B) it / them and learned to perform card tricks and to escape from handcuffs. At this point, Erich Weiss changed his name to Harry Houdini, after the famous magician Robert Houdini. Throughout his career, he demonstrated a remarkable ability to free (C) him / himself from any restraint and dangerous situation, including prison cells and coffins. Soon he was known worldwide. <모의응용>

	(A)		(B)		(C)
①	a number of	—	it	—	him
②	a number of	—	them	—	himself
③	a number of	—	them	—	him
④	a great deal of	—	it	—	himself
⑤	a great deal of	—	them	—	himself

8 다음 밑줄 친 부분 중, 어법상 틀린 것을 2개 찾아 기호와 고쳐야 할 표현을 쓰고 바르게 고치시오.

내신맛보기

You and your parents may have different ideas about the rate at which you should achieve independence and even about what independence means. This can cause a number of different conflicts, as your parents are losing control over your life while you are trying to gain ⓐ them. The more your parents think you are able to take care of ⓑ you, the more likely they will be to allow you your freedom. Keeping your parents informed about what is happening in your life can help to ease ⓒ some fears that they feel. Small things, like calling your parents to let ⓓ them know where you are, can build trust. Just remember that if you do something to lose their trust, the situation can become much more difficult.

기호	고쳐야 할 표현	고친 표현

동사의 시제란?

어법끝 START p. 53

과거 / 현재 / 미래   단순 / 진행 / 완료

➡ 동사가 나타내는 시간과 동작의 진행, 완료 등의 여부를 나타낸다.

➡ 문장의 [1   ]을 나타내는 부사(구[절])가 시제 파악의 단서가 될 수 있다.

Point 07   단순과거와 현재완료의 구별은 부사를 찾아라!

어법끝 START p. 54

[2   ] 시제 + 시간 부사(구, 절)   [3   ] 시제 + 시간 부사(구, 절)

↳ yesterday(어제), last ~(지난 ~에),   ↳ 「since + 특정 과거 시점(~ 이래로)」,
~ ago(~ 전에), then(그때), when ~,   「for + 기간 + now(지금까지 ~ 동안)」
「in + 과거 연도」, just now(조금 전에), the
other day(일전에=a few days ago)

After traveling for 36 years, / the Voyager 1 space probe / **left** / has left our solar system / (**in 2013**).

Populations of large fish, / such as tuna and shark, / dropped / **have dropped** by 90% / (**since 1950**).

<모의>

Point 08   현재시제가 미래를 나타내는 부사절에 주의하라!

어법끝 START p. 56

접속사 + 주어 + 현재시제 / 미래시제, 주어 + 미래시제

↳ when, while, before, after, until, till, as soon as, by the time,
if, unless, once(일단 ~하면), as long as(~하는 한), in case(~할 경우를 대비해서) 등

➡ [4   ]이나 [5   ]을 나타내는 접속사가 이끄는 부사절에서는 현재시제가 미래시제를 대신한다.

What **will** happen // **when** the world's largest volcano erupts / will erupt again?

If the weather is / will be good, // he will arrive in Yeouido on August 15.

[01-07] 다음 중 어법상 적절한 표현을 고르시오.

01　My parents ⟨moved / have moved⟩ to Vermont when I was still an infant.

02　About this time last year, I ⟨was / have been⟩ invited to a dinner at an Egyptian couple's home.

03　He ⟨joined / has joined⟩ the army in 2007 because he wanted to do something a bit different, something a bit challenging.

04　The agency ⟨collected / has collected⟩ millions of images of faces to use in facial recognition programs for the past ten years now.

05　Since the mid-20th century, scientists from many countries ⟨have been / were⟩ working together in a huge "laboratory." <모의>

06　The global economy will not recover until lending by banks to small companies and individuals ⟨is / will be⟩ fully restored.

07　The pressures of a career will often keep people working long into the night. Some people tend to believe that the work will never get done unless they ⟨do / will do⟩ it themselves.

<모의응용>

[08-10] 다음 밑줄 친 부분이 어법상 올바르면 ○표, 어색하면 ✕표하고 바르게 고치시오.

08　Many young people wonder if they <u>will</u> ever <u>find</u> true love and get married.

09　_{함정} We <u>took</u> a leisurely drive since there was little traffic, and made a few stops along the way. It was really a very scenic and cool drive!

10　Please note that no one will be allowed to enter the exam room after the exam <u>will begin</u>.

[1-5] 다음 문장에서 <u>틀린</u> 곳을 하나씩 찾아 밑줄을 긋고 이를 바르게 고치시오.

1   After the severe earthquake, the city officials aren't sure when the power is back on as they are still assessing the damage.

2   My sister got stung by a bee once and she was afraid of them ever since.

3   Once you will try roast turkey with cranberry sauce, you won't be able to resist.

4   The workers will go on strike until their demand for higher wages will be met.

5   James and his colleagues have started working at the broadcasting station in 2018 after graduating university.

6   (A), (B), (C)의 각 네모 안에서 어법에 맞는 표현으로 가장 적절한 것은?

Several studies show a strong statistical correlation between population growth and deforestation. This is because forests (A) | were / have been | declining ever since people began clearing land for the cultivation of food. Tropical deforestation (B) | is / has been | a complex problem for a long time. However, that cannot be blamed solely on population pressures. A variety of economic, social, and governmental factors interact to cause deforestation. Government policies sometimes provide incentives for construction that favor the removal of forests. The Brazilian government (C) | opened / has opened | the Amazonian frontier for settlement when they constructed the Belém-Brasilia Highway in the late 1950s, which cut through the Amazon Basin. *population pressure: 인구 과잉 **basin: (큰 강의) 유역

	(A)		(B)		(C)
①	were	—	has been	—	has opened
②	were	—	is	—	opened
③	have been	—	has been	—	opened
④	have been	—	is	—	has opened
⑤	have been	—	has been	—	has opened

7 (A), (B), (C)의 각 네모 안에서 어법에 맞는 표현으로 가장 적절한 것은?

Waiting for people who are always late (A) is / are frustrating, or even worse, if it makes you miss a really important appointment. But don't get angry. Just tell the latecomer exactly what happens when they're late. For instance, "I know you don't mean to make me feel as if your life is more important than mine, but that's how it seems while I am kept waiting for you." Ask if they know what makes them so late all the time and offer to help solve the problem. Let them know that in the future, as soon as they (B) are / will be a moment late, you will leave rather than wait. When you (C) do / will do this, they'll make an effort not to waste your time by keeping you waiting again.

	(A)		(B)		(C)
①	is	—	will be	—	do
②	is	—	will be	—	will do
③	are	—	are	—	do
④	is	—	are	—	do
⑤	are	—	are	—	will do

8

내신맛보기

다음 밑줄 친 부분 중 어법상 **틀린** 것을 2개 찾아 기호를 쓰고 바르게 고치시오.

The spinning wheel ⓐ <u>has been</u> introduced to Europe from the East in the Middle Ages. This made it possible for some women to support themselves as spinsters, freeing other women to do other things. Societies across the globe ⓑ <u>were</u> on the path to industrialization ever since. Because the labor needed to make fabric was decreased, so ⓒ <u>was</u> the cost of the fabrics. Linen became so inexpensive that people began to regard it as something to be disposed of when it became worn, instead of repairing it. Therefore, large quantities of rags were produced, which led to the idea of using rags to make paper. In turn, the excess of paper that became available as a result was very important. Without an abundance of paper, mechanical printing is impractical.   *rag: 넝마, 누더기

(1) (   ) _____

(2) (   ) _____

UNIT 04 | 조동사와 법

조동사란?

어법끝 START p. 61

➡ 조동사 과거형이 가능성, 추측을 의미할 때는 ⬚1⬚ 에 대한 것이다.

➡ 가정법은 가정, 상상 등을 표현하는 것으로 직설법 시제와의 구분을 위해 한 시제 앞선 시제로 쓴다.

Point 09 조동사 + have p.p.는 가리키는 때와 의미에 주의하라!

어법끝 START p. 62

조동사 + 동사원형 / have p.p. ⬚2⬚ 부사(구, 절)

Canada **shouldn't** take / **have taken** humpback whales / off the endangered species list / last year.

조동사 / 조동사 + have p.p. ← 문맥

New evidence shows // volcanoes should / **might have helped** / many species survive the last Ice Age.

「조동사 + 동사원형」	현재	「조동사 + have p.p.」	과거
must + v	**~임에** 틀림없다	must + have p.p.	**~했음이** 틀림없다
cannot + v	**~할 리가** 없다	cannot + have p.p.	**~했을 리가** 없다
would + v	**~할 것이다**	would + have p.p.	**~했을 것이다**
may[might] + v	**~할지도** 모른다	may[might] + have p.p.	**~했을 지도** 모른다
should + v	**~해야** 한다	should + have p.p.	**~했어야** 했는데

Point 10 가정법의 핵심은 시제이다!

어법끝 START p. 64

If + 주어 + 동사의 과거형 , 주어 + 조동사 과거형 + 동사원형 ➡ 가정법 과거는 ⬚3⬚ 의 일에 대한 가정을 나타낸다.

If global wealth **were** distributed evenly, // each adult **would** **receive** / have received about $50,000, / according to a study.

If + 주어 + ⬚4⬚ , 주어 + 조동사 과거형 + have p.p. ➡ 가정법 과거완료는 ⬚5⬚ 의 일에 대한 가정을 나타낸다.

If it **had** not **rained**, // we could play / **have played** baseball yesterday.

동사 that + 주어 + (should +) 동사원형 / 직설법

↳ insist, urge, recommend, demand, request, order, suggest, advise, ask(요청하다), propose, command, move(제안하다)

➡ <요구, 제안, 주장, 명령> 동사 + that절에 ⬚6⬚ 의 의미가 내포되면 「(should +) 동사원형」을 쓴다.

that절이 사실적 정보 전달인 경우 직설법을 쓴다.

The WHO may formally (**recommend**) // that everyone (should) cuts / **cut** their sugar intake / by half.

UNIT Exercise

[01-07] 다음 중 어법상 적절한 표현을 고르시오.

01 The restaurant was fully booked even though we arrived at 11:30. We should make / have made a reservation the day before.

02 Because we know that gorillas have good hearing too, we can guess that hearing can't / may have been the major reason we developed spoken language.

03 When early humans saw changes in the moon, they must / should have wondered why it looked different every night. <모의응용>

04 If all the ice on Antarctica melted, sea levels would rise / have risen all over the world by 60 meters.

05 If sound recording were / had been invented only fifty years earlier, Beethoven's performances could have been recorded.

06 He must / should have gone to the doctor when he started feeling ill. Now it's going to take longer for him to recover.

07 Dr. Kim recommended that any changes or additions to the document were / be sent to the medical team by next Wednesday.

[08-10] 다음 밑줄 친 부분이 어법상 올바르면 ○표, 어색하면 ✕표하고 바르게 고치시오.

08 I shouldn't have taken a nap after classes. Now I'm wide awake and probably won't be able to fall asleep any time soon.

09 If all the honeybees go extinct, it would damage the balance of the entire ecosystem and affect global food supplies.

10 The study suggests that half of the protein intake of the people in the area is taken from marine sources.

1   다음 문장의 밑줄 친 부분이 어법상 옳은 문장을 모두 고르시오.

내신맛보기

ⓐ I <u>cannot have bought</u> a used car in the first place. It cost tons of money to fix it.

ⓑ If the driver had not dozed off, the terrible accident <u>would not have happened</u>.

ⓒ To prevent the disease from spreading, they had to kill a great number of birds that <u>may be infected</u> with it.

ⓓ If she <u>had</u> any experience in teaching adult learners, she could easily find a job.

ⓔ I <u>wouldn't have left</u> my job if I had known how difficult it is to find another one.

ⓕ Fire <u>must have brought about</u> a huge change in our ancestors' lives. Suddenly, they could cook their food and keep their places warm.

2   (A), (B), (C)의 각 네모 안에서 어법에 맞는 표현으로 가장 적절한 것은?

If you (A) look / will look carefully at the faces of teddy bears, you'll see that the mouths of many are shaped like an upside-down capital Y. The shape is used to align the face so that the nose and eyes conform to the mouth. Whatever the reason, if it didn't have the inverted Y, the bear wouldn't (B) have / have had what we interpret as a frown. Some psychologists believe this frown gives teddy bears a relaxed look that makes (C) it / them seem willing to listen to their owners. Because emotions of a teddy bear are hidden, a child can pour his own emotions into it. Teddy bear creators said, "Teddy bears are security blankets for children who need a shoulder to cry on."   *align: (~에 맞춰) 조정[조절]하다

	(A)		(B)		(C)			(A)		(B)		(C)
①	look	—	have	—	it		②	look	—	have	—	them
③	look	—	have had	—	them		④	will look	—	have had	—	it
⑤	will look	—	have	—	them							

3   (A), (B), (C)의 각 네모 안에서 어법에 맞는 표현으로 가장 적절한 것은?

The number of people who today buy, possess, and use machines (A) has / have increased greatly. At the same time, however, various forces are working to limit this growth in use. Social scientists, for example, are suggesting that children and teenagers (B) be / are careful in both how and how much they use their mobile phones. There (C) is / are also growing attention to problems of electromagnetic pollution and toxic waste created by mobile phones — problems that will worsen as the lifespan of each generation of phones shortens.

	(A)		(B)		(C)			(A)		(B)		(C)
①	has	—	be	—	is		②	has	—	are	—	is
③	have	—	are	—	are		④	have	—	be	—	is
⑤	has	—	be	—	are							

4
도전

(A), (B), (C)의 각 네모 안에서 어법에 맞는 표현으로 가장 적절한 것은?

Following the 1977 film *Close Encounters of the Third Kind*, alien abduction stories sharply increased. Furthermore, most of the profile sketches of aliens (A) │have / has│ a strong resemblance to the currently televised extraterrestrials of the day, such as those on *The X-Files*. And oddly, all of these resemble one other creature: humans. But as Michael Shermer notes, "Of the hundreds and hundreds of millions of species on Earth, humans are the only ones that walk on two legs. The existence of similar creatures elsewhere in the galaxy (B) │cannot / must│ be very likely." It's probably because we feel so very special that we insist that any other super-special being in the universe (C) │look / looks│ like us too.

	(A)		(B)		(C)			(A)		(B)		(C)
①	have	—	cannot	—	looks		②	have	—	cannot	—	look
③	have	—	must	—	look		④	has	—	must	—	looks
⑤	has	—	cannot	—	look							

5
내신맛보기

다음 (1), (2)에 주어진 단어를 문맥과 어법에 맞게 쓰시오. (단어 추가 및 어형 변화 가능)

Although the Greek philosopher Pythagoras is most famous today for his mathematical discoveries, historians dispute whether he actually made any significant contributions to the field. He (1) __(can, be)__ the first to discover his famous theorem because it was known and used by the Babylonians and Indians centuries before him. However, it is possible that he (2) __(may, be)__ the first to introduce it to the Greeks.

*theorem: (특히 수학에서의) 정리(定理)

(1) _____

(2) _____

UNIT 05 | 능동태 VS. 수동태

태란?

어법끝 START p. 73

주어, 동사가 능동관계 ⋯▸ 능동태　주어, 동사가 수동관계 ⋯▸ 수동태

➡ 주어가 동사의 동작을 하면 능동태로, 그 동작을 당하면 수동태로 나타낸다.

➡ 수동태의 기본 형태: 「[1　　　　　] + p.p.」

Point 11　동사의 태는 주어와의 의미 관계를 파악하라!

어법끝 START p. 74

➡ [2　　　　] 와 동사의 능동, 수동 의미 관계를 파악하여 동사의 태를 결정한다.

(His work) / has been internationally recognizing / **recognized** .
　　　　　　　　　　　　　　　　└─── 수동관계 ───┘

➡ 4, 5문형의 능동태를 수동태로 바꾸는 경우 목적어나 명사 보어가 남아 있을 수 있다.

Two years ago, / I gave / **was given** / a precious surprise gift / by Tom.
　　　　　　　　　　　　　　4문형 능동태에서의 직접목적어 (← Tom gave me a precious surprise gift.)

➡ [3　　　　] 는 목적어를 취하지 않으므로 수동태로 쓸 수 없다.
　　　└▸ appear, disappear, rise, remain, arrive, exist, seem, consist of, go, come, occur, happen, take place, result, etc.

Life **exists** / is existed in the most extreme environments on Earth.

➡ 관계대명사절에서, 관계대명사가 주어이거나 「주어 + of + 관계대명사」 형태인 경우, [4　　　　] 를 찾아 동사와의 의미 관계로
　 태를 판단한다.　　　　　　　　　　　　　　　선행사

We provided / families in need / with *food parcels and water*, // which delivered / **were delivered** to them
/ last night.　　　　　　　　　　└──────── 수동관계 ────────┘

➡ be used to-v는 「[5　　　　　]」의 의미이고 be used to v-ing는 '~하는 데 익숙하다'라는 의미이다.
　　 S　　　　　　　　　　　　V

(Feathers) of the bird / may **be used** / to **attract** / attracting mates. <모의>
　　　　　　└── 수동관계 ──┘

Point 12　to부정사/동명사의 태는 의미상 주어부터 찾아라!

어법끝 START p. 79

➡ 준동사의 태는 준동사의 [6　　　　　] 와의 능동, 수동 관계에서 결정된다.

(**Some people**) don't want / to bother / **to be bothered** / by the inconvenience of recycling.
　　　　　　　　　　└── 수동관계 ──┘

(**Some athletes**) cheat / by **taking** / being taken performance enhancing drugs.
　　　　　　　　└── 능동관계 ──┘

[01-07] 다음 중 어법상 적절한 표현을 고르시오.

01 The rash should keep / be kept clean with water and loosely covered with a gauze bandage.

02 If you donate to any of these organizations, you can be sure your money is using / being used to help people overcome poverty.

03 No skeletons, precious jewelry, or gold have found / been found in the disaster area. The residents must have been evacuated before the disaster.

04 Natural disasters, such as volcanic eruptions, fires, floods, and hurricanes, occur / are occurred every year, somewhere in the world. <모의응용>

05 Aspirin is used to relieve / relieving pain, especially that of headaches and arthritis.

*arthritis: 관절염

06 Parrots need to allow / be allowed out of cages that do not offer enough space and stimulation.

07 Tornadoes are generally thought to be an unavoidable natural disaster. But one scientist believes we could stop tornadoes by building / being built giant walls.

[08-10] 다음 밑줄 친 부분이 어법상 올바르면 ○표, 어색하면 ✕표하고 바르게 고치시오.

08 Brands have been <u>used</u> TV commercials and social media sites to tell stories about their brands.

09 The Korean national team who came back from Japan <u>gave</u> an unimaginably rousing welcome by the fans.

10 People who lack empathy may have been raised by parents who <u>avoided</u> getting in touch with their feelings.

UNIT 05 실력다지기

[1-5] 다음 밑줄 친 부분이 어법상 올바르면 ○표, 어색하면 ✕표하고 바르게 고치시오.

1 The solar power plant is <u>being constructed</u> in the southeastern part of the country and should be completed by the end of 2022.

2 The administration has been <u>delayed</u> a decision on the controversial pipeline project until the end of next year.

3 Archaeologists are studying some giant dinosaur footprints that <u>discovered</u> off the coast of Scotland.

*archaeologist: 고고학자

4 The legendary figure skater <u>appointed</u> as an honorary ambassador to the 2018 Pyeongchang Winter Olympics.

5 Hundreds of people have <u>injured</u> and countless houses have been destroyed by the earthquake.

6 (A), (B), (C)의 각 네모 안에서 어법에 맞는 표현으로 가장 적절한 것은?

Some guys bring their girlfriends flowers; King Nebuchadnezzar II, the Babylonian ruler, brought his lady a whole forest. Nebuchadnezzar was married to a princess from Persia named Semiramis, who missed the mountains of her homeland. To console her, the king built a stepped pyramid covered with greenery and waterfalls. The gardens stayed healthy year-round because of irrigation canals that (A) brought / were brought in water from the nearby Euphrates River. In reality, the gardens probably never (B) existed / were existed . The only descriptions we have of them come from Greek writers who never actually visited Mesopotamia but had (C) heard / been heard some great stories from returning soldiers.

	(A)		(B)		(C)
①	brought	—	existed	—	heard
②	were brought	—	existed	—	been heard
③	were brought	—	were existed	—	been heard
④	brought	—	were existed	—	heard
⑤	brought	—	existed	—	been heard

7　(A), (B), (C)의 각 네모 안에서 어법에 맞는 표현으로 가장 적절한 것은?

Most of the time, young children are simply "acting their age," not misbehaving. It is truly sad to think of the many young children who are (A) being punished / punishing for behavior that is developmentally appropriate. For example, toddlers are punished for being "naughty" when their brains have not yet developed sufficiently to understand what is (B) expecting / expected of them. They don't have the language to get what they want. It is heartbreaking to see toddlers punished by (C) giving / being given time-out when they have not yet developed the capability to truly understand cause and effect. Furthermore, perceived misbehavior is often due to circumstances that can't be helped, such as hunger or fatigue, which is all the more reason to have compassion for your child instead of using the label of "misbehavior."

	(A)		(B)		(C)
①	being punished	—	expected	—	giving
②	being punished	—	expecting	—	being given
③	being punished	—	expected	—	being given
④	punishing	—	expecting	—	giving
⑤	punishing	—	expected	—	being given

8

내신맛보기

ⓐ~ⓒ에 들어갈 말로 가장 적절한 것을 <보기>에서 골라 문맥과 어법에 맞게 변형하여 넣으시오. (중복 사용 불가)

<보기>　show　attract　cover　keep

In living birds, feathers have many functions other than flight. They help to ⓐ _____ a bird warm by trapping heat produced by the body close to the surface of the skin. Feathers may also be used to ⓑ _____ mates. The tail of Caudipteryx carried a large fan of long feathers, a structure that would have made a very impressive display. The rest of the body seems to have been ⓒ _____ in much shorter feathers, which would have kept out the cold. A few large feathers were present on the arms, and these might have been involved in display. <모의응용>　　*Caudipteryx: 깃털공룡

ⓐ _____

ⓑ _____

ⓒ _____

UNIT 06 | 분사의 능동 vs. 수동

Point 13 수식받는 명사와의 의미 관계를 파악하라!

어법끝 START p. 86

능동/수동

| 명사 | v-ing / p.p. |

➡ 수식받는 [1 _____]와 분사의 관계를 주어와 동사의 관계로 생각하여 '~하다'의 의미로 능동이면 [2 _____], '~되다'의
의미로 수동이면 p.p.로 명사를 수식한다.

수식받는 명사   v-ing

Eighty percent of the population / is from various (ethnic groups) / (speaking) / spoken different
languages. <모의>

능동관계

Point 14 분사구문의 의미상 주어를 찾아라!

어법끝 START p. 88

능동/수동

| v-ing / p.p. | 의미상 주어 + V ~ |

➡ 분사구문의 [3 _____]와 분사의 관계를 주어와 동사의 관계로 생각하여 '~하다'의 의미로 능동이면 v-ing, '~되다'
의 의미로 수동이면 p.p.로 분사구문을 만든다.

의미상 주어   v-ing

(A cat) (in a small box) / will behave like a fluid, / (filling) / filled up all the space. <모의응용>

능동관계

➡ 「with + (대)명사 + 분사」는 동시상황(~이 …한 채로)의 의미를 나타내는 분사구문이다. 분사 앞의 [4 _____]와 분사를
주어, 동사 관계로 생각하여 능동, 수동을 판단한다.

He put the card in / with (the magnetic strip) (facing) / faced up. <모의>

능동관계

Point 15 감정동사의 의미상 주어를 찾아라!

어법끝 START p. 91

➡ 감정동사의 분사형도 의미상 주어와의 관계를 보아야 한다. 분사가 보어라면 의미상 주어는 [5 _____]이고
명사를 수식하면 그 [6 _____]가 의미상 주어이다.
➡ 주어가 ~한 감정을 '느끼게 하다'의 의미이면 v-ing, 주어가 ~한 감정을 '느끼다'의 의미이면 [7 _____]를 쓴다.

(He) tried the card / and was (pleased) / pleasing to discover // that it worked. <모의>

수동관계

UNIT Exercise

[01-10] 다음 중 어법상 적절한 표현을 고르시오.

01 A policy [restricted / restricting] the sale of sugar-sweetened beverages in public schools was initiated last fall.

02 Many large cities have very tall buildings [called / calling] skyscrapers. <모의>

03 Well-paid workers are generally happier at work, [showed / showing] more enthusiasm and confidence than those on lower salaries.

04 When [seen / seeing] on the horizon compared to high in the sky, the sun and moon look much bigger.

05 I prefer to see animals in their natural habitat, but with habitats [disappearing / disappeared] at an incredible rate, this is becoming more difficult.

06 It was [frustrating / frustrated] that the person who hit my car didn't take responsibility for it.

07 Researchers found that most people are still [confusing / confused] when reading food labels.

08 Surround yourself with people who are positive influences and people who make you smile, [enhancing / enhanced] your quality of life.

09 Some eye diseases could be affecting your eyesight or have long-term consequences if they're not [treating / treated] promptly.

10 Despite the rapid growth in the number of people [diagnosing / diagnosed] with depression, very few people actually seek the help they need.

11 Workers <u>requiring</u> to spend much time on their feet are at greatly increased risk of pain in the feet, knees, thighs and lower back.

12 We can experience a more <u>satisfied</u> life when we're willing to learn how to manage the ups and downs we encounter.

13 One morning I opened the door and was confronted by a dog <u>barking</u> at me in my very own backyard.

14 When <u>hiring</u> new employees, employers should look closely at their background and past work experience.

내신맛보기

15 다음 A~G 중 어법상 틀린 것 3개를 찾아 기호와 고쳐야 할 표현을 쓰고 바르게 고치시오.

A. A car parked on private land will be towed away this afternoon.

B. Raising in a large family with lots of children, he likes to hang out with people.

C. The director's recent movie was well received by several critics, but it was very disappointed.

D. You should insert the card into the reader with the label facing up.

E. After leaving college, they got a loan from a bank and started their own business.

F. Jamie logged on to the site hoping to get a ticket to the concert.

G. Ask a trusting friend or family member to reach out to you regularly to help alleviate the loneliness.

	기호	고쳐야 할 표현	고친 표현
(1)			
(2)			
(3)			

1 (A), (B), (C)의 각 네모 안에서 어법에 맞는 표현으로 가장 적절한 것은?

The entire advertising industry tells us that we need so many things to make our lives meaningful. Are you (A) interesting / interested in walking? You'll need special shoes. Are you thinking about playing tennis? You'll need to get a membership to the right club. Even before you can put your hands into the earth to dig a garden you may feel the need to buy special pants with knee pads, tools (B) inspiring / inspired by ancient Japanese gardening traditions and an endless number of how-to books. Unfortunately, this blinds us to life's simple satisfactions. When you're walking into the house (C) carrying / carried bags full of stuff, you sometimes forget to look up and notice a spectacular, inspiring night sky.

	(A)		(B)		(C)
①	interesting	—	inspired	—	carrying
②	interesting	—	inspiring	—	carrying
③	interested	—	inspired	—	carrying
④	interested	—	inspired	—	carried
⑤	interested	—	inspiring	—	carried

2 (A), (B), (C)의 각 네모 안에서 어법에 맞는 표현으로 가장 적절한 것은?

Globalization has affected more than just economies. And it is (A) amazing / amazed that it has especially affected culture. For example, music, art, literature, and language have all crossed borders. They have not been alone. Sport, too, has crossed borders. Its journey probably began millennia ago with war and conflict (B) affecting / affected villages, cities, and nations. Over the past decades sports have probably been the element of culture that has progressed farthest, fastest. (C) Driven / Driving by the competitive instinct, individual and national sports have crossed virtually every border. With the aid of radio and television, sport has become universal.

(A)		(B)		(C)
① amazing	—	affecting	—	Driving
② amazing	—	affecting	—	Driven
③ amazing	—	affected	—	Driven
④ amazed	—	affected	—	Driving
⑤ amazed	—	affecting	—	Driven

3 (A), (B), (C)의 각 네모 안에서 어법에 맞는 표현으로 가장 적절한 것은?

The Republic of South Africa is a country (A) located / locating at the southern tip of Africa, with a 2,798 km coastline on the Atlantic and Indian Oceans. To the north lie Namibia, Botswana, and Zimbabwe; to the east are Mozambique and Swaziland. This country is known for its diversity in languages. You'll be (B) surprised / surprising to learn that eleven languages are officially recognized. English is the most commonly spoken language in official and commercial public life; however, it is only the fifth most-spoken language at home. Although 79.5% of the South African population is black, the people are from various ethnic groups (C) speaking / spoken different Bantu languages.

(A)		(B)		(C)
① located	—	surprised	—	speaking
② located	—	surprising	—	speaking
③ locating	—	surprised	—	speaking
④ locating	—	surprised	—	spoken
⑤ located	—	surprising	—	spoken

4

내신맛보기

다음 각 빈칸에 주어진 단어를 문맥과 어법에 맞게 쓰시오.

Punta Ventana, also known as "Window Point," was a stone arch ⓐ (shape) _____ like a round window. The rock formation located in Guayanilla along the southern coast was one of the island's most iconic treasures, major tourist attractions, and sources of pride for locals. It had been the subject of countless photographs and postcards for a long time. However, a strong earthquake struck the island, ⓑ (wipe) _____ out the natural wonder. The quake that destroyed Puerto Rico's iconic coastal archway, Punta Ventana, was the island's biggest so far, also ⓒ (shake) _____ many homes and buildings.

5

내신맛보기

ⓐ~ⓒ에 들어갈 말로 가장 적절한 것을 <보기>에서 골라 문맥과 어법에 맞게 변형하여 넣으시오. (중복 사용 불가)

<보기> generate   obsess   drive   react   alarm

Texting is the most ⓐ _____ distraction. Everybody knows that texting while driving is a bad idea. A new study surveyed 1,000 drivers and 98% of those said the practice is dangerous. Still, nearly 75% say they do it anyway. "There's a huge difference between attitude and behavior," says David Greenfield, a University of Connecticut Medical School professor who led the study. The attraction to text messages is very similar to that of caffeine, Greenfield explains: both can be difficult addictions to overcome. The buzz of an incoming text message causes the release of dopamine in the brain, ⓑ _____ excitement. If the message turns out to be from someone attractive, even more dopamine is released. It could take years for people ⓒ _____ with text messaging to learn to control themselves, and this process could be similar to efforts to stop drunk driving.

*dopamine: 도파민(신경 전달 물질 등의 기능을 하는 체내 유기 화합물)

ⓐ _____

ⓑ _____

ⓒ _____

UNIT 07 | 동사와 준동사

준동사란?

어법끝 START p. 99

➡ 동사에서 변형된 것이라 동사의 성질을 가지고 있으나, 문장에서는 명사, 형용사, 부사 역할을 하는 것을 말한다.

| 1 | , | , | 가 여기에 포함된다. |

Point 16 동사부터 찾아라!

어법끝 START p. 100

문장의 동사가 있을 경우 → 준동사 / 문장의 동사가 없을 경우 → 동사

➡ 한 문장에서 접속사나 관계사의 연결 없이 두 개의 동사가 쓰일 수 없다. 따라서 문장의 동사가 이미 존재하고 있다면 나머지 동사는 2 _____ 형태가 되어야 한다.

Keep / **Keeping** the lens covered / when not in use / (is recommended). <모의응용>
　　준동사　　　　　　　　　　　　　　　　　　　　　　　V(문장의 동사)

➡ 반복을 피하기 위해 '일반동사(구)'를 받을 때는 대동사 3 _____ 를 쓰고 be동사(구)는 be동사로 받는다.

Many users probably (spend more time) / on the Internet // than they (do)/ are in their cars.
　　　　　　　　　　　　　　V　　　　　　　　　　　　　　　　　　　　　　V'=spend time

Point 17 동사별로 취하는 목적어 형태를 알아두라!

어법끝 START p. 103

동사 + to-v / v-ing

➡ 목적어로 to부정사를 취하는 동사 / 동명사를 취하는 동사를 구별해야 한다.

↳ afford, agree, decide, hope, learn, manage, 　↳ avoid, consider, deny, discuss, enjoy, finish,
　need, offer, plan, refuse, want, wish, etc.　　　　give up, imagine, keep, mind, put off, suggest, etc.

Some people (refuse) apologizing / **to apologize** // even when they're clearly in the wrong.
　　　　　　　　refuse to-v

These caravans can be moved / and many families (enjoy) to travel / **traveling** / from place to place / on holidays. <모의>
　　　　　　　　　　　　　　　　　　　　　　　　　　enjoy v-ing

동사 + to-v / v-ing

➡ 목적어로 to부정사와 동명사(v-ing)를 모두 취할 때 의미 차이가 있는 동사는 문맥으로 판단해야 한다.

└▸ remember, forget, regret, try, (stop)

You should brush your teeth / for 2 minutes / twice a day. (Remember) brushing / **to brush** your tongue, too. <모의>

remember to-v v할 것을 잊지 않고 하다

S + V (make/think/believe...) + O + C

→ S + V + | it | + C + to-v / that S + V

└▸ 가목적어   └▸ 진목적어

➡ make, think, believe, consider, find와 같은 동사가 SVOC의 구조를 취할 때, 목적어가 to부정사구 또는 that절인 경우 대신 가목적어 it을 두고 to부정사구나 that절은 뒤로 보낸다.

There are many factors // that (make) it impossible / | live / **to live** | on Venus. <모의응용>

가목적어

Point 18 목적격보어는 동사와 목적어를 동시에 고려하라!

어법끝 START p. 106

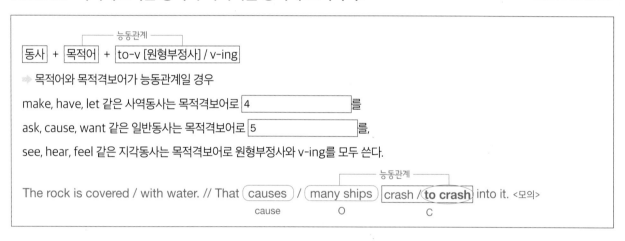

┌─ 능동관계 ─┐
동사 + 목적어 + to-v [원형부정사] / v-ing

➡ 목적어와 목적격보어가 능동관계일 경우

make, have, let 같은 사역동사는 목적격보어로 | 4 |를

ask, cause, want 같은 일반동사는 목적격보어로 | 5 |를,

see, hear, feel 같은 지각동사는 목적격보어로 원형부정사와 v-ing를 모두 쓴다.

┌─ 능동관계 ─┐
The rock is covered / with water. // That (causes) / (many ships) | crash / **to crash** | into it. <모의>

cause   O   C

┌─ 수동관계 ─┐
동사 + 목적어 + p.p.

➡ 목적어와 목적격보어가 수동관계일 때는 목적격보어로 | 6 |를 쓴다. (단, let은 be p.p.를 쓴다.)

┌─ 수동관계 ─┐
I finally (found) / (my sock) / | stick / **stuck** | to the inside of the dryer.

find   O   C

[01-10] 다음 중 어법상 적절한 표현을 고르시오.

01   An outbreak of cholera in 1849 killed nearly 13,000 people in London. The tragic conditions pointed out by many critics to produce / produced measures to clean up the cities. <모의>

    *cholera: 콜레라

02   People seem more attractive in a group than they are / do apart. This phenomenon is called the "cheerleader effect."

03   When you're choosing foods for your child's lunch box, always try / trying to watch out for the amounts of salt, fat, and sugar.

04   The Board of Education is considering breaking up / to break up Springfield High School's football team. <모의응용>

05   People stopped feeding / to feed the geese right after the law was introduced.

06   Skiing is one of the few sports that enable people move / to move at high speeds without any power-producing device. <모의>

07   I had my luggage carried / carry up the stairs, for which I felt sorry because it was a large bag and I was staying on the fourth floor.

08   When we saw her dolls, we found it / them hard to believe she had over two hundred collectible figures.

09   They were willing to discuss the matter, but we left the subject untouch / untouched.

10   Medical science spends billions of dollars trying to find / finding a cure for the common cold, and it does nothing to stop the aging process.

[11-15] 다음 밑줄 친 부분이 어법상 올바르면 ○표, 어색하면 ✕표하고 바르게 고치시오.

11   Historically we have seen markets <u>recover</u> after all of the market downturns.

12   Charities use a variety of methods to try to persuade people <u>donate</u> money to their organizations.

13   We may require some education to learn to avoid <u>interrupting</u> when others are talking.

14   Once people who dislike change settle into their own routines, it will take a great effort to get them <u>change</u> their routines.

15   Consistent lack of sleep or reduced quality of sleep can make it difficult <u>think</u> clearly during the day.

16   다음 A~G 중 어법상 **틀린** 것 3개를 찾아 기호와 고쳐야 할 표현을 쓰고 바르게 고치시오.

A. The businessman offered to pay for lunch as compensation for not attending the previous meeting.

B. Countries around the world have taken steps to curb the spread of the virus.

C. After careful consideration, we regret informing you that your proposal has not been accepted.

D. He called a florist to have some flowers deliver to his wife at work.

E. If you read the book before watching the movie, you will find it interesting to compare how these two are similar, or different.

F. It is generally recognized that life is much more complicated today than it did in the past.

G. It was terrifying when I felt the whole house shaking strongly because of the earthquake this morning.

	기호	고쳐야 할 표현	고친 표현
(1)			
(2)			
(3)			

UNIT 07 실력다지기

1 (A), (B), (C)의 각 네모 안에서 어법에 맞는 표현으로 가장 적절한 것은?

Relationships suffer because men and women deal with stress differently. While the man withdraws into his cave to forget (A) having / to have a hard time, the woman wants to discuss things. When she shares her frustrations, he offers solutions, but she is simply looking for some empathy. Without a clear understanding of their unique needs and reactions to stress, they will inevitably feel unsupported and unappreciated. We need (B) understanding / to understand our differences if we are to support each other in overcoming this challenge. This new understanding of how men and women react differently to stress will allow our relationships (C) thriving / to thrive rather than just survive.

(A)	(B)	(C)
① having —	understanding —	to thrive
② having —	understanding —	thriving
③ to have —	to understand —	to thrive
④ having —	to understand —	to thrive
⑤ to have —	to understand —	thriving

2 (A), (B), (C)의 각 네모 안에서 어법에 맞는 표현으로 가장 적절한 것은?

Properly training your children involves being very specific about your terms and expectations. For example, if you make your children (A) clean / to clean the kitchen, make sure they know what that means to you. To them it may mean simply putting the dishes in the sink. Many parents get upset when their children keep (B) doing / to do a terrible job with chores, even though they have never taken time for training. Taking time for training also does not mean children will do things as well as you would like. Improvement is a lifelong process. And, remember, the things you want them (C) doing / to do may not be a high priority for them until they become adults with children of their own.

(A)	(B)	(C)	(A)	(B)	(C)
① clean —	doing —	doing	② clean —	doing —	to do
③ to clean —	doing —	doing	④ clean —	to do —	doing
⑤ to clean —	to do —	to do			

3   (A), (B), (C)의 각 네모 안에서 어법에 맞는 표현으로 가장 적절한 것은?

It's impossible to know for sure if cats dream just like we (A) | are / do |. However, if you've ever watched your cats when they're fast asleep, you will know that sometimes their whiskers, their paws, or even their tails might move suddenly as if they're dreaming. You can even hear cats (B) | growling / to growl | while asleep occasionally, so perhaps they go out hunting or chasing mice in their dreams! Cats can sleep for many hours of the day. In fact, the average cat naps for 13-18 hours every day (C) | save / to save | energy and pass the time. Cats in the wild are most active in the early morning and evenings, when they do most of their hunting. Domestic cats adjust to our routines. After all, it's more fun to be awake when we are, and to sleep at night. <모의응용>

	(A)		(B)		(C)			(A)		(B)		(C)
①	are	—	growling	—	save		②	do	—	growling	—	to save
③	do	—	growling	—	save		④	do	—	to growl	—	save
⑤	are	—	to growl	—	to save							

4   다음 밑줄 친 부분 중, 어법상 틀린 것을 3개 찾아 기호와 고쳐야 할 표현을 쓰고 바르게 고치시오.

내신맛보기

It is absolutely true that our society cannot function without compassion. Compassion allows us ⓐ <u>think</u> of others instead of always focusing on ourselves. It gives us the ability to understand someone else's situation and the desire to take steps ⓑ <u>to improve</u> their lives. This quality makes us ⓒ <u>step</u> outside of ourselves and see the circumstances of others. It provides the strength to do what is necessary to make the world a more caring place. Compassion is particularly important to those who are vulnerable. For people who rely on others for help and support, compassion is often the most important factor in letting them ⓓ <u>to lead</u> fulfilling lives. We all have an unlimited amount of compassion, and ⓔ <u>share</u> it with others costs us nothing. To create a meaningful difference in the world, all we must do is to perform one simple act of compassion.

기호	고쳐야 할 표현	고친 표현

UNIT 08 | 병렬구조와 비교구문

병렬구조란?

어법끝 START p. 111

```
       ─ 대등 ─                      ─ 대등 ─                        ─ 대등 ─
  [ V ]  등위접속사 [ V ]      [ to-v ]  등위접속사 [ (to-)v ]      [ v-ing ]  등위접속사 [ v-ing ]
```

➡ and, or, but 등의 [1   ]에 의해 문법적 특성이 대등한 단어, 구, 절이 나란히 연결되어 있는 상태이다.

Point 19 등위접속사 + 네모는 병렬구조를 묻는다!

어법끝 START p. 112

➡ 네모 앞에 [2   ]가 있다면 그 접속사 앞의 어떤 어구와 연결된 것인지 문맥에 의거하여 찾는다.
> and, or, but, not only A but (also) B(= B as well as A),
> either A or B, neither A nor B, both A and B, not A but B, etc.

In the play, / the hero (**defeats**) a monster, / **and** then [rescuing / (**rescues**)] the princess.
        V1   V2

➡ 등위접속사 뒤에 연결되는 to부정사는 [3   ]가 생략될 수 있다.

Point 20 비교구문의 종류별 의미와 표현에 주목하라!

어법끝 START p. 114

as [원급] as [비교급] than   the [최상급] (in/of)

➡ 형용사와 부사의 상태, 성질, 수량 등을 비교해서 나타낼 때는 그 차이에 따라 원급, 비교급, 최상급이 쓰인다.

In order to succeed, / your desire for success / should be [(**greater**) / great] / [(**than**)] your fear of failure.
                    비교급   than

➡ as와 as 사이에 형용사가 들어가는지 부사가 들어가는지는 as를 떼고 동사에 따른 적절한 문장 구조로 판별한다.

I love my dogs / and think // they should be able (to live) as [free / (**freely**)] as possible.
                to live freely

```
        ─ 대등 ─
[비교 대상 A]    비교급 than    [비교 대상 B]
```

➡ 비교구문의 비교 대상들도 문법적 특성이 서로 [4   ]해야 한다.

(**Speaking**) English is a lot harder / **than** [to read / (**reading**)] it.
비교 대상 A   비교 대상 B

UNIT Exercise

[01-06] 다음 중 어법상 적절한 표현을 고르시오.

01 Communication is effective only when the message is understood and when it stimulates action or ⌈ encouragement / encourages ⌉ the receiver to think in new ways.

02 Flowers are often presented as gifts on birthdays and anniversaries and ⌈ give / given ⌉ to moms and dads on Parents' Day by children. <모의응용>

03 In this tour, we hope you not only like fishing in the lake, but also ⌈ enjoy / enjoying ⌉ the cuisine selected for your group.

04 A woman from Utah currently has the ⌈ longer / longest ⌉ nails in the world — over 24 feet long. She has not cut her nails since 1979.

05 Ninety percent of all diseases are caused by stress. Sometimes meditating is ⌈ better / best ⌉ than taking pills.

06 Taking time to relax is just as important as ⌈ to work / working ⌉ hard. You have to maintain a balance.

[07-10] 다음 밑줄 친 부분이 어법상 올바르면 ○표, 어색하면 ✕표하고 바르게 고치시오.

07 The eyes of a cat are slightly smaller than <u>humans</u>, but the cat can open its pupil to a maximum area three times larger than humans can.

08 Experts say the more relaxed or distracted the patients are, the <u>little</u> pain they are likely to feel.

09 A strong desire to speak English as <u>fluent</u> as native speakers is not the only reason for a great number of students to go to English-speaking countries.

10 The employees are both friendly and <u>happily</u> to help visitors find just what they are looking for.

UNIT 08 실력다지기

[1-5] 다음 문장에서 **틀린** 곳을 하나씩 찾아 밑줄을 긋고 이를 바르게 고치시오.

1   You can choose either to spend the day in our pool area, with children at the playground, or walking directly onto one of the main beaches in this resort.

2   The doctor advised that we should eat regularly and to get enough rest and exercise to boost our immune system.

                                                             *immune system: 면역 체계

3   Not surprisingly, one of Leonardo da Vinci's paintings is currently the more expensive one in the world.

4   There should be harsher penalties, considering that talking on the phone while driving can be more dangerous than drive under the influence of alcohol.

5   To use this service you need to register by completing the online registration form and submit it.

6   (A), (B), (C)의 각 네모 안에서 어법에 맞는 표현으로 가장 적절한 것은?

In the Paris subway system, users insert a paper card into a machine. The machine reads the card, leaves a record on the card that makes it "used," and then (A) spit / spits it out. The card has a magnetic strip on one side. On Matthew's first visit to Paris, he was not sure how to use the system. So he tried putting the card in with the magnetic strip face up and (B) was / being pleased to discover that it worked. He was careful thereafter to insert the card with the strip face up. In a later trip to Paris, he proudly demonstrated to a friend the correct way to use the system before his wife started laughing. It turns out that it doesn't matter which way you (C) put / putting the card into the machine! <모의응용>

	(A)		(B)		(C)
①	spit	—	was	—	putting
②	spit	—	being	—	put
③	spit	—	being	—	putting
④	spits	—	was	—	put
⑤	spits	—	being	—	put

7 (A), (B), (C)의 각 네모 안에서 어법에 맞는 표현으로 가장 적절한 것은?

Researchers have found that people whose diet is rich in probiotic foods enjoy enhanced immune function. It appears that probiotics normalize immune responses and (A) | inhibit / inhibits | chronic infection. Today, there is an alarming emergence of disease-causing agents that are resistant to antibiotics. These (B) | serious / seriously | and life-threatening circumstances have prompted urgent research into the use of probiotic bacteria to battle infections. We now know that probiotics can raise antibody levels in the body. This immune system boost reduces the risk of infections (C) | causing / caused | trouble in the first place, thus avoiding the need for antibiotics. Many doctors recommend live yogurt for patients on antibiotics to replace good bacteria.

*probiotics: 활생균 (인체에 이로운 미생물)   **antibiotics: 항생제

	(A)		(B)		(C)
①	inhibit	—	seriously	—	causing
②	inhibits	—	serious	—	caused
③	inhibit	—	serious	—	caused
④	inhibits	—	seriously	—	caused
⑤	inhibit	—	serious	—	causing

8 다음 (1)~(3)에 주어진 단어를 문맥과 어법에 맞게 쓰시오.

내신맛보기

The only way to become an expert listener is a lot of practice. It involves being truly "present" with what is being discussed, as well as (1) _____ (be) _____ patient. It means you first understand what is being said before you jump in and take your turn. You'll find out how tempting it is to interrupt or (2) _____ (offer) _____ some feedback before your partner has finished. You'll probably have to catch yourself many times before your habit is under control, but it will get easier with each passing day. As you work on this problem and become (3) _____ (much) _____ interested in listening than in speaking, you'll be paving the way for a mutually respectful and satisfying relationship based on listening.

(1) _____

(2) _____

(3) _____

UNIT 09 | 쓰임상의 구분 I

Point 21 형용사와 부사 역할을 구분하라!

어법끝 START p. 124

형용사 → 명사(구)   부사 → 동사, 형용사, 부사, 문장 전체

➡ 명사(구)를 수식할 때 [1 _____] 를, 동사, 형용사, 부사나 문장 전체를 수식할 때 [2 _____] 를 구분하여 써야 한다.

In this country, / eleven languages are official / **officially** recognized. <모의>
부사

➡ highly(상당히, 꽤), nearly(거의), lately(최근에), hardly(거의 ~않다) 등 접미사 -ly가 붙어 형용사 의미와는 서로 다른 뜻으로 쓰이는 부사는 문맥으로 구별해야 한다.

I believe // the experiment is high / **highly** educational. <모의>
부사   형용사

주어 + 동사 + 목적어 + 목적격보어(**형용사** / 부사)

➡ [3 _____] 는 보어로 쓰일 수 있지만, 부사는 보어로 쓰일 수 없다.

~ // so you can adjust your body temperature / to avoid sweating and remain **comfortable** / comfortably .
remain + 형용사 보어   <모의응용>

Point 22 전치사와 접속사를 혼동하지 마라!

어법끝 START p. 128

전치사 / 접속사   명사(구) / 절(주어 + 동사)

➡ 전치사 뒤에는 [4 _____] 가 오지만, 접속사 뒤에는 「주어 + 동사」 형태의 절이 온다.
↳ during, for, because of, due to,   ↳ while, because, (al)though
despite, in spite of

Such practices / may be suggested / to athletes / because / **because of** their benefits / by individuals [who
전치사   명사
excelled in their sports]. <모의응용>

➡ to 뒤에 v-ing형이 오는 어구를 잘 암기해두어야 한다.
↳ object to v-ing, lead to v-ing, be committed to v-ing, when it comes to v-ing, with a view to v-ing,
look forward to v-ing, contribute to v-ing, be accustomed[used] to v-ing, be devoted to v-ing, etc.

전치사   v-ing
Our company is committed to provide / **providing** / innovative high quality products and services [that
meet or exceed the expectations of our customers].

➡ like는 동사 외에 [5 _____] 나 접속사로도 쓰인다. 형용사나 부사로 쓰이는 alike와 구별해야 한다.

Labels on food are **like** / alike the table of contents found in books. <모의응용>
전치사   명사구

[01-07] 다음 중 어법상 적절한 표현을 고르시오.

01 The courses are arranged │alphabetical / alphabetically│ so that students can quickly find what they're looking for. <모의>

02 No two pairs of shoes on display are │exact / exactly│ alike; each pair is as unique as the person who will wear them.

03 The candidate should be │high / highly│ team-oriented and have exceptional communication skills.

04 As the graph shows, death rates begin to decline and birth rates remain │high / highly│, resulting in faster population growth.

05 In the wild, hamsters keep their nails │short / shortly│ by digging burrows.

06 A joint study found that │despite / although│ the Chinese diet varies from region to region, it generally includes a lot of rice and other grains, soy sauce and tofu. <모의응용>

07 Children are │like / alike│ sponges. They soak up information from the stimuli surrounding them.

[08-10] 다음 밑줄 친 부분이 어법상 올바르면 ○표, 어색하면 ✕표하고 바르게 고치시오.

08 There is no doubt that <u>while</u> the first half of the twentieth century Picasso became the most famous artist of his time and a model for success.

09 She was an idealist whose life was devoted to <u>making</u> the world a better place by advocating for peace and social justice.

10 She received a scientific education, which was <u>highly</u> unusual for girls in the early 19th century.

[1-5] 다음 문장에서 틀린 곳을 하나씩 찾아 밑줄을 긋고 이를 바르게 고치시오.

1   Some non-profit organizations have helped kids in Africa get a good education and stay healthily.

2   As bread and jam is delicious and easy to get, it is near always served for breakfast.

3   The product description says that setting up and taking down the tent is easy and convenient, and it's enough spacious to sleep four adults.

4   More people are increasingly suffering mental and emotional instability because the pressure of work.

5   The fact that they are all like in so many ways helped them get along better.

6   (A), (B), (C)의 각 네모 안에서 어법에 맞는 표현으로 가장 적절한 것은?

One female polar bear recently swam for nine days straight in the Beaufort Sea, north of Alaska, U.S.A., covering 700 kilometers. Just why did this polar bear paddle so far? With global warming causing sea ice to melt, the animals have to swim longer distances to reach land, often with their young. These marathon swims are too (A) dangerous / dangerously for both the adults and the young, many of which don't make it through the trip. (B) Although / Despite this particular polar bear was fortunate to survive, she lost 22 percent of her body weight on her record-setting swim. Unless people do something to slow climate change, the number of polar bears who die from this dangerous journey will grow (C) rapidly / rapid as the ice continues to shrink.

	(A)		(B)		(C)
①	dangerous	—	Although	—	rapidly
②	dangerous	—	Although	—	rapid
③	dangerous	—	Despite	—	rapidly
④	dangerously	—	Despite	—	rapid
⑤	dangerously	—	Although	—	rapidly

7 (A), (B), (C)의 각 네모 안에서 어법에 맞는 표현으로 가장 적절한 것은?

Many parents worry about the state of the world today and wonder how they can feel (A) safe / safely when raising kids in this scary world. Yet, I found that there's still hope. When I was a brand-new mom, I was in an elevator with two teenage boys. When the door opened, one boy was about to get off first. The other boy put his arm in front of his friend, (B) motioned / motioning for me to go ahead. I was moved by his simple gesture of thoughtfulness and good manners. I thanked him, and also asked him to thank his mother for doing a wonderful job: raising such a polite young man. I promised myself at that moment that I would raise my children to be (C) like / alike him. <모의응용>

	(A)		(B)		(C)
①	safe	—	motioning	—	alike
②	safe	—	motioned	—	like
③	safe	—	motioning	—	like
④	safely	—	motioned	—	alike
⑤	safely	—	motioning	—	like

8

내신맛보기

다음 밑줄 친 부분 중, 어법상 <u>틀린</u> 것을 2개 찾아 기호와 고쳐야 할 표현을 쓰고 바르게 고치시오.

Bubble Wrap was ⓐ <u>original</u> designed in the 1950s by two employees of a US company. Their assignment was to come up with a "space-age" decoration for internal walls. But it was found to be more useful as packaging to protect goods ⓑ <u>during</u> the shipping process. The air-filled pockets were ⓒ <u>particularly</u> good at absorbing shocks on bumpy roads and rough seas. ⓓ <u>Additionally</u>, the plastic in between the bubbles was designed to have special properties to further protect delicate electronic parts. A third use for Bubble Wrap is that it's great for popping. It is a ⓔ <u>high</u> pleasurable activity whose universal appeal is so widely acknowledged that there is even a website for those wishing to have a virtual bubble-wrap-popping session.

*Bubble Wrap: 버블랩 (기포가 든 비닐 포장재)

기호	고쳐야 할 표현	고친 표현

UNIT 10 | 쓰임상의 구분 II

관계대명사란?

어법끝 START p. 133

> 관계대명사 = 대명사 + 접속사
>
> ➡ 이미 언급된 명사(선행사)를 대신하는 대명사의 역할과 그 명사의 의미를 제한, 수식, 보충 설명하는 절을 연결하는 [1]의 역할을 한다.

관계부사란?

> 관계부사 = 접속사 + 부사
>
> ➡ 「전치사 + 관계대명사」를 대신하여 선행사의 의미를 제한, 수식, 보충 설명하는 절을 연결한다.

Point 23 접속사, 관계대명사, 관계부사의 역할을 구분하라!

어법끝 START p. 134

> that / what + 완전한 구조 (명사절)
> 문장 필수 요소를 모두 갖춘 상태
>
> that / what + 불완전한 구조 (명사절)
> 문장 필수 요소가 빠진 상태
>
> ➡ 접속사 that은 [2] 구조의 명사절을 이끌지만, 관계대명사 what은 불완전한 구조의 명사절을 이끈다.
>
> I envy **that** ᔆhe ᵛhas ᴼa perfect family.　　I envy **what** ᔆhe ᵛhas ᴼ●. (has의 목적어가 없음)

> 선행사 × + that / what + 불완전한 구조 (명사절)
> 문장 필수 요소가 빠진 상태
>
> 선행사(명사) that / what 불완전한 구조 (형용사절)
>
> ➡ 관계대명사 that 앞에는 수식할 [3]가 있고, 관계대명사 what은 자신이 선행사를 포함한 채 명사절을 이끌기 때문에 앞에 명사(선행사)가 없다.
>
> 　　　　　선행사　　　　　　목적어 없음　　　　　선행사 없음　　　　목적어 없음
> Tell me **the story** [**that** ᔆyou ᵛheard ●].　Tell me **what** ᔆyou ᵛheard ●.
> 　　　　　　　　　　형용사절(불완전한 구조)　　　　　　명사절(불완전한 구조)

선행사(명사) ─── × ───
선행사(명사)　　콤마(,)　　that[what]

➡ 관계사 앞에 콤마(,)를 표시하여 선행사를 보충 설명할 때 관계대명사 [4   ] 은 쓸 수 없다.

The rest of the bird's body / is covered in short feathers, // **which** / ~~that~~ keep out the cold.
　　　　　　　　　　　　　　　　　　　　　　　　　선행사 + 콤마(,) + which

　　　┌─ 종류(사람 or 사물) 일치 ─┐　　　　　　　　┌── 격 일치 ──┐
　　선행사　+　who / that[which]　　　　　선행사　+　who / whose

➡ 관계사절이 수식하는 선행사의 종류와 관계사절 내의 역할에 따라 관계대명사를 구분하여 사용한다.

선행사	관계대명사		
	주격	소유격	목적격
사람	who[that]	whose	who(m)[that]
사물	which[that]	whose	which[that]

He was an economic historian / **whose** / ~~which~~ work was centered / on the study of business history /
　　　　　　　　　　　　　　소유격 관계대명사　　S'　　　V'

and, in particular, administration. <모의응용>

➡ 접속사나 관계대명사는 절과 절을 연결할 수 있지만 대명사는 그럴 수 없다.

The koala is the only known animal / ~~its~~ / **whose** brain only fills / half of its skull. <모의응용>
　S　　V　　　　　　　　　　　관계대명사(접속사 + 대명사)　S'　　　V'
　　　　　　　　　　　　　　　　= and its

➡ 특정 어구 뒤의 관계대명사를 간과하지 않도록 주의한다.
　　　└➡ all of, both of, some of, many of, one of, none of, most of, half of 등
I didn't like the food in that restaurant, most of **which** was too salty.

관계대명사　+　불완전한 구조　　　　　관계부사 / 전치사 + 관계대명사　+　완전한 구조
= 접속사 + 대명사　문장 필수 요소인 대명사 빠짐　　= 접속사 + 부사　　　　　　　　수식어구인 부사 빠짐

➡ 관계대명사는 「접속사 + 대명사」의 역할을 하고, 관계부사는 「접속사 + 부사」의 역할을 한다. 따라서 관계대명사는 불완전한 절을,
　　관계부사는 [5   ] 절을 이끈다.
　　　　　　　　　　　　　　　　　　　　　　　　　　　　(완전한 구조)
Cats are most active / in the early evenings, // ~~which~~ / **when** they do most of their hunting.
　　　　　　　　　　　　　　　　　　　　　　　when　S'　V'　　　O'

[01-10] 다음 중 어법상 적절한 표현을 고르시오.

01   For a long time, people did not know ☐that / what☐ the heart pumps blood in a circuit through the body. <모의>

02   Like anything else, reading is a skill ☐that / what☐ becomes better with practice.

03   Many ski resorts use snow guns to create artificial snow, ☐that / which☐ harms the mountain environment. <모의응용>

                                                                   *snow gun: (스키장의) 인공 눈 만드는 기계

04   We have a number of local growers ☐who / whose☐ produce is picked and delivered to our customers within 24 hours. <모의응용>

05   Archaeologists have found a very ancient village, ☐where / which☐ dates back an incredible 70,000 years.

06   Dinner is a time ☐which / when☐ parents can teach good manners and values. <모의응용>

07   If you're having trouble locating a place ☐that / where☐ is mentioned in a historical document, it may be because its name has changed over time.

08   The reason ☐why / which☐ he gave was that his car was stationary when the accident
함정   happened and he did not want the evidence to be destroyed.

09   The aim of this lecture is to give you clear information about all the changes ☐that / what☐ are happening in education.

10   He thinks another economic slowdown is coming and that it will be much worse than
도전   ☐that / what☐ we've just experienced.

11 Recent studies are showing <u>what</u> sleeping on your left side may lead to better health, helping the flow of blood to your heart.

12 We can't afford to purchase a new house <u>which</u> price equals ten times our average annual income.

13 European wines, particularly those from Italy and France, are often named after the location or region <u>how</u> their grapes grow rather than for the grape variety itself.

14 Scientists emphasize <u>that</u> we learn about microbial species could lead to important 도전 knowledge about our environment and ourselves.   *microbial: 미생물의

15 In a time when uncertainty is simply a part of daily life, let's look at some points <u>which</u> we can perhaps gain some valuable perspective.

16 다음 A~G 중 어법상 틀린 것 3개를 찾아 기호와 고쳐야 할 표현을 쓰고 바르게 고치시오.

A. We are both vegetarians and had a wonderful meal at the place which he recommended for dinner.

B. I have seen many cases where they come back to us once they realize the value of our recommendation.

C. I used to work with many actors, some of them I didn't like much.

D. He recently published a book detailing that we know and don't know about genetics.

E. There are now a number of schools in the area which teach Korean.

F. Martin Luther King helped to bring about huge changes in the way black people had been treated in the United States.

G. Parents whom often spend time teaching their children can improve their knowledge, too.

	기호	고쳐야 할 표현	고친 표현
(1)			
(2)			
(3)			

1   (A), (B), (C)의 각 네모 안에서 어법에 맞는 표현으로 가장 적절한 것은?

Sight is powerful. Consider the food and color test, (A) | that / which | Dr. H. A. Roth performed in 1998. He took a drink, and added coloring to it in various stages of intensity. He then asked volunteers which drink was sweeter. Several hundred students took the test, (B) | it / which | tricked all of them. They believed that the stronger the color, the sweeter the drink. But in fact it was the opposite! In another test, C. N. DuBose asked subjects to sample grape, lemon-lime, cherry, and orange drinks. Volunteers had no trouble correctly identifying the flavor if the color matched up. But when the color and the flavor were switched, only 30 percent of the volunteers (C) | who / which | tasted the cherry could identify the right flavor. In fact, 40 percent thought the cherry drink was lemon-lime.

	(A)		(B)		(C)
①	that	—	which	—	which
②	which	—	which	—	who
③	which	—	which	—	which
④	which	—	it	—	which
⑤	that	—	it	—	who

2   (A), (B), (C)의 각 네모 안에서 어법에 맞는 표현으로 가장 적절한 것은?

Many people set goals (A) | that / what | are far beyond their capacity to achieve, work at them for a little while, and then quit. They become discouraged and conclude that goal setting doesn't work, at least for them. The primary reason this happens is (B) | that / which | they have tried to do too much too fast. Your responsibility is to create and maintain a positive mental attitude by confidently believing (C) | that / what | if you continue to do the right things in the right way, you will eventually reach your goal. You must absolutely believe that if you keep on doing your best, you will ultimately be successful.

	(A)		(B)		(C)
①	that	—	that	—	what
②	what	—	that	—	that
③	what	—	which	—	that
④	that	—	which	—	what
⑤	that	—	that	—	that

3 다음 (1), (2)에 답하시오.

내신맛보기

I will never forget the moment on my first hike _____ my grandfather stopped to pick up a caterpillar. "Someday this will become a beautiful butterfly. Look at it carefully and tell me how we can know this." I studied the caterpillar carefully looking for a sign. Finally, I said, "There is nothing in the caterpillar that tells me it's going to be a butterfly." "Exactly!" my grandfather said. "And 너의 외면에는 다른 사람들에게 네가 무엇이 될 지를 보여주는 것이 없단다. You cannot see what is going on inside a caterpillar, and others cannot see what is in your heart or mind. Only you, like the caterpillar, know what you are capable of becoming."

(1) 빈칸에 들어갈 말로 알맞은 것을 쓰시오.

(2) 밑줄 친 우리말에 맞도록 아래 괄호 안에 주어진 어구를 알맞게 배열하시오. (어형 변화 가능, 주어진 어구로만 배열할 것)

(what, that, you, on the outside, will become, show, others)

there is nothing in you _____.

4 ⓐ~ⓒ에 들어갈 말로 가장 적절한 것을 <보기>에서 골라 쓰시오. <중복 사용 불가>

내신맛보기

<보기>	that	when	where	which	what

Palm oil is an edible vegetable oil ⓐ _____ we get from the pulp of oil palm tree fruit. Originally from West Africa, the oil palm tree is now most commonly found in the tropics of Southeast Asia. Palm oil production is seen as a way to escape poverty for the populations of developing countries ⓑ _____ it's produced because it drives economic development. According to one report, the palm oil industry employs up to 3.5 million workers in Indonesia and Malaysia. However, the rapid expansion of oil palm plantations means ⓒ _____ palm oil production is also a major contributor to massive deforestation. In fact, industrial oil palm plantations have led to 56% of the deforestation on the island of Borneo since 2005.

ⓐ _____

ⓑ _____

ⓒ _____

*

PART II
밑줄 어법

UNIT 01 | 동사 밑줄

동사에 밑줄이 있을 때 떠올려야 할 포인트

어법끝 START p. 150, 152

Point 01　주어 - 동사의 수일치 ★ ▶ 네모 어법 UNIT 01

➡ 문장에서 [1　　　　　]를 파악하여 단수주어는 단수동사로, 복수주어는 복수동사로 짝을 맞춘다. 주어의 수식어구나 주어와 도치된 어구를 주어와 혼동해서는 안 된다.

➡ [선행사 + 주격 관계대명사 + V]에서 V의 수는 선행사와 일치시킨다.

➡ 「명사구, 명사절 주어, each, every ~ + [2　　　　　] 동사」

➡ 「both ~, the 형용사(~한 사람들) + [3　　　　　] 동사」

➡ 「부분을 나타내는 표현 + of + 명사 + V」는 [4　　　　　]의 수에 동사를 일치시킨다.

Point 02　시제 ▶ 네모 어법 UNIT 03

➡ 문장 속에서 [5　　　　　]을 나타내는 부사(구[절])는 시제의 단서가 된다.

➡ 단순과거: yesterday(어제), last ~(지난 ~에), ~ ago(~ 전에), when ~, 「in + 과거 연도」, then(그때), just now(조금 전에), the other day(일전에), etc.

➡ 현재완료(계속): 「since + 특정 과거 시점(~ 이래로)」, 「for + 기간 + now(지금까지 ~ 동안)」

Point 03　조동사와 법 ▶ 네모 어법 UNIT 04

➡ 문맥상 의미와 시제가 적절한 조동사가 사용되었는지 확인한다.

➡ If + 주어 + [6　　　　　] ~, 주어 + would, could, should, might + 동사원형 ...

➡ If + 주어 + [7　　　　　] ~, 주어 + would, could, should, might + have p.p. ...

➡ <요구·주장·제안·명령>의 동사 + that절(당위성)이면 that절에 [8　　　　　]을 쓴다.

Point 04　태 ▶ 네모 어법 UNIT 05

➡ 문장의 동사의 태는 주어가 동작을 하는 것인지(능동), 받는 것인지(수동)를 고려한다.

➡ 4, 5문형이 수동태가 되면 목적어나 명사 보어가 남아 있을 수 있음을 기억하자.

➡ 1, 2문형(SV, SVC) 자동사는 목적어가 없으므로 자연히 수동태가 불가능하다.

➡ 관계대명사절에서, 관계대명사가 주어이거나 「주어 + of + 관계대명사」 형태인 경우, 선행사를 찾아 동사와의 의미 관계로 태를 판단한다.

➡ be used to-v(v하는 데 이용되다) vs. be used to v-ing(v하는 데 익숙하다)

➡ 준동사의 태는 준동사의 의미상 주어와 준동사의 관계를 확인하여 결정한다.

Point 05　병렬구조 ★ ▶ 네모 어법 Point 19

➡ and, but, or 등 등위접속사로 연결된 병렬구조일 때, 연결되는 대상은 문법적으로 서로 [9　　　　　]한 형태여야 한다.

[01-10] 다음 밑줄 친 부분이 어법상 올바르면 ○표, 어색하면 ✕표하고 바르게 고치시오.

01   Mining for diamonds <u>are</u> an expensive and exhausting operation. <모의>

02   I was the shortest person in this crowd. Not only <u>was</u> all of the ladies naturally tall but every single one of them was wearing 3- to 5-inch heels!

03   Apollo 17 was the last manned mission to the moon. Since then, no humans <u>have been</u> to a place where they can float and gaze at the whole Earth.

04   It is highly recommended that your passport and flight ticket <u>be</u> kept safe by your group leader.

05   Each year, about 30 million trees are used to <u>making</u> books sold in the United States.

06   Dreams about shouting people <u>thought</u> to be about giving or receiving an important message. <모의>

07   Exercise helps control blood pressure, boosts the good blood cholesterol level, and <u>getting</u> the heart in shape. <모의응용>

08   The new sports complex which <u>is being built</u> on the site of the old clothing factory will provide facilities for soccer, tennis, and badminton.

09   The report says that the majority of students graduating with a bachelor's degree in political science <u>intend</u> to pursue more advanced degrees.

10   Labor costs are variable since businesses can definitely add or even <u>subtracting</u> workers depending on business conditions.

[11-15] 다음 문장에서 어법상 <u>틀린</u> 부분을 하나씩 찾아 밑줄을 긋고 바르게 고치시오.

11 Empathy is a core social ability of humans that enable us to understand the pain, distress, and feelings of others.

12 Those entering the facility will reject if they don't have their ID starting tomorrow.

13 Being in nature has a profound impact on us, reducing anxiety and stress and increase our attention capacity and creativity.

14 Some psychologists strongly demanded that psychology studied only observable behaviors, not mental processes or consciousness.

15 The building will be shut down until the field investigation will be completed.

16 다음 주어진 질문에 답하시오.

(1) 다음 중 어법상 옳은 문장을 모두 골라 기호를 쓰시오.

A. A formalized process not only increases productivity but reducing the risk of errors.

B. I remember being taught to drive by my father when I was in my early twenties.

C. If she had known about its defects, she wouldn't have bought the car.

D. It is the first time one of the world's major stock markets has turned positive since the economic crisis.

E. People living in poverty often struggles day to day to afford safe, nutritious food to feed their families.

F. Oil tankers have been used to transport large amounts of oil across oceans and waterways since the late 19th century.

G. The number of electric cars on the road is predicted to expand to 125 million worldwide by 2030, due to supportive policies and cost reduction.

(2) 어법상 <u>틀린</u> 문장에서 <u>틀린</u> 부분을 하나씩 찾아 기호를 쓰고 바르게 고치시오.

1 다음 글의 밑줄 친 부분 중, 어법상 **틀린** 것을 찾아 바르게 고치시오.

Television ① <u>has played</u> a major role in the creation of adult-like children for the past few decades. Before the electronic age, children ② <u>received</u> much of their social information from the books they read. Children read children's books containing information appropriate to a child's level of understanding. Adult information ③ <u>was contained</u> in adult books, which children did not read. Today, children have access to adult information through television. Children ④ <u>are exposed</u> to adult situations and adult views of life. Many social scientists hold that the removal of the barriers between non-adult information and adult information ⑤ <u>have</u> pushed children into the adult world too early. <모의응용>

2 다음 글의 밑줄 친 부분 중, 어법상 **틀린** 것을 찾아 바르게 고치시오.

① <u>Imagine</u> a school of fish swimming through a network of pipelines at the bottom of a bay. Only instead of live fish searching for food, these are robots patrolling for pipe damage and pollutant leaks. Robofish can fit in places divers and submarines can't. The newest are five to eighteen inches long, have about ten parts, and ② <u>to cost</u> just hundreds of dollars. These robots made of a synthetic compound ③ <u>are designed</u> to be flexible in the tail and rigid in the midsection. The motion of the material ④ <u>mimics</u> the swimming motion of a real fish. Although the latest robotic fish ⑤ <u>are</u> pretty close to making a splash, they are not yet swimming in lakes and oceans. It'll be a few more years before you can tell the story of the robofish that got away. <모의응용>

3 다음 글의 밑줄 친 부분 중, 어법상 <u>틀린</u> 것을 찾아 바르게 고치시오.

A robot made in Japan can perform a journalist's tasks on its own by exploring its environment, determining what is relevant, and ① <u>taking</u> pictures with its built-in camera. It can even interview nearby people and perform Internet searches to improve its understanding. However, having a robot report news ② <u>is</u> not a new idea. Another robot called Stats Monkey automatically ③ <u>uses</u> statistics to report sports news. Surprisingly, it reads like it was written by a journalist. Furthermore, Australian scientist Ross Dawson gives the example of News At Seven, a system developed by Northwestern University researchers that automatically ④ <u>create</u> a virtual news show. ⑤ <u>Using</u> the resources available on the web, the system searches for relevant images and blogs with comments on the topics to develop the text of the news stories. <모의응용>

4 다음 괄호 안에 주어진 단어를 활용하여 문맥과 어법에 맞게 쓰시오.

내신맛보기 Many states in the United States ban people from riding motorcycles without helmets. But some people ask: If people want to take risks, shouldn't they ⓐ _____ (allow) to do so? They insist that the government ⓑ _____ (let) _____ people do what they want. The columnist John Tierney has suggested how states might promote safety while maintaining freedom. The basic idea is that riders who do not want to use a helmet ⓒ _____ (have) _____ to get a special license. To qualify for the license, a rider would have to take an extra driving course and ⓓ _____ (submit) _____ proof of health insurance. Tierney's approach imposes some costs on those who want to feel the wind in their hair. But requirements of this kind ⓔ _____ (be) _____ more respectful of personal liberty than a ban — and might do a lot of good as well.

ⓐ _____

ⓑ _____

ⓒ _____

ⓓ _____

ⓔ _____

5

내신맛보기

다음 밑줄 친 부분 중 어법상 **틀린** 것을 3개 찾아 기호를 쓰고 바르게 고치시오.

There are several places that ⓐ <u>are being ruined</u> by their own online popularity. For example, a street in the city of Hanoi, Vietnam, has become a popular place for tourists to take pictures for Instagram. Often called the "train street," the famous street is lined with cafes and shops that ⓑ <u>sits</u> dangerously close to the train tracks. Constructed in 1902, the unique area ⓒ <u>was knowing</u> as a run-down neighborhood but social media turned the area into a tourist attraction. Businesses benefited from tourists who visited the railroad tracks to take selfies. However, an incident occurred in October 2019, when a train ⓓ <u>forced</u> to make an emergency stop because masses of tourists were on the tracks and would not move. As a result, the Hanoi municipal government ⓔ <u>compelled</u> the local businesses to shut down by the end of the month. *selfie: 셀피 (스마트폰 등으로 찍은 자신의 사진)

기호	고쳐야 할 표현	고친 표현

6

내신맛보기

다음 글의 밑줄 친 부분 중 어법상 **틀린** 것을 모두 찾아 기호를 쓰고 바르게 고치시오.

The effectiveness of visualization hasn't ⓐ <u>been researching</u> thoroughly and definitively yet. However, many psychologists say that visualizing your dreams ⓑ <u>provides</u> a clear focus for a fulfilled, successful life. They also suggested that visualizing the work to achieve a goal ⓒ <u>was</u> more likely to make people do the hard stuff. Visualization can help people become motivated and ⓓ <u>maintain</u> their goals as a top priority. In fact, professional athletes ⓔ <u>have used</u> visualization techniques as a successful training method for many years. One study found that people who visualized scoring goals before they went to the field ⓕ <u>was</u> able to score more goals than those who didn't. In other words, our mindset is important to our motivation and success. If we believe in the vision we have created, then our ambitions can be achieved.

UNIT 02 | 명사/대명사 밑줄

명사/대명사에 밑줄이 있을 때 떠올려야 할 포인트

어법끝 START p. 158

Point 01   대명사의 일치 ★ ▶ 네모 어법 Point 05

➡ 가리키는 것에 알맞은 수의 대명사가 쓰였는지 확인한다.

- it/its/that은 [1 ⬚] 명사를, them/their/those는 [2 ⬚] 명사를 받는다.

➡ 자리에 맞는 대명사가 쓰였는지 확인한다.

- 소유대명사는 문장 내에서 「소유격 + 명사」의 역할인지를 확인

- 재귀대명사는 동사의 목적어가 [3 ⬚]와 일치하는지를 확인

- 문맥상 대명사가 올 자리인지, 혹은 선행사와 뒤에 이어지는 절을 연결해주는 「[4 ⬚] + 대명사」 역할의 관계대명사가
   올 자리인지를 확인

➡ 각각의 용법에 맞는 대명사가 쓰였는지 확인한다.

- it은 특정 명사를 대신하는 대명사, to부정사 등을 받는 [5 ⬚], 비인칭 주어 등의 역할을 한다.

- 부정대명사 one, other, another 등은 각각의 쓰임을 구분한다.

one	the other		some		others
●	●		●●	●●	●●●
one	another	the other	some	others	the others
●	●	●	●●	●●●	●●

Point 02   명사와 수식어의 수일치 ▶ 네모 어법 Point 06

➡ 수나 양을 나타내는 수식어가 나올 경우, 셀 수 있는 명사의 수식어(a great number of 등)인지, 셀 수 없는 명사의 수식어
   (a great amount of 등)인지, 둘 다 쓰일 수 있는 공통 수식어(a lot of 등)인지 확인한다.

셀 수 있는 명사의 수식어	many, a great[good / large] number of (많은), a few (약간 있는), few (거의 없는)
셀 수 없는 명사의 수식어	much, a great[good / large] amount[deal] of (많은), a little (약간 있는), little (거의 없는)

*a lot[lots / plenty] of (많은), some[any] (약간 있는)는 셀 수 있는 명사나 셀 수 없는 명사 모두에 쓰일 수 있다.

UNIT Exercise

[01-10] 다음 밑줄 친 부분이 어법상 올바르면 ○표, 어색하면 ×표하고 바르게 고치시오.

01 Some sharks have evolved the ability to maintain their body temperature a few degrees higher than <u>those</u> of their environment.

02 Cats are very sensitive to change. Their senses are far more developed than <u>us</u>, so even small differences in your house can be stressful.

03 Write down your strengths and ask <u>you</u> what you want to do with that talent. It will guide you to your life's purpose.

04 An hour later, rescue workers were able to free the old man, <u>his</u> foot was stuck under the rocks.

05 Many film stars find <u>it</u> difficult to live a normal life. <모의응용>

06 When an airplane hits rough weather, the plane changes its course slightly, in one direction or <u>the other</u>.

07 Despite the fire service's immediate response, the large fire caused <u>a lot of</u> damage to the village.

[08-10] 다음 문장에서 어법상 **틀린** 부분을 하나씩 찾아 밑줄을 긋고 바르게 고치시오.

08 Are you honest with yourself about your strengths and weaknesses? Get to really know you and learn what your weaknesses are. <모의>

09 The zookeeper was very lucky to escape with only a little bruises and scratches after a frightening attack by a rhinoceros.

*rhinoceros: 코뿔소

10 The material has been banned in many countries due to their carcinogenic effect on people.

*carcinogenic: 암 유발성의

1 다음 글의 밑줄 친 부분 중, 어법상 틀린 것을 찾아 바르게 고치시오.

Problems are okay. Everybody ① <u>has</u> problems. Human beings couldn't live without change in their environment, and all changes require responses, ② <u>they</u> involve problem-solving. So ③ <u>it</u> is okay to have a problem, as long as you're willing and able to do something about it. But many are afraid that admitting to having a problem ④ <u>is</u> an admission of failure. People like to say, "Everything's all right — no problem!" Often there is an underlying fear that any change will be for the worse, and it's better to hold on to an old familiar problem than to have to cope with a new ⑤ <u>one</u>. So you must believe that problems can surface, be accepted, and be solved.

2 다음 글의 밑줄 친 부분 중, 어법상 틀린 것을 찾아 바르게 고치시오.

It doesn't matter if you run a company or sort letters in the mail room. Succeeding in what you do ① <u>starts</u> with taking ownership of the task. For example, Tom Williams started out working for Apple Computer. Although his relationship with the company fell apart and he was forced out, he considered ② <u>himself</u> to be the cause. He says, "I can't stand people who play the victim. None of this was anybody's choice but ③ <u>me</u>." Now, Tom enjoys ④ <u>a great deal of</u> personal responsibility in a venture capital firm. Statistics show that satisfaction with work improves by 34 percent when employees in a company feel responsible for ⑤ <u>their</u> work output.

*venture capital firm: 벤처 자본 회사

3 다음 글의 밑줄 친 부분 중, 어법상 **틀린** 것을 찾아 바르게 고치시오.

Countless tons of salt is ① <u>tossed</u> over ice-covered roads every winter because salt can melt ice no matter how cold the weather is. The salt dissolves into a tiny layer of water that covers the icy road and ② <u>forms</u> a saltwater solution. Saltwater has a lower freezing point than fresh water, so the saltwater on the surface does not freeze again. Also, as salt changes from a solid into a liquid solution, ③ <u>it</u> releases a tiny amount of heat. This heat melts some of the ice in the layer below, making more water that ④ <u>allows</u> even more salt to dissolve. The process repeats ⑤ <u>it</u> again and again, slowly but surely melting all the ice on the road.

4 다음 글의 밑줄 친 부분 중, 어법상 **틀린** 것을 2개 찾아 기호를 쓰고 바르게 고치시오.

내신맛보기

How you address your professors depends on many factors, such as age, college culture, and their own preference. Some teachers will ask you to call ① <u>it</u> by name, especially if they're relatively young. They enjoy the informal atmosphere generated by having everyone in the class on the same level. Some colleges, in fact, pride ② <u>themselves</u> on having all their faculty and students on a first-name basis. But beware: one of the surest ways to upset professors ③ <u>is</u> to call them by their first names against their wishes. Most professors see themselves in a position of professional authority over their students which they ④ <u>are earned</u> by many years of study. They no more want ⑤ <u>to be called</u> "John" or "Maria" than does your average physician. <모의응용>

기호	고쳐야 할 표현	고친 표현

UNIT 03 | 형용사/부사 밑줄

형용사/부사에 밑줄이 있을 때 떠올려야 할 포인트

어법끝 START p. 164

Point 01   형용사, 부사 자리 구분 ★ ▶ 네모 어법 Point 21

➡ 형용사 또는 부사에 밑줄이 있는 경우 수식하는 대상이 무엇인지 확인한다.

| 1 | 는 명사를 수식하고, | 2 | 는 형용사, 동사, 부사, 구 또는 문장 전체를 수식한다.

➡ 보어로 쓸 수 있는 것은 | 3 | 이며, | 4 | 는 보어로 쓸 수 없다.

보어를 취하는 2문형, 5문형 주요 동사

1. 상태	be (~이다), remain/keep/stay (~인) 채로 있다
2. 변화	become/get/grow (~이 되다, ~해지다)
3. 인식	seem/appear/look (~인 것 같다)
4. 감각	sound (~하게 들리다), smell (~한 냄새가 나다), taste (~한 맛이 나다), feel (~한 느낌이 들다)
5. 생각	think/consider/believe/feel ... (to be) ~ (…이 ~라고 생각하다[느끼다]) find (…이 ~인 것을 알게 되다)
6. ~하게 하다	make/drive/get (…이 ~하게 하다)
7. ~한 상태로 두다	leave/keep (…이 ~한 상태로 두다)

➡ 의미에 주의할 부사

highly(🖐 상당히, 꽤), nearly(🖐 거의), lately(🖐 최근에), hardly(🖐 거의 ~않다)

Point 02   비교급 수식 부사 ▶ 네모 어법 Point 20

➡ much, even, still, a lot, (by) far, (a) little 등 비교급을 수식하는 부사가 따로 있다.

➡ very는 | 5 | 을 수식하고 비교급을 수식할 수 없다.

Point 03   enough의 수식 위치 ▶ 네모 어법 Point 21

➡ enough가 | 6 | 를 수식할 때는 앞에서 수식하는 데 반해 형용사, 부사, 동사는 뒤에서 수식한다.

「enough + 명사」, 「형/부/동 + enough」

[01-05] 다음 밑줄 친 부분이 어법상 올바르면 ○표, 어색하면 ✕표하고 바르게 고치시오.

01 Many residents who live in rural areas have found <u>live</u> snakes in the backyard where their children play.

02 Do you believe in stories about aliens? All the stories seem <u>remarkable</u> similar.

03 It's best to keep grain, including rice and barley, <u>dry</u> to reduce insect problems.   *barley: 보리

04 Whenever I got home <u>lately</u>, my parents would leave a downstairs light on for me.

05 Make sure fonts and images are <u>enough big</u> to read from the back of the room.

[06-09] 다음 문장에서 어법상 틀린 부분을 하나씩 찾아 밑줄을 긋고 바르게 고치시오.

06 When the moon is on the horizon, we view it against objects whose size we know. Relative to those earthly objects, the moon looks enormously.

07 Teaching is thought successfully when a teacher passes his or her knowledge to the students by using effective communication skills.

08 The playwright is high respected by her professional peers within the theater industry.

09 They remained silently even though they were aware that some poisonous ingredients were used for manufacturing the product.

우리말에 맞도록 다음 어구들을 바르게 배열하시오. (어형 변화 가능, 주어진 어구로만 배열할 것)

10 파이를 만들 때, 건체리를 사용하는 것은 파이가 매우 달콤한 맛이 나게 할 것이라는 것을 염두에 두어라.
(dried cherries, use, taste, make, very sweet, will, it)
When making a pie, keep in mind that _____

_____ .

1 다음 글의 밑줄 친 부분 중, 어법상 **틀린** 것을 찾아 바르게 고치시오.

People differ ① greatly in their power to "make pictures in their heads." Years ago the British scientist Sir Francis Galton asked a group of colleagues to try to visualize the breakfast table that they had sat down to eat at that morning. Some of them saw the table ② clearly and in color. Others saw it only in black and white. Still others saw an unclear outline, as if through a ③ badly adjusted magic lantern. Many could get no visual image at all. Scientists believe that most people are born with the ability to gather in the mind's eye ④ precisely visual images of past experiences. However, many of us lose this power as we get older, ⑤ simply because we fail to exercise it.

2 다음 글의 밑줄 친 부분 중, 어법상 **틀린** 것을 찾아 바르게 고치시오.

Consider the Greenland and Antarctic ice sheets. The amount of water stored in them is ① enormous enough to drown the planet under more than two hundred feet of water. That will not happen anytime soon, but even a tiny reduction in their extent — say, 5 percent — would ② significantly alter our coastlines. The global sea level is already rising about one-third of a centimeter every year and will rise at least eighteen to sixty centimeters higher in just one generation, if the rates at which glaciers now flow from land to ocean remain ③ constantly. But scientists believe the rate of melting may ④ gradually speed up over time. If so, sea levels could soon ⑤ rise by as much as 200 centimeters. Most of Miami would be submerged.

*ice sheet: 대륙 빙하

3 다음 괄호 안에 주어진 단어를 활용하여 문맥과 어법에 맞게 쓰시오.

내신맛보기

Can you imagine what life was like 200 years ago? There was no electricity, and oil lamps were used at night. In addition, there were no cars or telephones, so travel was ⓐ＿＿＿(most)＿＿＿ on foot and communication was very difficult. These days, our lives seem ⓑ＿＿(complete)＿＿ different. We have jet planes, cell phones, the Internet, and many more aspects of life that our ancestors could ⓒ＿＿(hard)＿＿ dream of. However, have all these improvements had good results? Pollution and fossil fuels have given us global warming, resulting in ⓓ＿＿(extreme)＿＿ weather. Modern medicine lets us live longer, but governments are finding it ⓔ＿＿(hard)＿＿ to look after the increasing number of old people. <모의응용>

ⓐ ＿＿＿＿＿＿＿＿＿＿＿＿＿＿＿＿＿

ⓑ ＿＿＿＿＿＿＿＿＿＿＿＿＿＿＿＿＿

ⓒ ＿＿＿＿＿＿＿＿＿＿＿＿＿＿＿＿＿

ⓓ ＿＿＿＿＿＿＿＿＿＿＿＿＿＿＿＿＿

ⓔ ＿＿＿＿＿＿＿＿＿＿＿＿＿＿＿＿＿

4 다음 글의 밑줄 친 부분 중, 어법상 **틀린** 것을 2개 찾아 기호를 쓰고 바르게 고치시오.

내신맛보기

Study after study demonstrates the power of smell. Researchers found that people who work in ① pleasant scented areas performed 25 percent better. They carried out their tasks far more ② confidently. Tests at the University of Cincinnati indicate fragrances added to the atmosphere of a room can keep people more ③ alert and improve performance of routine tasks. So what smells energize us? Peppermint and lemon seem to be most effective, but scent is a ④ deep personal matter. So experiment with several to see which is best for you. Rosemary might be a good place to start because it's ⑤ highly effective for uplifting energy and enhancing memory. However, rosemary shouldn't be used by women who are pregnant or by anyone with high blood pressure.

기호	고쳐야 할 표현	고친 표현

UNIT 04 | 비교구문 밑줄

비교구문에 밑줄이 있을 때 떠올려야 할 포인트

어법끝 START p. 170

Point 01 원급, 비교급, 최상급 형태 구분 ★ ▶ 네모 어법 Point 20

➡ 형용사/부사의 비교급이나 more, much, than, as + △ + as 등에 밑줄이 있을 때 원급이나 비교급 구문의 형식을 제대로 갖추었는지 확인한다.

- as + 원급 + as (~만큼 …한)
- 비교급 + than ((둘 중) ~보다 더 …한)

➡ 「△ + in/of ~」가 범위 안(in/of ~)에서 '가장 …한'이란 의미를 갖는다면 △는 「the + ☐1　　　　　」이 되어야 한다.

➡ 밑줄 앞에 one of가 있다면 다음 최상급 표현인지 확인한다.

- one of the + 최상급 + 복수명사 + in/of ~ (~ 중에서 가장 …한 것들 중의 하나)

Point 02 as 형용사 / 부사 as ▶ 네모 어법 Point 20

➡ as와 as 사이의 원급이 형용사인지 부사인지는 ☐2　　　　　를 떼고 적절한 문장 구조로 판별한다.

He is as **suitable** for the job as me. (← He is **suitable** for the job.)

I can't swim as **well** as you can. (← I can't swim **well**.)

Point 03 비교 대상의 병렬구조 ▶ 네모 어법 Point 20

➡ 비교구문에서 as나 than 뒤에 밑줄이 있다면, 두 개의 비교 대상이 격이나 형태 등에서 문법적 성격이 같은지 확인한다.

My room is cleaner than **his**. (his = his room)
　A(소유격 + 명사)　　　　　　B(소유대명사)

Her **painting** is as good as **that** of the boy.
　　A(단수명사)　　　　　　B(단수대명사)

Her **paintings** are as good as **those** of professional painters.
　　A(복수명사)　　　　　　　B(복수대명사)

Point 04 비교급 관용 표현 ▶ 네모 어법 Point 20

➡ 밑줄이 포함된 문장 속에 「the + 비교급」 형태가 있다면 그 짝이 맞는지 살펴본다.

the + ☐3　　　　　~, the + ☐4　　　　　…: ~할수록 더 …한

The harder you try, **the better** you get. (당신이 더 열심히 노력할수록, 더 좋아진다.)

[01-07] 다음 밑줄 친 부분이 어법상 올바르면 ○표, 어색하면 ×표하고 바르게 고치시오.

01   Scientists say that a warm climate helps cold-blooded animals grow larger. If global warming continues, will iguanas grow as <u>bigger</u> as Komodo dragons?

02   Carbon dioxide is 40% <u>heavy</u> than air and falls to the floor rapidly.

03   The green anaconda is the <u>larger</u> snake in the world. When fully grown, the reptile can measure more than 8.8 metres and weigh more than 230 kilograms.

04   Mount Vesuvius, which destroyed the city of Pompeii in 79 AD, is regarded as one of the <u>more</u> dangerous volcanoes of all.

05   Under ordinary circumstances, the life expectancy of women is higher than <u>that of men</u>.

06   Empowering someone to do something himself indeed seems better than <u>do</u> it for him.

07   Soak the eggs in cold water immediately after taking them out of the boiling water. The larger the difference in temperature, <u>the easy</u> to peel.

[08-10] 다음 문장에서 어법상 틀린 부분을 하나씩 찾아 밑줄을 긋고 바르게 고치시오.

08   It is true that the salary of rural workers is much lower than urban workers.

09   Henri Matisse, who is known for his colorful abstract paintings, is regarded as one of most influential figures in modern art.

10   It is important to remember that the earlier you detect a problem with your tooth, easier it is to get it fixed.

1 다음 글의 밑줄 친 부분 중, 어법상 틀린 것을 찾아 바르게 고치시오.

Happy people don't get everything they want, but they want most of what they get. In other words, they improve their chances of happiness by choosing to value things they already have. Unhappy people often set unreachable goals, leading ① <u>themselves</u> to failure. Yet people who set high goals and reach them are no ② <u>happy</u> than people who set and reach more modest goals. Don't begin with fantasy pictures of the world's richest person. Stay with reality and strive to make things ③ <u>better</u>, not perfect. Also, the balance between people's goals and their resources strongly ④ <u>correlates</u> with happiness. In other words, the more realistic and attainable people's goals are, the ⑤ <u>more</u> likely they are to feel good about themselves.

2 다음 (1), (2)에 답하시오.

내신맛보기 (1) ⓐ~ⓒ에 들어갈 말로 가장 적절한 것을 <보기>에서 골라 넣으시오. (중복 사용 가능)

<보기>　　most　　more　　much

The greater the number of examples in a paragraph, the ⓐ _____ likely the information will be remembered. Why do examples work? They appear to take advantage of the brain's natural preference for pattern matching. Information is ⓑ _____ readily processed if it can be immediately associated with information already present in the learner's brain than if it's presented alone. We compare the two inputs, looking for similarities and differences as we absorb the new information. So, 예시를 제시하는 것은 문에 손잡이를 추가하는 것만큼 효과적이다. It makes the information ⓒ _____ easier to learn.

ⓐ _____

ⓑ _____

ⓒ _____

(2) 밑줄 친 우리말에 맞도록 아래 괄호 안에 주어진 어구들을 알맞게 배열하시오. (어형 변화 가능, 주어진 어구로만 배열할 것)

(a door, be, add, as, as, to, handles, effective)
providing examples _____.

3

내신맛보기

다음 글의 밑줄 친 부분 중, 어법상 **틀린** 것을 2개 찾아 기호를 쓰고 바르게 고치시오.

Have you ever wondered why you can put a jigsaw puzzle together ① <u>most</u> quickly when you do it while listening to music? That's because music enables the brain to accomplish tasks more ② <u>easily</u>. Listening to music prepares your brain to do tasks, but the effect is short-lived because the improvement in your ability lasts only as ③ <u>long</u> as the music. Nerve cells respond best to classical music, which is ④ <u>most</u> complex than any other type of music. If you want to create a masterful piece of art or composition, ⑤ <u>try</u> listening to music. Then your masterpiece will emerge from within you.

기호	고쳐야 할 표현	고친 표현

4

내신맛보기

다음 글의 밑줄 친 부분 중, 어법상 **틀린** 것을 모두 찾아 기호를 쓰고 바르게 고치시오.

There is possibly no ① <u>good</u> place to get away from it all than Norway's Bouvet Island. The island is located in the South Atlantic Ocean between the continents of South America, Africa, and Antarctica. The 49-square-kilometer uninhabited place is one of ② <u>most</u> remote islands on Earth. Bouvet Island is positioned at the southernmost end of the Mid-Atlantic Ridge, which is an underwater mountain chain stretching through the Atlantic Ocean and ③ <u>dividing</u> the South American and African plates in the southern hemisphere. The highest point of the island, 780-meter Olav Peak, lies midway across the island. Although it is not particularly tall, the fact that nobody had ever climbed it inspired Jason Rodi, a filmmaker who had already climbed the highest mountains of each of the seven continents. In 2012, his team, consisting of adventurers, filmmakers, and artists, visited the island and climbed Olav Peak, ④ <u>where</u> they buried a time capsule.

UNIT 05 | v-ing / p.p. 밑줄

v-ing/p.p.에 밑줄이 있을 때 떠올려야 할 포인트

어법끝 START p. 176, 178

Point 01 능동·수동 구분 ★ ▶ 네모 어법 UNIT 05, 06

➡ v-ing 또는 p.p. 형태에 밑줄이 있다면 가장 먼저 떠올려야 하는 것은 [1   ]의 개념이다.
문맥으로 (의미상) 주어와의 관계가 능동(v-ing)인지 수동(p.p.)인지를 파악한다.

Point 02 동사 자리 vs. 준동사 자리 ▶ 네모 어법 Point 16

➡ 특히 v-ing에 밑줄이 있을 경우, 문장 내 동사 유무를 확인한다. 동사가 이미 있고 접속사나 관계사로 연결되지 않았다면 해당
준동사의 역할이 적절한지를 확인한다.

➡ 반복을 피하기 위해 앞에 나온 일반동사(구)를 대신할 때는 대동사 [2   ]를, be동사일 때는
[3   ]를 써야 한다. 이때 주어의 수와 인칭, 시제에 주의하여야 한다.

Point 03 병렬구조 ▶ 네모 어법 Point 19

➡ 밑줄이 그어진 v-ing나 p.p. 앞뒤에 [4   ]가 있다면 연결 대상과 문법적으로 대등한 형태의 어구로 연결
된 병렬구조인지 확인한다.

Point 04 문장의 주요소로 쓰이는 v-ing ▶ 네모 어법 Point 17, 18

➡ 문장의 주어, 보어 역할을 하는지 확인한다.
➡ v-ing형을 [5   ]로 취하는 동사(avoid, consider, deny, discuss, enjoy, finish, give up, imagine, keep, mind,
put off, suggest, etc.)가 앞에 나왔는지 확인한다.
➡ 전치사의 목적어로는 v-ing형이 와야 한다.
➡ 목적어와 목적격보어의 의미 관계가 [6   ]이라면, 앞에 나온 동사가 목적격보어로 v-ing형을 취하는 keep, find류의
동사 혹은 see, hear, feel 등의 지각동사가 왔는지 확인한다.

Point 05 빈출 표현

➡ v-ing나 p.p. 형태를 쓰는 빈출 표현을 잘 알아둔다.
be busy v-ing(v하느라 바쁘다), spend 시간[돈] v-ing(v하는 데 시간[돈]을 쓰다), look forward to v-ing(v하는 것을 고대
하다), have trouble v-ing(v하는 데 어려움을 겪다), be referred to as(~로 불리다), be allowed to-v(v하는 것을 허락받다)
등의 빈출 표현의 일부인지 확인한다.

[01-10] 다음 밑줄 친 부분이 어법상 올바르면 ○표, 어색하면 ✕표하고 바르게 고치시오.

01   Animals <u>raising</u> on factory farms suffer terrible cruelty. It's a valid reason to stop eating meat.

02   It is <u>surprised</u> how often history repeats itself and how little investors learn from it.

03   The answering machine plays a recorded message <u>told</u> callers to leave their name and telephone number. <모의>

04   If you have trouble falling asleep at night and <u>wake</u> up in the morning, then expose yourself to daylight as much as possible.

05   Trees absorb pollution naturally when it hits their leaves, so scientists have considered <u>using</u> trees to reduce pollution.

06   While I was sitting under the tree, I felt an ant <u>crawling</u> upon my leg.

07   Once upon a time, society spent a huge amount of its time <u>caring</u> for farmland.

08   He had his house <u>break</u> into on December 21, 2013. The thief raided the house after entering through the kitchen door.

09   The findings <u>published</u> in the *Journal of Science* are based on a systematic review and data analysis of 17 studies with 750 participants.

10   As deep-fried foods tend to be high in calories and trans fat, <u>eat</u> a lot of them can have negative effects on your health.

11   The level of gross government debt is comparing to GDP to determine whether there is too much debt for the economy to deal with.

12   It can be frustrated for owners to see that their companion animal has misbehaved and created a mess in the house.

13   New employees receive on-the-job training for the first three months, with an administrator provided detailed feedback on their performance.

14   Belief in your ability to carry out a plan can encourage you to be persistent and working to your full potential.

15   The boy hitting by a motorcycle while walking in the crosswalk was taken to the hospital.

[16-18] 다음 괄호 안에 주어진 단어를 활용하여 문맥과 어법에 맞게 쓰시오.

16   Bagels are boiled before they (bake) _____ in the oven to make a chewy crust and slightly dense inside.

17   If you have anxiety or sleep problems, you may find that drinking beverages (contain) _____ caffeine makes them worse.

18   Half of the residents (stay) _____ in the shelter were elderly people and less than 10 percent were children.

[19-20] 우리말에 맞도록 다음 어구들을 바르게 배열하시오. (어형 변화 가능, 주어진 어구로만 배열할 것)

19   은퇴를 위한 현명한 투자의 비결은 삶의 모든 단계에 대해 서로 다른 전략을 갖는 것이다.

(for retirement, to, have, invest, strategies, be, the key, smart, different)

_____

for every stage of your life.

20   피부과 의사들은 뜨거운 물보다는 따뜻한 물로 씻는 것이 겨울에 몸이 건조해지는 것을 막을 수 있다고 말한다.

(get dry, rather than, keep, wash, your body, from, in warm water, hot water, can)

Dermatologists say that _____

_____ in winter.   *dermatologist: 피부과 전문의

1 다음 글의 밑줄 친 부분 중, 어법상 **틀린** 것을 찾아 바르게 고치시오.

Late one Saturday evening, I was ① <u>awakened</u> because my phone was ringing. In a sleepy voice I said, "Hello." The party on the other end of the line paused for a moment before ② <u>rushing</u> into a long speech. "Mom, this is Susan, and I'm sorry I woke you up, but I had to call because I'm going to be a little late getting home. The tire of Dad's car went flat while we were ③ <u>sitting</u> in the theater." Since I don't have any daughters, I knew the person ④ <u>had misdialed</u>. "I'm sorry," I replied, "but I don't have a daughter ⑤ <u>naming</u> Susan." "Oh, Mom!" came the young woman's voice, "I didn't think that you'd be this angry." <모의응용>

2 다음 글의 밑줄 친 부분 중, 어법상 **틀린** 것을 찾아 바르게 고치시오.

When ① <u>given</u> a compliment, only a few people accept it so simply. The recipient is confronted with a dilemma: "I must thank him for a compliment while ② <u>avoiding</u> self-praise." Women and men are both more likely to accept a compliment ③ <u>coming</u> from a man than from a woman. When a man says, "Nice scarf," a woman is more likely to respond positively: "Thanks. My sister knitted it for me." But when one woman tells another, "That's a beautiful sweater," you're likely to hear the recipient ④ <u>downplay</u> the compliment: "It was on sale at Walmart, and they didn't even have the color I wanted." Such a response, ⑤ <u>offering</u> to make the complimenter feel that the recipient isn't overly proud, only makes her feel awkward instead. It's better to make a related comment like, "Thanks. It's my favorite."

*downplay: 경시하다, 대단치 않게 생각하다

3 다음 글의 밑줄 친 부분 중, 어법상 **틀린** 것을 찾아 바르게 고치시오.

One town brainstormed for ways to make people slow down. A townsperson remembered ① slowing down his vehicle when he spotted a beautiful wall painting on a warehouse while driving through downtown Los Angeles. This inspired the idea of ② creating something unusual to slow traffic. An artist ③ used a technique that creates the illusion of three-dimensionality was hired by the town to paint a giant hole in the road. The giant 3D painting of a hole on an intersection works like magic. Drivers say you see something ④ lying in the road, so there's a moment of confusion and you automatically slow down. Then you realize it's flat and you keep ⑤ driving. Monitors report that vehicle speeds have dropped to an average of twenty-five.

4 다음 밑줄 친 부분 중 어법에 맞지 <u>않는</u> 것을 2개 찾아 기호를 쓰고 바르게 고치시오.

Currently, 15 billion trees a year are cut down by the global timber industry. If current rates continue, it will take approximately 200 years ⓐ to cut them all. Eighty percent of the world's ⓑ known land animals and plants reside in forests and cannot survive without the trees. Moreover, trees maintain a moist and cool ground, ⓒ help to sustain the water cycle. A large tree releases 150 tons of water into the atmosphere yearly, which eventually falls back on the forest in the form of rain. A lack of trees will cause the land to become hotter and dry, with dead wood ⓓ resulting in damaging wildfires. This will produce soot-filled skies that block out the Sun, ⓔ caused failed harvests over several years and creating worldwide famine.

*soot-filled: 그을음이 가득한

기호	고쳐야 할 표현	고친 표현

5 다음 글의 밑줄 친 부분 중, 어법상 틀린 것을 모두 찾아 기호를 쓰고 바르게 고치세요.

According to a report, the media is showing a growing interest in reality television shows, ⓐ <u>allows</u> them to take up over fifty percent of all the shows on television. These types of shows are ⓑ <u>referring</u> to as reality TV shows, or television programs that film the lives of ordinary people, instead of actors. Typical show themes include actual situations and spontaneous melodramatic scenes. Furthermore, instead of celebrities, ordinary people are the ones ⓒ <u>getting</u> the spotlight. The ⓓ <u>increasing</u> number of reality TV shows has created serious issues in the real world. Although reality TV shows play a large role in the media and its culture, they also have negative consequences. That's because common themes of the show are extremely aggressive and inappropriate, and their extent of ⓔ <u>creating</u> racial stereotypes has increased.

UNIT 06 | 부정사 밑줄

부정사에 밑줄이 있을 때 떠올려야 할 포인트

어법끝 START p. 184

Point 01 목적격보어로 쓰이는 부정사 ▶ 네모 어법 Point 18

➡ 목적어와 목적격보어의 관계가 능동일 때, 동사가 [1 _____] 를 목적격보어로 취하는 사역동사나 지각동사인지,
ask, cause처럼 [2 _____] 를 취하는 동사인지 확인한다.

    ⌐➤ get, want, allow, lead, enable, expect,
       encourage, persuade, help, etc.

    ⌐➤ make, ⌐➤ see, watch,
      have,   hear, feel,
      let, help   etc.

Point 02 동사의 목적어: to부정사 ▶ 네모 어법 Point 17

➡ 앞에 나온 동사가 decide, need처럼 [3 _____] 를 목적어로 취하는 타동사인지 확인한다.

    ⌐➤ afford, agree, decide, hope, learn, manage, need,
       offer, plan, refuse, want, wish, etc.

Point 03 진주어 / 진목적어 ▶ 네모 어법 Point 17

➡ 앞쪽에 가주어나 가목적어 [4 _____] 이 있다면 진주어나 진목적어 역할을 하는 to부정사가 올 자리가 아닌지 확인한다.

   It(가주어) + V + C + <u>to부정사</u>(진주어)

   S + V + it(가목적어) + C + <u>to부정사</u>(진목적어)

Point 04 to부정사의 역할 / to부정사 관련 표현

➡ to부정사가 명사적 역할을 하는지, 명사를 수식하는 형용사적 역할을 하는지, 혹은 형용사나 부사, 동사를 수식하는 부사적 역할
인지 확인한다.

➡ to부정사 관련 표현

too ~ to-v (너무 ~해서 v할 수 없다)

seem[appear] to-v (v하는 것처럼 보이다, v하는 것 같다)

~ enough to-v (v하기에 충분히 ~한)

so ~ as to-v (매우 ~하여 v하다; v할 만큼 ~한)

be about to-v (막 v하려고 하다)

의문사 + to-v: 문장에서 주어, 보어, 목적어 역할

[01-10] 다음 밑줄 친 부분이 어법상 올바르면 ○표, 어색하면 ✕표하고 바르게 고치시오.

01   Ben Jackson was born with a severe disability. People never expected this young boy <u>walk</u>, let alone become a wrestler.

02   I saw the audience stand <u>to cheer</u> for me, but I couldn't hear anything at all. <모의응용>
함정

03   When we ask friends for advice, we really want them to agree with us. If they tell us we're wrong, we react with surprise and refuse <u>accept</u> what they say. <모의응용>

04   If you are dieting, it is important <u>drink</u> lots of water so your liver can effectively metabolize body fat.

                                                                               *metabolize: 대사 작용을 하다

05   I found it very valuable <u>experience</u> what kinds of jobs are available.

06   With his bare hands, the man bent the door of a burning vehicle <u>to save</u> the driver.

07   As long as we are alive, it is never too late <u>change</u>, to improve, and to grow.

08   The food delivery app will only let you <u>to cancel</u> an order before the restaurant has accepted it.

09   The organization aims to encourage people <u>adopt</u> dogs and cats from the local shelter or rescue groups.

10   If we learn how <u>see and understand</u> things from another person's perspective, we may be able to avoid unnecessary conflict.

<보기>	avoid look blame strengthen stay

11 She is an excellent teacher who helped me _____ motivated and focused on my goals.

12 The ability to find and treat people infected by the virus has allowed the country _____ a total lockdown unlike other countries.

13 The two countries agreed _____ their strategic partnership and develop additional forms of cooperation.

14 He was dressed up as a superhero, which made him _____ ridiculous.

15 When we find ourselves in a bad situation, it's easy _____ others or external circumstances for our problem.

16 우리말에 맞도록 괄호 안에 주어진 어구들을 바르게 배열하시오. (어형 변화 가능, 필요한 어구 추가 가능)

(1) 탑승 게이트는 비행기에 막 탑승하려는 승객들로 붐볐다.

(the plane, who, about, board, passengers)

The boarding gate was crowded with _____ .

(2) 나는 조용한 도서관에서 누군가 과자 봉지를 여는 소리를 들었다.

(in the quiet library, a bag of chips, open, someone, hear)

I _____ .

(3) 네가 큰 성공을 누릴 만큼 충분히 운이 좋다면, 초심자의 정신을 절대 잊지 말아야 한다.

(enough, great success, fortunate, enjoy)

If _____ , you should never forget the spirit of the beginner.

(4) 부모가 자녀의 스마트폰 사용에 적절한 제한을 두는 것은 어려울 수 있다.

(difficult, parents, limits, appropriate, can, set)

It _____ on the use of smartphones for their kids.

UNIT 06 실력다지기

1 다음 글의 밑줄 친 부분 중, 어법상 **틀린** 것을 찾아 바르게 고치시오.

"Aerobic" means "with oxygen." The demands you make on your body when you ask it to sustain an aerobic activity ① <u>have</u> some surprising effects. These include encouraging your lungs to deliver oxygen and your heart ② <u>pump</u> out greater amounts of blood. The purpose of this is ③ <u>to carry</u> oxygen to your working muscles. Your body also responds to this challenge by producing and storing aerobic enzymes. These enzymes help you ④ <u>burn</u> more fat, which is another reason why aerobic exercise has such a noticeable effect on your body fat. This effect is the primary reason why people doing aerobic exercises establish a new metabolism and a leaner body. Yet another benefit of aerobic training is that it enables your muscles ⑤ <u>to better use</u> oxygen to function over extended periods of time. <모의응용>

*enzyme: 효소   **metabolism: 신진대사

2 다음 글의 밑줄 친 부분 중, 어법상 **틀린** 것을 찾아 바르게 고치시오.

For more than two hundred years in the United States, most people considered it justified and desirable ① <u>own</u> slaves for their personal benefit. It was part of American social customs. There can be no question that this practice was unethical. Moreover, throughout history, many groups of people, including various races, genders, age groups, and individuals with disabilities, ② <u>have</u> been victims of discrimination. Unless we learn ③ <u>to criticize</u> the social conventions and taboos that have been imposed upon us from birth, we will accept those traditions as "right." All of us ④ <u>are</u> deeply socially conditioned. Therefore, we do not naturally develop the ability ⑤ <u>to question</u> social conventions and taboos.

3 다음 글의 밑줄 친 부분 중, 어법상 **틀린** 것을 찾아 바르게 고치시오.

Humans are social beings, and social beings in a community want ① <u>to look</u> similar. Long before we could use designer handbags and logo shirts ② <u>identify</u> each other, we used the human body as a canvas for painting, piercing, and stretching. Body markings can signify religion, marital status, or social class. It is important ③ <u>to understand</u> that while some types of body markings provide communal identity, outsiders may react quite differently to them. Because their meanings only make sense in the context of that society, they may be ④ <u>frightening</u> to outsiders. Although many modern people no longer practice certain body rites, they've replaced ⑤ <u>them</u> with others, such as makeup and piercings.

4 다음 글의 밑줄 친 부분 중, 어법상 **틀린** 것을 2개 찾아 기호를 쓰고 바르게 고치시오.

Since the 1950s, scientists have been developing ways of allowing computers ⓐ <u>to do</u> more than simple calculations. Computers with "artificial intelligence (AI)" are now being programmed to mimic human reasoning and ⓑ <u>recognize</u> patterns. These advances have produced some impressive successes, ranging from diagnosing diseases from symptoms to ⓒ <u>identify</u> wanted criminals on CCTV images. Some AI computers have even created works of art and beaten human world champions at chess. Even so, computers still have a long way ⓓ <u>to go</u> before becoming truly "intelligent." One of the biggest problems lies in making computers ⓔ <u>to understand</u> ordinary language.

기호	고쳐야 할 표현	고친 표현

5 다음 밑줄 친 부분 중 어법에 맞지 <u>않는</u> 것을 2개 찾아 기호를 쓰고 바르게 고치시오.

Imagine that you have put in a lot of hard work, but you don't get anything in return. You would probably feel unhappy or unappreciated. This is why ⓐ <u>they are</u> important to celebrate your hard work and to reward yourself for the effort that you have put in. When you do this, your brain releases a chemical called dopamine, which is connected to reward-motivated behavior, making you ⓑ <u>to feel</u> good. This encourages you ⓒ <u>to complete</u> difficult tasks, even when you feel like giving up: getting a reward pushes you closer toward your goal. The effective connection between hard work and rewards not only improves your mental well-being but also motivates you to want ⓓ <u>to continue</u>. So if you have been working hard ⓔ <u>to achieve</u> your goals, don't forget to give yourself a treat. You definitely deserve it.

기호	고쳐야 할 표현	고친 표현

UNIT 07 │ 전치사/접속사 밑줄

전치사/접속사에 밑줄이 있을 때 떠올려야 할 포인트

어법끝 START p. 192

Point 01 전치사, 접속사 구분 ▶ 네모 어법 Point 22

➡ 전치사나 접속사에 밑줄이 있다면, 뒤에 명사(구)가 오는지 절이 오는지 확인한다. 명사(구)가 온다면 during, for, because of, due to, despite, in spite of 같은 [1 _____]가 올 자리이고 「주어 + 동사」를 갖춘 절이 온다면 while, because, (al)though 같은 [2 _____]가 올 자리이다.

Point 02 주의해야 할 전치사와 접속사 ▶ 네모 어법 Point 22

➡ 전치사, 접속사가 문맥과 어법에 맞는 적절한 의미로 쓰였는지 확인한다.

- 전치사 as는 '~로서; ~처럼[같이]'의 의미지만, 접속사 as는 '~하면서; ~ 때문에' 등의 다양한 의미가 있다.
- [3 _____]로서 since는 '~ 이래로; ~ 때문에'를 의미한다.
- like가 전치사로 쓰이면 '~처럼, ~와 같은'의 의미이다. 형용사나 부사로 쓰이는 alike(비슷한; 비슷하게)와 구별해야 한다.
- 접속사 if가 부사절을 이끌면 '~라면'의 의미지만 명사절을 이끌면 '[4 _____]'의 의미가 된다.
- 「both A and B (A와 B 둘 다)」, 「either A or B (A 또는 B 어느 한 쪽)」, 「neither A nor B (A도 B도 아닌)」, 「not only A but (also) B (A뿐만 아니라 B도)」 등의 상관접속사가 오면 같이 쓰이는 어구가 서로 짝이 맞는지 확인해야 한다.

[01-08] 다음 밑줄 친 부분이 어법상 올바르면 ○표, 어색하면 ✕표하고 바르게 고치시오.

01 He asked me to let him stay in my house for two weeks. <u>Though</u> I explained my situation to him, he repeated his request.

02 Chinese and Greek thinkers developed ideas about philosophy <u>during</u> times of war and disorder.

03 It is recommended to stay indoors early in the day or in the early evening <u>since</u> mosquitoes seem to bite mostly at these times.

04 <u>Since</u> 1998 he has been climbing Colorado's mountains that are over 14,000 feet high.

05 Why is the moon shaped <u>alike</u> a lemon? Scientists say its own spin and the tidal pull of the Earth created a "lemon-shaped" satellite.

06 The coast guard is conducting tests to see <u>if</u> pigeons can be trained to help find survivors of accidents at sea.

07 The war caused not only destruction and death <u>or</u> decades of hatred between the two communities.

08 <u>Despite</u> the coaches of professional sports clubs have a lot of pressure to maintain their grade, they have to stay optimistic and encourage the players.

[09-10] 다음 문장에서 어법상 틀린 부분을 하나씩 찾아 밑줄을 긋고 바르게 고치시오.

09 All of the bus services will be disrupted for two weeks because roadworks in Islington.

10 Some people look alike they absolutely hate what they are doing and can't wait until it's over.

1   다음 글의 밑줄 친 부분 중, 어법상 **틀린** 것을 찾아 바르게 고치시오.

① <u>After</u> moving to a new city, I joined the company baseball team. Being the oldest player, I had to play the outfield. ② <u>During</u> one game, I made a few mistakes. Then I kept hearing someone shouting, "Way to go, Mr. Green!" and "You can do it, Mr. Green!" I was amazed ③ <u>since</u> someone knew my name in this strange city. After the game, I met my wife and son and asked ④ <u>that</u> they knew who was shouting encouragement in the stand. My son said, "Dad, it was me." I asked the reason ⑤ <u>why</u> he was calling me Mr. Green and he replied, "I didn't want anyone to know that I'm your son." <모의응용>

*outfield: (야구에서) 외야 (뒤쪽의 파울 라인 안의 지역)

2   다음 글의 밑줄 친 부분 중, 어법상 **틀린** 것을 찾아 바르게 고치시오.

When a woman is stressed, she often makes the mistake of giving more ① <u>instead of</u> getting what she needs. Just as a man needs to rest and recover after a long day, a woman needs to take time ② <u>while</u> her day to receive the support she needs. When a woman feels she is receiving love and support, ③ <u>giving</u> makes her feel positive. ④ <u>Though</u> this can result in a cycle of positive fulfillment, it can also become negative. When she is not getting what she needs, her brain remembers that giving more makes her feel better. Unless she ⑤ <u>makes</u> a deliberate effort, she will feel a compulsive urge to give more instead of allowing herself to receive.

3 다음 글의 밑줄 친 부분 중, 어법상 **틀린** 것을 찾아 바르게 고치시오.

To successfully market luxury items in America, a company needs to make it clear ① that it is selling status. Branding is tremendously important. A luxury item has value ② because others recognize how luxurious it is. Rolex has done a brilliant job of establishing its products ③ as the number one luxury watches in America, with a distinctive design and tireless marketing efforts announcing how valuable a Rolex watch is. Similarly, Ralph Lauren has done masterful work branding Polo, ④ since the logo of a polo player connects with everything from medieval class status to the American cowboy culture. And consumers can wear it ⑤ alike a family crest, announcing their ability to afford such a luxury item in a way that most Americans can understand.

*family crest: (가문을 상징하는) 문장, 심벌

4 ⓐ~ⓓ에 들어갈 말로 가장 적절한 것을 <보기>에서 골라 넣으시오. (중복 사용 불가)

<보기> despite   although   before   since   during

The first contact lenses were used to correct people's eyesight in 1888. They were made of glass and so uncomfortable that people could only wear them for a short time ⓐ _____ they had to take them out again. The technology has come a long way ⓑ _____ then, evolving through hard plastic lenses in the 1950s to soft lenses in the 1970s and disposable contacts in the 1990s. Contacts with UV protection became available in 1996 and, ⓒ _____ they won't replace sunglasses and hats, they do block much of the sun's damaging radiation. UV-safe lenses are great ⓓ _____ outdoor events where hats and glasses can't easily be worn.

ⓐ _____

ⓑ _____

ⓒ _____

ⓓ _____

UNIT 08 | wh-/that 밑줄

관계사, 의문사 또는 that에 밑줄이 있을 때 떠올려야 할 포인트

어법끝 START p. 196

Point 01 wh- ▸ 네모 어법 UNIT 10

➡ 관계대명사 + 불완전한 구조

- 선행사의 종류와 격에 알맞은 관계대명사가 쓰였는지 확인한다.

- [1]를 제외하고 관계대명사는 모두 뒤에 문장 필수 요소 하나가 빠진 불완전한 구조가 이어진다.

➡ 관계부사[전치사 + 관계대명사] + 완전한 구조

- 선행사에 맞는 적절한 관계부사가 왔는지 확인한다.

- 관계부사는 관계대명사와는 다르게 뒤에 문장 필수 요소를 모두 갖춘 [2] 구조가 이어진다.

➡ 의문대명사 who(m), which, what + 불완전한 구조

의문부사 when, where, why, how + 완전한 구조

의문사절은 문장에서 주어, 타동사나 전치사의 목적어, 보어가 되는 명사절을 이끈다.

「의문사 + ○ + △」에 밑줄이 있다면, 간접의문문과 감탄문의 어순인 「의문사 + [3]」가 맞는지 확인하자.

Point 02 that ▸ 네모 어법 UNIT 10

➡ that이 올 수 없는 경우

- [4] 뒤에서 선행사를 보충 설명하는 관계사절에는 that을 쓸 수 없다.

- 앞에 선행사가 없고 뒤에 불완전한 구조가 오면 관계대명사 [5] 자리이다.

➡ that이 바르게 쓰인 경우

- that 뒤에 [6] 구조가 이어지는 명사절을 이끈다. that절을 목적어로 자주 취하는 동사는 know, think, say, agree, order, suggest, report, notice, observe 등이다.

- fact, idea 등의 명사 다음에 나오는 [7] 구조의 동격절을 이끈다.

- so ... that 등의 형태로 완전한 구조의 부사절을 이끈다.

- 앞에 선행사(명사)가 있고 뒤에 불완전한 구조일 때는 [8] that이다.

- that은 관계부사 when, why, how를 대신하여 쓰일 수 있다.

[01-10] 다음 밑줄 친 부분이 어법상 올바르면 ○표, 어색하면 ✕표하고 바르게 고치시오.

01 Everyone wants to be told they're doing a job well by someone <u>who</u> views are important.

02 Rich in carbohydrates and sugar, peaches are good for those <u>who</u> are recovering from illnesses.

*carbohydrate: 탄수화물

03 Many hospitals in America are setting up "humor rooms," <u>where</u> patients who are bored with lying in their hospital beds can go and enjoy a good laugh. <모의응용>

04 Before we learn how to motivate employees, it's important to take some time to understand why <u>do</u> we need to motivate them!

05 The name "hamburger" implies <u>that</u> hamburgers originated from Hamburg in Germany.

06 The cooling of warm, moist air produces rain, snow, or hail, <u>that</u> purifies the air as it falls to the earth.

07 There are many online news services just for you. They allow you to focus on your interests and quickly find articles <u>which</u> you definitely want to read. <모의응용>

08 Studies show <u>that</u> children who are suffering from chronic hunger are less likely to reach their full potential.

09 Massaging your scalp consistently can increase blood circulation, <u>what</u> in turn helps in strengthening the roots and promoting hair growth.

10 The experience of success and the positive feelings <u>what</u> accompany it make confidence and belief in our own capabilities grow.

[11-15] 다음 문장에서 <u>틀린</u> 부분을 하나씩 찾아 바르게 고치시오.

11   For a start, learning about endangered species in your area is that you can do to help them.

12   Many of us tend to ignore the fact what every person has hopes, dreams, desires, and goals of his or her own.

13   Companies where invest in worker training are usually rewarded with higher productivity and increased profits.

14   A new stylish hotel which rooms all overlook the beautiful lake will open this summer.

15   Before finally making an impressive film debut, her script was turned down by a number of filmmakers to who it was sent.

16   다음 주어진 질문에 답하시오.

(1) 다음 중 어법상 옳은 문장을 모두 골라 기호를 쓰시오.

A. Our medical staff is made up of knowledgeable and experienced professionals whom you can always rely on.

B. Her friends insisted what she had no connection with the accident.

C. Historians and archaeologists have some theories about how Stonehenge was built in Wiltshire.

D. Many people often know exactly that they want to achieve, but they have no idea how to get there.

E. I hope I never see the day which machines fully replace human beings.

F. My husband and I usually let our kids pick what they want to eat at meals.

G. The reason which he gave for not paying attention to the teacher was not acceptable.

(2) 어법상 <u>틀린</u> 문장에서 <u>틀린</u> 부분을 하나씩 찾아 기호를 쓰고 바르게 고치시오.

1 다음 글의 밑줄 친 부분 중, 어법상 **틀린** 것을 찾아 바르게 고치시오.

The highest lake with islands is Orba Co in Tibet. This lake has a surface ① <u>that</u> is 5,209 meters above sea level. The word "Tibet" is derived from a Sanskrit word — Trivistapa, ② <u>which</u> means "paradise". Tibet is also known as the "roof of the world." It is a rough, dry, cold plateau, ③ <u>which</u> is north of the Himalayas. It is bitterly cold in the winter and windy all year round. Rain and melted snow flow into dozens of lakes, four of ④ <u>which</u> are considered sacred by local people. There is very little vegetation in the rocky landscape. ⑤ <u>That</u> exists is found only in the most sheltered valleys and is typically small. Yet for all its barrenness, this land can be kind. Humans who live in the area grow healthy crops near the lakes. <모의응용>

2 다음 글의 밑줄 친 부분 중, 어법상 **틀린** 것을 찾아 바르게 고치시오.

① <u>Whether</u> on the surface or below, many conversations revolve around the question of who is to blame. Blame inhibits our ability to learn ② <u>what</u> is really causing a problem and to do anything meaningful to correct it. The urge to blame is based on a misunderstanding of ③ <u>which</u> caused the issues between you and the other person, and on the fear of being blamed. You can't escape blame until you understand what motivates us to blame and how to move toward something else ④ <u>that</u> will better serve your purposes in difficult conversations. That "something else" is the concept of contribution. The distinction between blame and contribution, ⑤ <u>which</u> is not easy to understand, is essential to improving your ability to handle difficult conversations well.

3   다음 글의 밑줄 친 부분 중, 어법상 <u>틀린</u> 것을 찾아 바르게 고치시오.

SPAM was invented near the end of the Great Depression, in 1937, ① <u>which</u> may partially explain why it seemed like a good idea. According to Nikita Khrushchev's book, SPAM was a godsend for hungry Russian soldiers in World War II. So what does "SPAM" actually stand for? ② <u>Despite</u> its appearance, it doesn't stand for "something posing as meat." Hormel, the manufacturer, claims it's short for "spiced ham," but that wasn't always the story. In the past, Hormel stated ③ <u>what</u> the name stood for "shoulder of pork and ham." The name itself was suggested by an actor ④ <u>who</u> received the $100 prize in a Hormel naming contest. Conveniently, he just happened to be the man ⑤ <u>whose</u> brother was a Hormel vice president. There's certainly a lot of mystery in this mystery meat.

*the Great Depression: (1930년대의) 세계 대공황

4   다음 글의 밑줄 친 부분 중, 어법상 <u>틀린</u> 것을 찾아 바르게 고치시오.

In an experimental study of robin hunting behavior, Heppner concluded ① <u>that</u> American robins locate earthworms exclusively by visual clues. He based this conclusion on a series of experiments ② <u>which</u> robins were observed closely. The robins were able to find earthworms even in the presence of loud noise ③ <u>that</u> would have confused any auditory clues. Our own field observations of robins suggest to us ④ <u>that</u> they might also use other sensory modes while searching for earthworms. When they cock their head, they appear to be listening, and we have watched robins successfully ⑤ <u>hunting</u> on lawns where the grass was long enough to make viewing the earthworms difficult.

*robin: 울새, 개똥지빠귀   **cock: 쫑긋 세우다, 곧추세우다

5 다음 밑줄 친 부분 중 어법에 맞지 <u>않는</u> 것을 2개 찾아 번호를 쓰고 바르게 고치시오.

Experiences of exclusion, social rejection, or loss are generally thought to be some of the most 'painful' experiences ⓐ <u>what</u> we encounter. In fact, many of us often go to great lengths to avoid situations ⓑ <u>that</u> might cause these experiences. Why do these negative social experiences have such a profound effect on our emotional well-being? Recent research indicates ⓒ <u>that</u> experiences of social pain — the distress associated with social disconnection — depend on some of the same neurobiological areas ⓓ <u>where</u> control experiences of physical pain. Comprehending the ways ⓔ <u>in which</u> social and physical pain overlap may reveal new information about the remarkable relationship between these two kinds of experiences.

기호	고쳐야 할 표현	고친 표현

6 ⓐ~ⓓ에 들어갈 말로 가장 적절한 것을 <보기>에서 골라 넣으시오. (중복 사용 가능)

<보기>	that	which	where	what	when	who

Researchers have asked ⓐ _____ people stop breathing on the famous expressionist painting *The Scream* by Edvard Munch. Scientists were able to determine ⓑ _____ human breath had contributed to the painting's worsening state. The iconic artwork was examined using X-ray probes, ⓒ _____ found that Munch had mistakenly used a cadmium yellow paint, which is vulnerable in low humidity like when it is breathed upon. Parts of the painting ⓓ _____ the yellow paint had been used — on the lake, sunset, and areas of the screaming figure's face — have become faded or are beginning to flake off.

*probe: 탐(색)침 (과학적인 조사기록에 쓰이는 길고 가느다란 기구)

ⓐ _____

ⓑ _____

ⓒ _____

ⓓ _____

PART III
실전 모의고사

1   (A), (B), (C)의 각 네모 안에서 어법에 맞는 표현으로 가장 적절한 것은?

Gossiping, or backstabbing, is a terrible problem among teens. They tend to bond by talking about idle gossip. Why do teens say such horrible things about (A) others / the others ? For one thing, it gives them a sense of power, a feeling that they can control someone's reputation. For another, gossiping makes insecure kids (B) feel / to feel like they're part of a privileged group. But gossipers are mean people. It takes courage to stop them when they are gossiping, but if you do, you will gain respect. People will learn that they can trust you not to gossip about (C) them / themselves the next time.

*backstabbing: 험담

	(A)		(B)		(C)
①	others	—	feel	—	them
②	others	—	to feel	—	them
③	others	—	to feel	—	themselves
④	the others	—	feel	—	themselves
⑤	the others	—	to feel	—	them

2   다음 각 빈칸에 주어진 단어를 문맥과 어법에 맞게 쓰시오.

내신맛보기

When the volcano in Iceland erupted for the first time in over 200 years, many people were surprised. The volcanic ash, after blasting high into the atmosphere, ⓐ _____(present)_____ a risk to the engines of airplanes. Even after the eruption had died down, the ash still remained in the sky. According to many experts at that time, a satellite ⓑ _____(use)_____ laser technology could determine the concentration of the ash. They also added that they would be able to figure out how much of a risk the ash would be for aircraft engines. By shooting beams of light at the ash clouds, the satellite could catch the light that was bounced back. From this they believed they would be able to determine how concentrated the ash was and, thus, how ⓒ _____(danger)_____ it could be for aircraft to fly through. <모의응용>

ⓐ _____

ⓑ _____

ⓒ _____

3 다음 글의 밑줄 친 부분 중, 어법상 **틀린** 것을 찾아 바르게 고치시오.

Good posture is important, but the universal advice about sitting ① <u>perfectly</u> straight can actually be harmful to your back's long-term health. Until recently, the conventional wisdom about sitting on chairs ② <u>was</u> that the back should be held straight, with thighs parallel to the floor. However, new research revealed ③ <u>that</u> sitting upright for long periods of time can actually trigger chronic back pain. Several studies have found that the once-recommended 90-degree sitting posture puts strain on the lower back and, over time, ④ <u>causes</u> pain and damage. So, experts now say it's best to sit with the chair back ⑤ <u>adjust</u> at a slight reclination while your feet rest on the floor. This position reduces stress on the spine and causes the least amount of damage.

*conventional wisdom: 사회적 통념

4 다음 (1), (2)에 답하시오.

내신맛보기

Your objective is wherever you would like to be. Make sure ⓐ <u>that</u> it's attainable. While it is true that some men and women manage to become president, jet plane pilots, or swimsuit models, the overwhelming majority ⓑ <u>are</u> not. If you start from your strength, however, you have a much better chance. If you have an interest in politics, possess excellent vision, or ⓒ <u>are gifted</u> with good looks, just go for it. Government positions, pilot licenses, and modeling opportunities are certainly attainable to those with the basic requirements and willingness ⓓ <u>to devote</u> the time and effort. 당신은 당신이 어디까지 갈 수 <u>있는지를 결코 알지 못한다.</u> Remember that this is not to suggest that everyone ⓔ <u>lowers</u> their expectations. We just need to keep them within reasonable limits.

*attainable: 이룰[달성할] 수 있는

(1) 밑줄 친 부분 중, 어법상 틀린 것을 모두 찾아 기호와 고쳐야 할 표현을 쓰고 바르게 고치시오.

(2) 밑줄 친 우리말에 맞도록 아래 괄호 안에 주어진 어구를 알맞게 배열하시오. (주어진 어구로만 배열할 것)

(how, you, know, far, never, go, can)

You _____.

1 (A), (B), (C)의 각 네모 안에서 어법에 맞는 표현으로 가장 적절한 것은?

Many people are allergic to the chemicals in cleaning products or simply prefer not to use them inside the house. Anyway, you don't need chemicals for cleaning. Here's a good all-purpose cleaner (A) what / that you can make yourself. In a bucket, mix a handful of baking soda, a liter of hot water, and a few drops of dishwashing soap. This can be used to (B) clean / cleaning everything from floors and walls to toilet bowls and bathtubs. Also, instead of buying supermarket cleaning powders or creams, just mix salt and vinegar into a paste and use (C) it / them with a damp sponge. A paste of baking soda and water is equally effective.

	(A)		(B)		(C)		(A)		(B)		(C)
①	what	—	clean	—	it	②	what	—	cleaning	—	it
③	that	—	clean	—	it	④	that	—	clean	—	them
⑤	that	—	cleaning	—	them						

2 (A), (B), (C)의 각 네모 안에서 어법에 맞는 표현으로 가장 적절한 것은?

Imagine that you are on the way to a Broadway play with a pair of tickets that cost one hundred dollars, and you discover you have lost the tickets. Would you pay another one hundred dollars? Now imagine you are on your way to the theater to buy tickets. Upon arrival, you realize you have lost one hundred dollars in cash. Would you now buy tickets to the play? Most people report that they would be more likely to buy tickets if they had lost the money (A) as / than if they had lost the tickets. The same loss is looked at (B) different / differently from two different perspectives. The loss of the cash feels unrelated while the cost of the lost tickets (C) views / is viewed as "a missed experience," and one is reluctant to pay twice for tickets.

	(A)		(B)		(C)
①	as	—	different	—	is viewed
②	as	—	differently	—	views
③	than	—	differently	—	views
④	than	—	different	—	views
⑤	than	—	differently	—	is viewed

3 다음 글의 밑줄 친 부분 중, 어법상 **틀린** 것을 찾아 바르게 고치시오.

Have you noticed that we tend to assess others based on their behavior but tend to assess ① ourselves based on our intentions? I don't have access to your intentions; all I see are your actions. And these are ② what I use as a basis for my assessments. On the other hand, I know my own intentions. Even in cases ③ which my actions produce negative consequences, I may continue to use these intentions as the basis for assessing myself. Others, of course, don't have access to ④ these, and so they simply assess me based on my actions. We can generate very different assessments out of the same situation. Without sharing our standards and ⑤ having a conversation, this phenomenon can damage our relationships and our results.

4 ⓐ~ⓒ에 들어갈 말로 가장 적절한 것을 <보기>에서 골라 문맥과 어법에 맞게 변형하여 넣으시오. (중복 사용 불가)

내신맛보기

<보기>	bring	near	reward

While we don't all have the same amount of money, we do have access to the same twenty-four hours in every day. Although some people have far less free time than others, ⓐ _____ everyone has some opportunity to give. The gift of time can sometimes be more satisfying and more valuable than money. You can see this by watching those who have volunteered at homeless shelters or ⓑ _____ meals on wheels to seniors. If you are willing to volunteer, there are many organizations and projects that will be glad to welcome you. Whatever you do, it will almost certainly be not only educational but also ⓒ _____ . <모의응용>   *meals on wheels: 식사 배달 서비스

ⓐ _____

ⓑ _____

ⓒ _____

1 (A), (B), (C)의 각 네모 안에서 어법에 맞는 표현으로 가장 적절한 것은?

During the last century, it became more possible for women to go out to work. In addition, the world of paid work became more inviting. Productivity growth raised women's wages steadily — it (A) $\boxed{\text{raised / has raised}}$ them faster than men's since the 1970s, as the need for male muscle power was replaced by machinery. So more and more mothers took jobs. This had strong effects on the family. First, the roles inside the family changed. There was no longer the old division of labor, (B) $\boxed{\text{which / where}}$ the husband earned the money and the wife cared for the home and family. Wives now became paid workers as well as homemakers. This was, in many ways, a good thing. But because most women kept (C) $\boxed{\text{doing / to do}}$ more of the housework, this change created an extra strain.

	(A)		(B)		(C)		(A)		(B)		(C)
①	raised	—	where	—	to do	②	raised	—	which	—	doing
③	has raised	—	where	—	doing	④	has raised	—	which	—	doing
⑤	has raised	—	where	—	to do						

2 다음 각 빈칸에 주어진 단어를 문맥과 어법에 맞게 쓰시오.

내신맛보기

Aesop wrote the world's most famous fables: short and instructive tales that ⓐ _____(typical)_____ feature animals as characters and are not set in any particular place or time. Each of them is carefully ⓑ _____(construct)_____ to teach a moral lesson to children. Fairy tales are different from fables. The German Brothers Grimm collected and wrote hundreds of famous fairy tales, which are fantastic stories ⓒ _____(fill)_____ with imaginary creatures such as goblins, giants, fairies, wicked witches, handsome princes, and sleeping beauties. Fairy tales are rarely instructive; their purpose is rather to entertain, excite, or ⓓ _____(fright)_____ audiences, much like the purpose of Hollywood movies today.

*goblin: 도깨비

ⓐ _____
ⓑ _____
ⓒ _____
ⓓ _____

3

내신맛보기

다음 (1), (2)에 답하시오.

When a memory of a new idea ① <u>is formed</u>, like a name or an address, thousands of nerve cells are involved. If you don't use that bit of memory shortly after, it will soon disappear. But if you use it and reactivate the memory many times, you reinforce the nerve cells in the brain that ② <u>makes up</u> that memory. Often the brain ③ <u>is referred to</u> as a computer, but the complexity of the brain is far beyond any computer that is presently in use. Reading words ④ <u>creates</u> thousands of electrochemical reactions in your brain. One way to challenge your brain is ⑤ <u>to work</u> on improving your memory. <u>좋아하는 시의 시구를 외우도록 노력하고 다음 7일 동안 암송할 수 있는지를 확인하라.</u> Your nerve cells will love you for it.

*electrochemical: 전기 화학의

(1) 밑줄 친 부분 중, 어법상 <u>틀린</u> 것을 찾아 번호를 쓰고 바르게 고치시오.

(2) 밑줄 친 우리말에 맞도록 아래 괄호 안에 주어진 어구를 알맞게 배열하시오. (어형 변화 가능, 필요한 어구 추가 가능)

(if, you, memorize, can, them, try, see, recite, lines, and, of your favorite poems)

_____ for the next seven days.

4

내신맛보기

다음 글의 밑줄 친 부분 중, 어법상 <u>틀린</u> 것을 모두 찾아 기호를 쓰고 바르게 고치시오.

Coffee is an important part of the Italian cuisine. The majority of the coffee drinks that we have around the world ⓐ <u>has</u> originated from Italy. We commonly see people ⓑ <u>having</u> coffee with milk. But the Italians were the people who first started the trend of the cappuccino, ⓒ <u>which</u> has coffee, milk, and an addition of milk foam on top. In the West and generally around the world, you can go for a cup of coffee ⓓ <u>wherever</u> you want, even late at night. This attitude, however, will not be accepted in Italy, ⓔ <u>which</u> coffee is only a breakfast drink. <모의응용>

*cuisine: 요리; 요리법

1 (A), (B), (C)의 각 네모 안에서 어법에 맞는 표현으로 가장 적절한 것은?

When you take a cold, dry-on-the-outside can of soda (or any other drink) out of the refrigerator, why do beads of water appear on the surface of the can? The explanation is condensation: everything on the refrigerator's shelves (A) has / have been chilled to around 5 degrees Celsius. Outside the fridge, however, the room temperature is likely to be around 19 degrees. The air in the room contains water (B) that / what you can't see, in the form of a gas. When you take the can from the fridge, its cold surface chills the warm air that it touches, which makes the H_2O gas in the air (C) turn / to turn into liquid and condense on the outside of the can.

*condensation: 응결, 액화

	(A)		(B)		(C)
①	has	—	that	—	turn
②	has	—	what	—	turn
③	has	—	what	—	to turn
④	have	—	that	—	to turn
⑤	have	—	that	—	turn

2 다음 글의 밑줄 친 부분 중, 어법상 틀린 것을 찾아 바르게 고치시오.

Before hunting could become possible, someone had to know a lot about animals' habits and ① be able to pass this knowledge on to others from generation to generation. Some kind of speech, therefore, ② must have existed. To explain this, experts have insisted that genetic selection which led to changes in the shape of the brain ③ help with the development of language. How Australopithecus communicated ④ is not known, but even lower primates have ways of doing so. Perhaps the first steps in the organization of language would have been the breaking up of calls into particular sounds which are capable of rearrangement. This would make different messages ⑤ possible. *primate: 영장류

3 다음 글의 밑줄 친 부분 중, 어법상 **틀린** 것을 찾아 바르게 고치시오.

Today, the curriculum at American medical schools ① is undergoing the greatest change in a generation. Students at Columbia University's medical school and elsewhere are ② being trained in "narrative medicine." This is because research has revealed that despite the power of computer-assisted diagnosis, an important part of a diagnosis ③ containing in a patient's story. For similar reasons, some medical students are even spending time ④ studying paintings to notice subtle details of their patients. UCLA's medical school has established the Hospital Overnight Program, in which second-year students are checked into the hospital overnight and ⑤ given a set of symptoms to imitate. The purpose of this playacting? "To develop medical students' empathy for patients," says the school.

4 다음 밑줄 친 부분 중, 어법상 **틀린** 것을 모두 찾아 기호와 고쳐야 할 표현을 쓰고 바르게 고치시오.

내신맛보기

Reality TV programs are products, just like T-shirts or coffee, and consumers can't seem to turn them off. But why can't consumers stop ⓐ to watch them? This is one type of question consumer behavior researchers are interested in answering. Researchers say that reality TV programs offer ⓑ a few benefits to consumers, including satisfying their curiosity. "We all like to watch people in situations in which we ourselves might be ⓒ embarrassed. We can feel ⓓ that they are feeling but at a safe distance," says Professor Kip Williams of Macquarie University. We also role-play with ourselves in the context of the show, ⓔ imagining how we might react in a similar situation. This, researchers say, can teach us to be self-improving. <모의응용>

1 다음 글의 밑줄 친 부분 중, 어법상 **틀린** 것을 찾아 바르게 고치시오.

Curiosity is ① <u>what</u> drives us to continually learn and adapt, so it is a valuable asset in the modern world. But how do you become curious? The place to start is ② <u>to realize</u> that you don't know everything. In fact, knowing everything would make you pretty ③ <u>uninteresting</u>. Curious people understand that the more they know about a subject, the more there is to know. This keeps them humble and open-minded, and that makes them much more attractive than those who think they know it all. Have you ever noticed ④ <u>how</u> the know-it-alls don't have room to hear new information? They spend all their energy on proving their knowledge rather than ⑤ <u>see</u> what else there is to learn.

2 ⓐ~ⓓ에 들어갈 말로 가장 적절한 것을 <보기>에서 골라 문맥과 어법에 맞게 변형하여 넣으시오. (중복 사용 불가)

내신맛보기

<보기> do be keep draw explore

There is no one right way to draw. Don't you believe me? Collect 100 amazing artists in a room and have them ⓐ _____ the same chair. What do you get? One hundred very different chair drawings. ⓑ _____ this in mind, you'll have a lot more fun drawing the unique work that comes from you. You're the only artist in the world who can draw the way you ⓒ _____ . ⓓ _____ your personal drawing styles is important. Notice how you have grown or improved as you practice. Pay attention to what you like most about your drawings. <모의응용>

ⓐ _____

ⓑ _____

ⓒ _____

ⓓ _____

3 다음 (1), (2)에 답하시오.

Each brand is uniquely positioned ① <u>to occupy</u> a certain location in the mind of the consumer. You should recognize the enormous difficulty of moving a brand's existing position. When you have a brand already ② <u>established</u>, why change it? Instead of changing the position of a brand, ③ <u>which</u> may be cheaper and more effective in the long run to give a new product a totally new name. Ivory was a brand of soap. It still ④ <u>is</u>. When laundry detergents became available, the pressure was probably on to introduce Ivory Detergent. But this would have meant changing the position of Ivory in the consumer's mind. <u>아이보리 비누 제조사들에게 훨씬 더 좋은 해결책은 새로운 세제를 타이드라고 명명하는 것이었다.</u> Now the new detergent concept had a new name ⑤ <u>to match</u>. And Tide became an enormous success.

*detergent: 세제

(1) 밑줄 친 부분 중, 어법상 틀린 것을 찾아 번호를 쓰고 바르게 고치시오.

(2) 밑줄 친 우리말에 맞도록 아래 괄호 안에 주어진 어구를 알맞게 배열하시오. (어형 변화 가능, 주어진 어구로만 배열할 것)
(better, to name, solution, be, much, their new detergent, for the Ivory soap makers, Tide)

A _____ .

4 다음 글의 밑줄 친 부분 중, 어법상 틀린 것을 모두 찾아 기호를 쓰고 바르게 고치시오.

내신맛보기 People who bruise easily occasionally worry that they are seriously ill, but in most cases they are ⓐ <u>perfectly</u> healthy. The fact is that some people are simply more "bruise-able" than ⓑ <u>others</u>. For instance, women bruise more easily than men. That's because women's skin is naturally thinner than ⓒ <u>men</u>, and thicker skin provides more protection from bruising. Bruises form when your body smashes into something ⓓ <u>hard</u> enough to break blood vessels under your skin. Blood escapes from the broken vessels and into the surrounding tissue. The more blood that escapes, the bigger and darker the bruise. Initially, bruises appear dark red but quickly ⓔ <u>changes</u> to the classic "black-and-blue" color that everyone associates with bruising.

*bruise: 멍이 생기다; 멍

1   (A), (B), (C)의 각 네모 안에서 어법에 맞는 표현으로 가장 적절한 것은?

Technology continues to create new and improved products. Yet they are often scarred at birth with second-class, imitation names. Take margarine, for example. Even though the product (A) is / has been around for decades, it is still considered as imitation butter. A better choice of name at the beginning would have helped. What (B) might / should margarine have been called? "Soy butter" is one good choice because it continues the tradition of names like "peanut butter." The psychological problem with a name like "margarine" is that it is misleading. It hides the origin of the product. Everyone knows that butter is made from milk. But what's margarine made from? Because the origin of the product is hidden, the consumer assumes there must be something (C) basic / basically wrong with margarine.

*scar: 상처를 남기다

	(A)		(B)		(C)
①	is	—	should	—	basic
②	is	—	might	—	basically
③	has been	—	should	—	basically
④	has been	—	might	—	basically
⑤	has been	—	might	—	basic

2   다음 글의 밑줄 친 부분 중, 어법상 틀린 것을 찾아 바르게 고치시오.

When the American Cancer Society released 2006 statistics ① showing overall cancer rates had declined, a news agency twisted the facts. It turned this good news into bad news in an article ② headlined "Cancer Alarm." "About 87,000 people were diagnosed with cancer this year, and 35,600 died," read the first sentence. Only in a single sentence of the third paragraph ③ did the news agency acknowledge that the cancer rate, the statistic that really matters, had declined. Another news agency did a similar thing to the Statistics Canada announcement ④ which the life span of the average Canadian male had reached eighty years. After a single sentence on this historic development, the reporter wrote: "The bad news is that ⑤ a large number of elderly Canadians could crash our health system."

3

내신맛보기

다음 밑줄 친 부분 중, 어법상 **틀린** 것을 2개 찾아 기호와 고쳐야 할 표현을 쓰고 바르게 고치시오.

When talking in general about Roman women, things break down by time periods and by classes. Whether a woman was a slave or came from a wealthier class ⓐ <u>made</u> a difference. It also makes ⓑ <u>a great deal of</u> difference which period you're talking about. Rome's conquests meant ⓒ <u>what</u> men often had to leave their homeland for long periods of time and might not come back at all. Women were left in charge of everything. After the conquests, enormous wealth was ⓓ <u>bringing</u> back to Italy. It allowed middle- and upper-class women ⓔ <u>to run</u> things with more independence and power. <모의응용>

기호	고쳐야 할 표현	고친 표현

4

내신맛보기

ⓐ~ⓓ에 들어갈 말로 가장 적절한 것을 <보기>에서 골라 문맥과 어법에 맞게 변형하여 넣으시오. (중복 사용 불가)

<보기> be read produce animate

Filmmakers have been ⓐ _____ movie adaptations of popular novels and other stories almost since movies were invented. Screenwriters suggest that adapting a book for the screen ⓑ _____ often difficult, mainly because books can describe in great detail what's going on inside a character's head, but movies can only hint at it. Nevertheless, many excellent adaptations have been made: *The Godfather, The English Patient*, and *Great Expectations*, to name just a few. If you like reading, you probably also like seeing those stories ⓒ _____ on the big screen. But, do you enjoy ⓓ _____ a new book after seeing it in movie version? I don't. It robs me of part of the joy of reading, which is being free to imagine how things look, sound, and feel.

ⓐ _____

ⓑ _____

ⓒ _____

ⓓ _____

1   (A), (B), (C)의 각 네모 안에서 어법에 맞는 표현으로 가장 적절한 것은?

When I was a young girl, my room was always a mess. My mother was always trying to get me to straighten it up, telling me, "Go clean your room!" I resisted her at every opportunity. I hated (A) to tell / to be told what to do. I was determined to have my room the way I wanted it. (B) Because / Whether I actually liked living in a messy room or not was another subject altogether. I never stopped (C) thinking / to think about the benefits of having a clean room. To me, it was more important to get my own way. And my mother, like most other parents, did not get me to realize the benefits for myself. Instead, she decided on lecturing. <모의응용>

	(A)		(B)		(C)
①	to tell	—	Whether	—	to think
②	to tell	—	Because	—	to think
③	to be told	—	Whether	—	to think
④	to be told	—	Whether	—	thinking
⑤	to be told	—	Because	—	thinking

2   다음 글의 밑줄 친 부분 중, 어법상 **틀린** 것을 찾아 바르게 고치시오.

Being alone does not necessarily mean being lonely. Psychiatrists recommend that sometimes a person ① enjoy being alone. ② Think of a naturalist doing research in the rainforest, a pianist in a marathon practice session, or a writer writing a novel in his room. Prayer and meditation also involve long periods of loneliness and so ③ are most artistic or scientific activities. Not enough "time for myself" is one of the greatest complaints in today's marriages, where one spouse may be working long hours at the office while ④ the other stays home with the kids. In fact, people often judge individuals who are unable to tolerate loneliness as being unstable. Accordingly, there ⑤ are no easy-to-assign labels as far as loneliness is concerned.

3 다음 글의 밑줄 친 부분 중, 어법상 **틀린** 것을 찾아 바르게 고치시오.

Think about when you last traveled and packed too much luggage, and remember how difficult it was to carry ① it to the airport. Recall how you regretted the amount of stuff you ② had packed. Remember ③ to feel relieved when you got to your destination and didn't have to carry it anymore. Your forgiveness issues are exactly the same. You may not be conscious of carrying them alongside you in life, but they weigh you down just the same. Imagine ④ letting go of the burden they represent. Your life journey would be much easier without all those people to trip over. Every single one of us has a few people in our life ⑤ who are more than minor inconveniences. They are not only obstacles but heavy suitcases we drag alongside us.

4 다음 각 빈칸에 주어진 단어들을 문맥과 어법에 맞게 쓰시오.

내신맛보기

Have you ever seen ostriches ⓐ _____ (ride) _____ in a race? In some countries, people race each other on the backs of ostriches, and they can run as ⓑ _____ (rapid) _____ as 70 kilometers an hour. There are plenty of videos on the Internet of people riding them. It's hard to tell whether ostriches enjoy having people on their backs, but the races are ⓒ _____ (high) _____ entertaining for spectators. After riding an ostrich in a race in Kentucky, one man said that it felt like being on a flying football that you can barely control. Riders ⓓ _____ (warn) _____ to get away as fast as they can if they fall off during a race: an ostrich's powerful legs and sharp claws can do serious damage.

*ostrich: 타조

ⓐ _____

ⓑ _____

ⓒ _____

ⓓ _____

1 (A), (B), (C)의 각 네모 안에서 어법에 맞는 표현으로 가장 적절한 것은?

One of the most important ingredients of success is self-knowledge, or self-awareness. Throughout history, self-knowledge has gone hand in hand with inner happiness and outer achievement. The advice "Know thyself" goes all the way back to ancient Greece. (A) To perform / Perform at your best, you need to know who you are and why you think and feel the way you do. You need to understand the forces and influences (B) what / that have shaped your character from early childhood. You need to know why you react and respond the way you do to the people and situations around you. It is only when you understand and accept (C) you / yourself that you can begin moving forward in the other areas of your life.

*thyself: ((옛말)) 그대 자신

	(A)		(B)		(C)
①	To perform	—	that	—	you
②	To perform	—	that	—	yourself
③	To perform	—	what	—	yourself
④	Perform	—	what	—	you
⑤	Perform	—	that	—	yourself

2 다음 글의 밑줄 친 부분 중, 어법상 **틀린** 것을 찾아 바르게 고치시오.

When Daniel Boone, an expert in wilderness exploration, ① was asked whether he was ever lost, his reply was, "Disoriented for a couple of days, maybe. Lost, never." The major difference between Mr. Boone and the majority of weekend wilderness explorers ② lie in skill. Mr. Boone could always hunt, trap, find water, make a boat, and gradually ③ find his way out of most wilderness problems. Average people, however, do not have the acquired wilderness skills to survive off the land. So before ④ venturing into the great outdoors, you must realize that anyone can get lost. All it takes to disorient most people outdoors is a dense mist, a few unplanned turns in the woods, or nightfall. The instinctive "sense of direction" is only as good as the information ⑤ used to create that sense. <모의응용>

*off the land: 자급자족으로

3 다음 글의 밑줄 친 부분 중, 어법상 틀린 것을 찾아 바르게 고치시오.

We live at a time when almost everything can be bought and sold. Over the past few decades, markets and market values ① have come to govern our lives more than ever before. This was not a deliberate choice. No other mechanism for organizing the production and distribution of goods ② was successful at generating wealth and prosperity. With growing numbers of countries around the world ③ adopting market mechanisms in the operation of their economies, market values are coming to play a greater and greater role in social life. No longer ④ do the logic of buying and selling apply to material goods alone but increasingly to the whole of life. It is time to reconsider ⑤ whether we want to live this way or not.

4 다음 밑줄 친 부분 중, 어법상 틀린 것을 2개 찾아 기호와 고쳐야 할 표현을 쓰고 바르게 고치시오.

내신맛보기

The Internet played a great role in the democratization of information: no one owns the Internet, no one can turn it off, and it can reach into ⓐ nearly every home in the world. Also, most of its key advances in technology ⓑ was achieved by collaboration among individuals who worked together over the network and contributed their ideas for free. ⓒ Although the Internet is central in our lives today, few people actually know how it evolved. It's a fascinating story. The Internet was actually born ⓓ as part of the U.S. reaction to the Soviet launch of a satellite into space. Weighing only 184 pounds and roughly the size of a basketball, the satellite ⓔ launching on board a Soviet rocket not only initiated the space age, but also opened the cyberspace age.

기호	고쳐야 할 표현	고친 표현

1 (A), (B), (C)의 각 네모 안에서 어법에 맞는 표현으로 가장 적절한 것은?

Animals survive much better if they are constantly within sight of one another. Monkeys, for example, who need help from peers to protect (A) them / themselves against the leopards and hyenas, have little chance of reaching adulthood if they leave their group. The same conditions must (B) select / have selected sociability as a survival trait when our ancestors were struggling to survive. And the more people came to depend on knowledge for survival instead of instinct, the more they benefited from sharing their learning mutually; a solitary individual became an "idiot," which in Greek originally (C) meaning / meant a "private person" — someone who is unable to learn from others.

	(A)		(B)		(C)
①	them	—	have selected	—	meaning
②	them	—	select	—	meant
③	themselves	—	have selected	—	meaning
④	themselves	—	select	—	meant
⑤	themselves	—	have selected	—	meant

2 다음 글의 밑줄 친 부분 중, 어법상 **틀린** 것을 찾아 바르게 고치시오.

Now, lefties are growing in numbers — and it won't be long before marketers stop ① avoiding their needs by including more flexible handles on their products. The rise of lefties means not only that we'll have more lefties in school and in the workplace but also that society is becoming more ② tolerant. The percentage of left-handed people ③ hardly seems like a significant detail. But in fact, a society that tolerates people working with different hands ④ are also likely to tolerate a lot of other freedoms. In other words, the percentage of lefties in a society may actually be one of the best indicators of whether the society is open or closed. If a society ⑤ didn't encourage handedness of all types, I wouldn't want to live in it.

*lefty: 왼손잡이   **handedness: (주로 잘 쓰는) 한쪽 손을 쓰는 경향

3 다음 글의 밑줄 친 부분 중, 어법상 **틀린** 것을 찾아 바르게 고치시오.

Problems can appear to be unsolvable. We are social creatures who are used to ① discussing our problems with others. They could be those who care about us most or those who have faced the same problems we have. When we are ② alone, problems are likely to get worse. By sharing, we can gain perspective and find solutions ③ that we couldn't come up with on our own. An experiment was conducted with a group of women ④ experienced low life satisfaction. Some of the women were introduced to others who shared their situation, and some of the women were left on their own to deal with their concerns. Those who interacted with others saw a 55 percent reduction in their concerns over time, ⑤ while those who were left on their own showed no improvement.

4 다음 각 빈칸에 주어진 단어들을 문맥과 어법에 맞게 쓰시오.

내신맛보기

Do you study hard the night before a test — and then forget everything by the next day? Perhaps you could try ⓐ _____ (use) _____ a voice recorder as well. ⓑ _____ (study) _____ out loud with a voice recorder is a good technique for testing yourself and building stronger memories. Hearing things ⓒ _____ (explain) _____ in your own voice can help you remember better. This is because your ears reinforce what your eyes have read and your brain has thought. If your book has sample test questions, you can record yourself reading them and ⓓ _____ (use) _____ the recordings as "test rehearsals." And if you keep ⓔ _____ (struggle) _____ with difficult concepts or long lists of hard-to-remember facts, just reading aloud and replaying your recordings can help a lot.

ⓐ _____

ⓑ _____

ⓒ _____

ⓓ _____

ⓔ _____

1   (A), (B), (C)의 각 네모 안에서 어법에 맞는 표현으로 가장 적절한 것은?

The learning of songs in birds (A) have / has a number of similarities with the learning of speech in human beings. For some birds, song learning means the recognition of certain sound elements used only by that species. There is now a great amount of evidence (B) that / which human infants can recognize more than twenty consonant sounds which are characteristic of human speech. The ability to recognize these sounds has several advantages: it allows the infant (C) ignore / to ignore most unimportant sounds, it helps the child to understand the meaning of speech, and it serves as a guide for forming speech sounds.

	(A)		(B)		(C)
①	have	—	that	—	to ignore
②	have	—	which	—	to ignore
③	has	—	that	—	to ignore
④	has	—	that	—	ignore
⑤	has	—	which	—	ignore

2   다음 글의 밑줄 친 부분 중, 어법상 틀린 것을 찾아 바르게 고치시오.

To the Japanese, an apology is an expression of goodwill. To Americans, an apology is an admission of guilt ① underline{what} puts the speaker in an inferior position. It's easy for Japanese people to think that Americans are rude and for Americans to think that Japanese people are passive and insecure. Many Westerners insist that Koreans ② are very formal because they choose different words depending on whether they are talking to an inferior or a superior. Westerners often consider Koreans ③ unfriendly, while Koreans think Westerners are impolite. When an Arab says, "No thanks" to your offer of a ride, he may actually mean, "Maybe... ask me again." Arabs tend to avoid ④ being too direct in speaking. Only when he says, "Oh no, absolutely not," ⑤ can you be sure that he really means "no."

3

내신맛보기

다음 밑줄 친 부분 중, 어법상 **틀린** 것을 모두 찾아 기호와 고쳐야 할 표현을 쓰고 바르게 고치시오.

Native people create legends to explain unusual events in their environment. A legend from the Hawaiian island of Kauai explains ⓐ <u>how</u> the naupaka flower got its unusual shape. The flower looks like half a small daisy. The legend says that the marriage of two young lovers ⓑ <u>was</u> opposed by both sets of parents. The parents found the couple together on a beach one day, and ⓒ <u>prevented</u> them from being together, one of the families moved to the mountains, separating the young couple forever. As a result, the naupaka flower was separated into two halves; one moved to the mountains, and ⓓ <u>the other</u> stayed near the beach. This story is a good example of a legend ⓔ <u>how</u> native people invented to make sense of the world around them. <모의응용>

4

내신맛보기

다음 (1), (2)에 답하시오.

<u>당신의 휴대전화에서 문자 메시지가 지워지게 하기 위해서</u>, you simply select "delete," right? Wrong. Every single text message you send or receive ⓐ _____ stored on your phone's SIM card as data. Pressing the delete key simply instructs your phone to stop ⓑ _____ that text in the folders that you can see. It doesn't make a difference if you can't find the text after that; the fact is that your phone is still ⓒ _____ it somewhere in its memory. You yourself can't recover a deleted text message, but there are plenty of software programs that can. Such programs will make it possible ⓓ _____ everything on your SIM card and bring it all back to life again on a computer screen. So be careful what you text!

*SIM card: 휴대전화 속의 개인 정보 카드

(1) ⓐ~ⓓ에 들어갈 말로 가장 적절한 것을 <보기>에서 골라 문맥과 어법에 맞게 변형하여 넣으시오. (중복 사용 불가)

<보기> keep find list be

ⓐ _____   ⓑ _____

ⓒ _____   ⓓ _____

(2) 밑줄 친 우리말에 맞도록 아래 괄호 안에 주어진 어구를 알맞게 배열하시오. (어형 변화 가능, 주어진 어구로만 배열할 것)

(a text message, to, erase, from your cell phone, have)

1 (A), (B), (C)의 각 네모 안에서 어법에 맞는 표현으로 가장 적절한 것은?

Iron is an essential mineral for the proper function of hemoglobin, a protein
(A) needing / needed to transport oxygen in the blood. If you don't take in enough iron,
you might experience an iron deficiency. Although iron supplements can be helpful, it
is more effective to have enough iron in your diet by reducing factors that may hinder
iron absorption and (B) consume / consuming iron-rich foods. Iron deficiency is more
common among athletes, especially young female athletes. Certain experts recommend
that female athletes (C) add / added an additional 10mg of iron per day to the
current RDA for iron intake. Iron deficiency in athletes negatively affects their athletic
performance and contributes to a weaker immune system.

*hemoglobin: 헤모글로빈, 혈색소   **supplement: 보충제   ***RDA: 일일 권장량

(A)		(B)		(C)
① needing	—	consume	—	added
② needing	—	consuming	—	add
③ needed	—	consuming	—	added
④ needed	—	consume	—	add
⑤ needed	—	consuming	—	add

2 다음 글의 밑줄 친 부분 중, 어법상 **틀린** 것을 찾아 바르게 고치시오.

Opening the windows ① is the most important thing you must do if you want fresh air.
Keeping your windows closed all day will cause chemicals and allergens ② to build up
inside. Even if you live in a polluted area, you should open the windows from time to
time to ventilate. Wooden flooring, rather than carpets, may improve air quality, because
dust mites are attracted to soft things, such as cushions and mattresses. The chemicals
they create can generate allergy-like symptoms. Research by NASA in the 1980s found
that plants ③ do remove toxic pollutants from the air. However, these studies ④ carried
out in closed environments resembling conditions in space. Back on Earth, plants will
improve air quality, but not as ⑤ much as you may think. Unless there is a tropical jungle
inside your home, the effect will be insignificant.

*allergen: 알레르기 유발 물질   **ventilate: 환기하다   ***dust mite: 집먼지진드기

3

내신맛보기

다음 (1), (2)에 답하시오.

A new blood test that can detect more than 50 types of cancer ⓐ <u>has revealed</u> in a recent study, which may help to identify cancer early on. The test is based on DNA that falls off the tumors and moves throughout the blood. Researchers say the test can not only tell ⓑ <u>whether</u> someone has cancer, but also can determine the type of cancer they have. The test was developed using a machine learning algorithm — a type of artificial intelligence. When it came to ⓒ <u>identify</u> people with cancer, the team discovered that, across more than 50 different types of cancer, the system correctly detected ⓓ <u>what</u> the disease was present 44% of the time. 병이 진전될수록 감지는 더 좋아졌다. Overall, cancer was identified in 18% of those with stage I cancer, but in 93% of those with stage IV cancer.　　*tumor: 종양

(1) 밑줄 친 부분 중 어법상 틀린 것을 모두 찾아 기호와 고쳐야 할 표현을 쓰고 바르게 고치시오.

(2) 밑줄 친 우리말에 맞도록 아래 괄호 안에 주어진 어구들을 알맞게 배열하시오. (어형 변화 가능, 주어진 어구로만 배열할 것)

(the more, the better, advance, the disease, be, be, detection)

_____ .

4

내신맛보기

다음 글의 밑줄 친 부분 중, 어법상 틀린 것을 모두 찾아 기호를 쓰고 바르게 고치시오.

Animals such as orangutans, ⓐ <u>with whom</u> humans share 97% of their DNA, need constant entertainment and physical, mental, and emotional stimulation. For this, the keepers at the Pairi Daiza zoo in Belgium ⓑ <u>have</u> a very strong enrichment program for their orangutans. At the zoo, they play with the orangutans daily, ⓒ <u>using</u> games like puzzles and riddles. That's why they chose to let an otter family ⓓ <u>to live</u> in the river that runs through the orangutan territory. It creates an environment that is more fun and ⓔ <u>interested</u> for both animal species. The otters really enjoy getting out of the water on the orangutan island to go and play with their big, furry friends. The keepers decided to expand this program to other species. The gorillas live with colobus monkeys, while the kangaroos and pelicans are housed together.

1 (A), (B), (C)의 각 네모 안에서 어법에 맞는 표현으로 가장 적절한 것은?

If your dreams have been strange (A) late / lately , don't get worried — it's probably due to stress in your daily life. Some experts say that our dreams are a result of our brain (B) dealt / dealing with memories and information gathered from the day. For example, let's say you're being chased by someone in your dream. When the brain perceives your life is under threat, the fight-or-flight response is set off. It causes the production of stress hormones, which makes you stay hyper-aroused. Stress hormones run through our brains even after shutting our eyes. When stress disrupts a good night's sleep, we spend more time in lighter sleep — where dreams happen — as opposed to (C) spend / spending more time in deep sleep.

*hyper-aroused: 과도하게 각성된

	(A)		(B)		(C)
①	late	—	dealt	—	spend
②	late	—	dealing	—	spend
③	lately	—	dealing	—	spend
④	lately	—	dealing	—	spending
⑤	lately	—	dealt	—	spending

2 다음 글의 밑줄 친 부분 중, 어법상 틀린 것을 찾아 바르게 고치시오.

When the ocean environment changes, corals release the colorful algae living in their tissues, which causes ① them to turn white. A change in water temperature — as little as two degrees Fahrenheit — can make coral ② drive out algae. If the temperature remains high, the coral won't allow the algae back, and the coral will die. Once these corals die, they rarely come back. With few corals ③ survived, they reproduce at very low rates. It results in the deterioration of coral reef ecosystems, ④ on which people and wildlife depend. Thousands of marine animals depend on coral reefs for survival, and coral reefs provide protection from predators. They also support organisms at the base of ocean food chains. The collapse of entire reef ecosystems threatens marine species, some of ⑤ whom are at risk of extinction.

*algae: 조류(물속에 사는 하등 식물의 한 무리) **deterioration: 악화

3 다음 밑줄 친 부분 중 어법상 <u>틀린</u> 것을 2개 찾아 기호와 고쳐야 할 표현을 쓰고 바르게 고치시오.

내신맛보기

Training your dog to be comfortable inside a kennel can be beneficial, including when you take your dog to the vet or when you bring them on a trip. The kennel should be ⓐ <u>enough large</u> for your dog to comfortably lie down, turn around, and stand up. The kennel can also prevent your dog from playing out their destructive fantasies and ⓑ <u>chewing</u> on personal items such as shoes. When you first introduce your dog to the kennel, you want them to feel that they remain part of the family despite ⓒ <u>being</u> inside a confined space. This means finding a spot inside the home ⓓ <u>which</u> their kennel won't be in the way and offers a good view. You should also place dog toys, water, and a soft blanket inside the kennel. The more inviting, ⓔ <u>the more likely</u> your dog will want to spend time inside.

*kennel: 켄넬, 이동장; 개집   **vet: 수의사

기호	고쳐야 할 표현	고친 표현

4 다음 각 빈칸에 주어진 단어들을 문맥과 어법에 맞게 쓰시오.

내신맛보기

I'm pleased to announce that Scranton Clinic has launched distant consultation services ⓐ _____(ensure)_____ people can access high-quality medical care from home. Our new consultation service allows people to consult qualified and specialist doctors from home. People with chronic conditions, especially those who require regular follow-ups, ⓑ _____(be)_____ going to benefit greatly from this service. To book your remote consultation with a specialist, please call Scranton Clinic at 01-065-3280 or visit our website. Once your application has been completed, you will ⓒ _____(give)_____ a time slot for a video consultation with a doctor. If you need further testing, the doctor will advise you ⓓ _____(visit)_____ the clinic. Now, there's no need for you to leave your home to take care of your health anymore. Just stay home and stay safe.

*chronic: 만성적인   **slot: (명단에 들어가는) 자리, 시간

ⓐ _____

ⓑ _____

ⓒ _____

ⓓ _____

1 (A), (B), (C)의 각 네모 안에서 어법에 맞는 표현으로 가장 적절한 것은?

Cloud seeding is a method (A) [using / used] to stimulate rainfall by dispersing substances such as dry ice into clouds. This method is often used in countries that have dry and dusty atmospheres, such as the UAE, in order to produce more water for everyday needs. In 2018, the UAE used cloud seeding 187 times, which contributed up to 15 percent of the UAE's annual rainfall. The process is an artificial way of helping to boost rainfall. This is usually done by sending a small aircraft near the cloud's location and (B) [released / releasing] the materials. Once inside the cloud, the substances aid in producing ice crystals, which are (C) [that / what] rain comes from. When the cloud is seeded, it can take less than an hour to rain. Cloud seeding can also increase the duration of rainfall by as much as 30 minutes.   *cloud seeding: (인공 강우용) 구름 씨 뿌리기   **disperse: 흩뿌리다, 확산시키다

	(A)		(B)		(C)
①	using	—	released	—	that
②	using	—	releasing	—	that
③	used	—	released	—	that
④	used	—	releasing	—	what
⑤	used	—	released	—	what

2 다음 글의 밑줄 친 부분 중, 어법상 틀린 것을 찾아 바르게 고치시오.

Pistachio trees have grown in the Middle East for thousands of years. Later, under the rule of the Roman Emperor Tiberius (first century AD), the nut was also introduced into Italy and Spain while remaining ① <u>unknown</u> for a long time north of the Alps. Upon reaching central Europe, it was called the "Latin penny nut" ② <u>because of</u> its introduction from the Italian sales route, over the Alpine passes. Pistachios were said to be favored by the Queen of Sheba. According to legend, she demanded all her land's production for ③ <u>herself</u> and her court. The cracking of pistachio nuts ④ <u>was considered</u> a good omen, specifically for romantic relationships. For this reason, couples would meet under pistachio trees and hear the nuts ⑤ <u>to crack</u> to ensure a successful and happy relationship.

3 다음 밑줄 친 부분 중 어법상 틀린 것을 2개 찾아 기호와 고쳐야 할 표현을 쓰고 바르게 고치시오.

내신맛보기

It is estimated that there are about 5,000 captive tigers in the United States, which is more than the approximately 3,900 ⓐ remaining in the wild. A vast majority of these captive tigers ⓑ is privately owned and living in people's backyards and private breeding facilities. Many of these private tiger owners aren't properly trained, ⓒ made the animals vulnerable to mistreatment and exploitation. Often these facilities will allow visitors to come in close contact with the tigers, including photo opportunities and playtimes with tiger cubs. Not only ⓓ is the welfare of these tigers threatened, but public health and safety is at risk when people interact with the tigers. No one government agency monitors and tracks the tigers' locations or their owners. More strict oversight is required to prevent illegal trade and ⓔ to ensure adequate welfare of individual animals and public safety.

기호	고쳐야 할 표현	고친 표현

4 다음 글의 밑줄 친 부분 중, 어법상 틀린 것을 모두 찾아 번호를 쓰고 바르게 고치시오.

내신맛보기

How someone considers the prospect of growing old ⓐ depends on his or her personality. While some want to remain young forever, others accept maturity and everything that comes along with ⓑ them. Regardless of how you imagine your later years, recent research has shown that people will find something good when they get older. The study revealed that older people are ⓒ much more skillful at practicing mindfulness and getting its calming and positive benefits. The researchers believe this is because the elderly ⓓ are wiser than the young and have more free time to practice mindfulness. The study indicates that the ability to appreciate the present moment and block out distractions comes quite naturally to older people, and certainly easier than it ⓔ is for young adults. A principle teaching of mindfulness states that every stressful situation, negative thought, and bad feeling will eventually pass.

1   (A), (B), (C)의 각 네모 안에서 어법에 맞는 표현으로 가장 적절한 것은?

The Loch Ness Monster is one of the longest-lasting myths of Scotland. The story of the monster can be traced back 1,500 years when Irish missionary St. Columba is said to have encountered a beast in the River Ness in 565 AD. In 1934, (A) high / highly respected British surgeon, Colonel Robert Wilson, claimed to have photographed the monster while driving along the northern shore of Loch Ness. (B) Known / Knowing as the "Surgeon's Photograph," 60 years later it was confirmed to be false. The "monster" caught on camera was apparently a toy submarine bought from a toy shop, with a wooden head. Another explanation from the past suggests it was one of the swimming circus elephants. Elephants (C) may / cannot have been allowed to swim in the loch when the traveling carnivals stopped to give the animals a rest.

*loch: 호수; 만

	(A)		(B)		(C)
①	high	—	Known	—	may
②	high	—	Knowing	—	cannot
③	highly	—	Knowing	—	cannot
④	highly	—	Known	—	may
⑤	highly	—	Known	—	cannot

2   다음 글의 밑줄 친 부분 중, 어법상 틀린 것을 찾아 바르게 고치시오.

The introduction of computers in Industry 3.0 was innovative due to the addition of a completely new technology. Now, and into the future as Industry 4.0 unfolds, computers are connected and ① <u>communicate</u> with one another to ultimately make decisions that don't require human involvement. A combination of cyber-physical systems, the Internet of Things and the Internet of Systems ② <u>makes</u> Industry 4.0 possible and the smart factory a reality. Due to the assistance of smart machines that keep ③ <u>getting</u> smarter as they get access to more data, our factories will become far more efficient and productive and less ④ <u>waste</u>. Eventually, it's how these machines are all connected to one another and how they produce and share information ⑤ <u>that</u> results in the true power of Industry 4.0.

3 다음 밑줄 친 부분 중, 어법상 **틀린** 것을 3개 찾아 기호와 고쳐야 할 표현을 쓰고 바르게 고치시오.

내신맛보기

A nebula is made up of a giant cloud of dust and gas in space. Some nebulae come from the gas and dust ⓐ thrown out when a dying star explodes, such as a supernova. Other nebulae are areas ⓑ which new stars are beginning to form. The dust and gases in a nebula ⓒ is very widespread, but gravity can slowly drive together clumps of dust and gas. As these clumps get bigger and bigger, their gravity gets stronger and stronger. Eventually, the clump of dust and gas becomes so large that it collapses from its own gravity. The collapse forces the material at the center of the cloud ⓓ heat up, and this hot core becomes the beginning of a star. Nebulae are found in the space between the stars. The closest known nebula to Earth is called the Helix Nebula, ⓔ which is approximately 700 light-years away from Earth.

*nebula: ((복수형 nebulae)) 성운 **supernova: 초신성(신성보다 1만 배 이상의 빛을 냄) ***clump: 무리, 무더기

기호	고쳐야 할 표현	고친 표현

4 다음 글의 밑줄 친 부분 중, 어법상 **틀린** 것을 모두 찾아 번호를 쓰고 바르게 고치시오.

내신맛보기

Social anxiety disorder is characterized by intense anxiety or fear of ⓐ being judged, negatively evaluated, or rejected in a social or performance situation. People with social anxiety disorder may worry about appearing ⓑ anxiously (*e.g.*, blushing, stumbling over words), or being seen as dumb, uninteresting, or awkward. As a result, they often avoid social or performance situations, and when they cannot avoid a situation, they experience significant anxiety and distress. Many people with social anxiety disorder also ⓒ experience strong physical symptoms, including sweating, a racing heart, and an upset stomach. They may experience extreme attacks when ⓓ confront a feared situation. ⓔ Although they realize that their fear is excessive and unreasonable, people with social anxiety disorder often feel they have no control over their anxiety.

1 (A), (B), (C)의 각 네모 안에서 어법에 맞는 표현으로 가장 적절한 것은?

The Hubble Space Telescope was launched by NASA on April 24, 1990, and Hubble has been busy observing the universe ever since. It (A) | has been servicing / has been serviced | four times throughout its lifetime, to correct flaws, repair and replace on-board equipment, and install improved instruments. Along the way, Hubble taught us a whole series of lessons (B) | that / what | we weren't anticipating. Thanks to Hubble, we now know that our galaxy is just one of many hundreds of billions in the universe. Because Hubble is able to study such distant galaxies, it has informed scientists that the universe is expanding and that the expansion is accelerating. Studying these galaxies also helped scientists (C) | estimate / estimating | the approximate age of the universe: about 13.8 billion years old. Hubble also taught us how galaxies grew and evolved over cosmic time.

	(A)		(B)		(C)
①	has been serviced	—	that	—	estimating
②	has been servicing	—	what	—	estimate
③	has been serviced	—	that	—	estimate
④	has been servicing	—	that	—	estimate
⑤	has been serviced	—	what	—	estimating

2 다음 글의 밑줄 친 부분 중, 어법상 **틀린** 것을 찾아 바르게 고치시오.

Garbage patches are large areas of the ocean ① where litter, fishing gear, and other debris — known as marine debris — collect. They are formed by rotating ocean currents called gyres, ② which push debris toward one location. The most famous of these patches is often called the Great Pacific Garbage Patch. It is located in the North Pacific Gyre. Some areas of the patch have more trash than others, most of ③ which is microplastics. Because microplastics are smaller than 5 mm in size, they are not immediately noticeable to the naked eye. This makes ④ them possible to sail through certain regions of the Great Pacific Garbage Patch without seeing much debris. Marine debris can prevent algae and plankton from getting enough sunlight ⑤ to create nutrients. Despite their size, when these tiny organisms are threatened, the entire food chain is put at risk.

*patch: 지역 **gyre: 환류 ***algae: 조류

3 다음 밑줄 친 부분 중 어법상 **틀린** 것을 2개 찾아 기호와 고쳐야 할 표현을 쓰고 바르게 고치시오.

내신맛보기

The habitat of Panamanian golden frogs is in both wet rain forests ⓐ <u>and</u> dry cloud forests in the Cordillera Mountains of Panama. The purpose of their brightly colored skin is to warn potential predators ⓑ <u>which</u> the frogs are very toxic and would be dangerous to eat. In fact, ⓒ <u>more</u> different kinds of insects the frog eats, the more toxic its skin secretions become. Male Panamanian golden frogs communicate with a whistling sound and ⓓ <u>have</u> at least two different kinds of calls. This is a unique behavior since the frogs don't have eardrums. Instead, they use a type of sign language ⓔ <u>to signal</u> to other frogs. They wave their hands or raise and move their feet to defend territory and attract a mate.

*cloud forest: 운무림(구름 또는 안개가 늘 있는 곳에 나타나는 산림) **secretion: 분비 (작용) ***eardrum: 고막

기호	고쳐야 할 표현	고친 표현

4 ⓐ~ⓓ에 들어갈 말로 가장 적절한 것을 <보기>에서 골라 문맥과 어법에 맞게 변형하여 넣으시오. (중복 사용 불가)

내신맛보기

<보기>	describe	catch	hop	understand

When a boy turns 4 years old, he should be able to run quickly, jump forward from a standing position and ⓐ _____ a few times on one foot. Halfway through this year, he should try ⓑ _____ a ball bounced to him. The 4-year-old's increasing skills allow him to do things that weren't possible before, such as undoing buttons, opening the toothpaste cap and even going to the toilet unassisted. The child's speech should now ⓒ _____ most of the time, even by strangers. He will be able to organize his thoughts to express himself, even ⓓ _____ how an event made him feel. Though the child may not be ready to read for a few more years, he may begin to recognize symbols such as letters and numbers, or even the sign at his family's favorite restaurant.

ⓐ _____

ⓑ _____

ⓒ _____

ⓓ _____

MEMO

MEMO

101 Grammar Points with Sentences

내신·수능을 위한 고등 영문법 기본

천일문 고등
GRAMMAR

❶ 실전에 적용하는 '예문 중점' 문법 학습

❷ 고등 영어 기본 문법 포인트 101개 유닛으로 구성

❸ 유닛별 문법 사항 요약 제시

❹ 교과서·수능·모의고사에서 엄선한 학습 최적화 예문 포함

❺ 내신 문항 분석·반영한 양질의 'Chapter Exercises'

❻ 개념 복습 및 수능 빈출 어법 유형을 담은
　'어법 POINT BOOK' 제공

구문&문법 개념 한번에 잡는 조합!

천일문
기본 BASIC

수능 영어의
모든 구문 총망라한
체계적 구문 학습서

천일문 고등
GRAMMAR

예문을 중심으로
수능·내신에 대비하는
영문법 기본서

쎄듀북닷컴(www.cedubook.com)에서 부가 자료를 무료로 다운로드할 수 있습니다.

쎄듀

천일문·어법끝 온라인 복습테스트를 찾는다면?

쎄듀런OPEN

쎄듀가 직접 제작한 온라인 학습 콘텐츠와 선생님 인강이 합쳐져

학습은 더 쉽게, 실력은 더 높게!

9만 5천
문법·서술형
문항

2만 3천
구문 문장

2만 5천
어휘

총 **143,000 DB**를
쎄듀런에서!

www.cedulearn.com

쎄듀런은 PC & Moblie APP 모두 사용 가능합니다.

콘텐츠를 제작하는 콘텐츠팩토리 및 서비스 결제 기능은 **PC버전**에서만 이용 가능합니다.

쎄듀런 모바일 앱 설치

GET IT ON
Google Play

Download on the
App Store

쎄듀런 홈페이지 상단의 쎄듀캠퍼스에서 똑똑한 온라인 영어학습을 시작해보세요!

1 구문 — 판매 1위 '천일문' 콘텐츠를 활용하여 정확하고 다양한 구문 학습

(끊어읽기) (해석하기) (문장 구조 분석) (해설·해석 제공) (단어 스크램블링) (영작하기)

2 문법·서술형 — 쎄듀의 모든 문법 문항을 활용하여 내신까지 해결하는 정교한 문법 유형 제공

(객관식과 주관식의 결합) (문법 포인트별 학습) (보기를 활용한 집합 문항) (내신대비 서술형) (어법+서술형 문제)

3 어휘 — 초·중·고·공무원까지 방대한 어휘량을 제공하며 오프라인 TEST 인쇄도 가능

(영단어 카드 학습) (단어 ↔ 뜻 유형) (예문 활용 유형) (단어 매칭 게임)

4 선생님 보유 문항 이용

(Online Test) (OMR Test)

cafe.naver.com/cedulearnteacher

쎄듀런 학습 정보가 궁금하다면?

쎄듀런 Cafe

· 쎄듀런 사용법 안내 & 학습법 공유
· 공지 및 문의사항 QA
· 할인 쿠폰 증정 등 이벤트 진행

쎄듀 본영어

<쎄듀 종합영어> 개정판

고등영어의
근本을
바로 세운다!

[문법편]과
[문법적용편·독해적용편]의 챕터는
서로 동일한 순서이므로,
병행 학습이 가능합니다.

◈ 문법편

1 내신·수능 대비 문법/어법

2 올바른 해석을 위한 독해 문법

3 내신·수능 빈출 포인트 수록

4 서술형 문제 강화

◈ 문법적용편

1 문법편에서 학습한 내용을
문법/어법 문제에 적용하여 완벽 체화

2 내신·서술형·수능으로 이어지는
체계적인 3단계 구성

◈ 독해적용편

1 문법편에서 학습한 내용을
독해 문제에 적용하여 독해력 완성

2 대의 파악을 위한 수능 유형과 지문 전체를
리뷰하는 내신 유형의 이원화된 구성

쎄듀북닷컴(www.cedubook.com)에서 부가 자료를 무료로 다운로드할 수 있습니다.

쎄듀

Grammar & Usage
적용력을 두 배로 키우기

어법끝 START
실력다지기

정답 및 해설

어법끝 START

실력다지기

Grammar & Usage

정답 및 해설

PART I 네모 어법

UNIT 01   주어와 동사의 수일치

➡ 1 단수 | 2 복수 | 3 단수 | 4 복수 | 5 주어 | 6 단수 | 7 단수 | 8 복수

UNIT Exercise

본문 p. 10

01 정답 **have**
해설 People (living farther north) have bigger eyeballs than
other individuals.
해설 저 멀리 북쪽에 사는 사람들은 다른 사람들보다 더 큰 안구를 가지고 있다. 이것은 그들로 하여금 빛이 적은 곳에서 더 잘 보게 해준다.
● eyeball 안구   individual 개인

02 정답 **has**
해설 ~, the supply (of plastic bags in stores) has dropped
by ~.
해설 환경부에 따르면, 가게에서의 비닐봉지 제공이 최근에 70~80퍼센트까지 떨어졌다. ● supply 제공, 공급   drop 하락하다

03 정답 **live**
해설 주격 관계대명사절 내 동사는 선행사와 수일치시킨다.
Among **animals** with a backbone [*that* **live** on land], 322
species have disappeared ~.
해설 육지에 사는 척추동물 중 322개 종이 지난 5세기 동안 사라졌다.
● backbone 척추, 등뼈   species (생물의 구분 단위) 종   disappear
사라지다

04 정답 **were**
해설 *Not until* 1920 were all American women finally
granted the right to go to the polls and vote.
해설 1920년이 되어서야 미국의 모든 여성들은 마침내 투표소에 가서 투표할 권리를 승인받았다. ● grant 승인하다   poll 투표(소)   vote 투표하다

05 정답 **is**
해설 동명사구(v-ing구)가 주어이므로 단수 취급.
Keeping pizza hot while pizza-delivery drivers find the
right house is sometimes a problem.
해설 피자 배달부가 배달할 집을 찾는 동안 피자를 따뜻하게 유지하는 것이 가끔은 어려운 문제이다. ● delivery 배달

06 정답 **is**
해설 접속사 whether가 이끄는 명사절이 주어이므로 단수 취급.
Whether crime was reduced ~ or other factors is not
known.

해설 범죄가 줄어든 것이 더 길어진 징역형 선고의 결과였는지 아니면 다른 요인들의 결과였는지는 알려지지 않았다.
● crime 범죄   sentence (형의) 선고

07 정답 **undergoes**
해설 each of ~는 항상 단수 취급하므로 단수동사 undergoes가 적절.
~, each of the boys in the tribes undergoes some rites of
passage.
해설 '남자'가 되기 위해 그리고 모든 존경과 특혜를 얻기 위해 그 부족의 소년들은 각자 몇 가지 통과 의례들을 거친다.
● privilege 특혜, 특권   tribe 부족, 종족   undergo 겪다, 경험하다

08 정답 **are**
해설 Color combinations [that we can see in the natural
environment] are always ~.
해설 우리가 자연환경에서 볼 수 있는 색의 조합은 항상 완벽에 가깝다.
● combination 조합, 결합

09 정답 **don't**
해설 주격 관계대명사절 내 동사는 선행사와 수일치시킨다.
I found some cafes near my office [*which* don't use
disposable cups at all].
해설 나는 내 사무실 근처에서 일회용 컵을 전혀 사용하지 않는 카페를 몇 군데 발견했다. ● disposable 일회용의

10 정답 **is**
해설 The New Orleans Jazz Festival, (which is) held every
year ~ weekends, is ~.
해설 매년 봄 2주 연속 주말에 열리는 뉴올리언스 재즈 페스티벌은 분명 뉴올리언스에서 가장 기대되는 행사다.
● consecutive 연속되는   anticipated 기대되는

11 정답 **✕ / was**
해설 주어는 The cellist이므로 단수동사 was로 고쳐야 한다.
The cellist [who won several major international
competitions] was raised ~.
해설 몇몇 주요 국제 대회에서 우승한 그 첼리스트는 음악가 집안에서 자랐다. ● international 국제적인   competition (경연) 대회

12 정답 **○**
해설 부정어가 문장 앞에 있어 「조동사(do, does, did) + S + 동사원형」의 어순으로 도치되었고, 주어가 he이므로 단수동사 does는 적절.
Never does he do anything that goes against ~.
해설 그는 부모님의 의사에 반하는 어떤 일도 하지 않는다.

13 정답 ✕ / has

해설 Every는 항상 단수 취급하므로 단수동사 has로 고쳐야 한다.

Every product [that we buy at stores] has an impact ~.
　　　　S　　　　수식어(관계사절)　　　　V

해석 우리가 가게에서 사는 모든 제품은 지구에 영향을 미친다.
● **impact** 영향

14 정답 ○

해설 의문사 where가 이끄는 명사절이 주어이므로 단수동사가 적절.

Where viruses came from is ~.
　　　　S　　　　　　V

해석 바이러스가 어디에서 기원했는지는 답하기 쉬운 질문이 아니다. 옳은 가정은 단 하나도 없을지도 모른다. ● **hypothesis** 가정

15 정답 ○

해설 부분 표현 Some of 다음에 나오는 명사 the biggest names가 복수이므로 복수동사 are가 적절.

Some of the biggest names (in music) are going to come
　　　　S　　　　　수식어(전명구)　　V
together ~.

해석 몇몇 음악계의 거물들이 자선 앨범을 만들기 위해 모일 것이다.
● **charity** 자선

16 정답 (1) **B / have / has** (2) **D / are / is** (3) **G / have / has**

해설 **B** 주어 A new address system이 단수이므로 동사는 has가 되어야 한다.

A new address system (based on road names) has been
　　　　S　　　　　수식어(과거분사구)　　　V
used since 2014.

D 주어가 a considerable difference로 단수이므로 동사는 is가 되어야 한다.

There is a considerable difference (of opinion between the
　　V　　　　S　　　　　　수식어(전명구)
two parties).

G 동명사구 주어(Comparing ~ others)는 단수 취급하므로 동사는 has가 되어야 한다.

Comparing ourselves to others has the possibility to
　　　　　S　　　　　　V
negatively affect our self-esteem.

오답풀이 **A** 부분 표현 The majority of 다음에 오는 명사 the tourists가 복수이므로 복수동사 were가 적절.

C 관계대명사 What이 이끄는 명사절이 주어이므로 단수동사 was는 적절.

What concerned me was our lack of preparation for
　　　S　　　　　V
attending the conference.

E Every는 항상 단수 취급하므로 단수동사 has가 적절.

F 부사구가 문장 앞으로 나와 주어와 동사가 도치되었다. 주어 the tall buildings가 복수이므로 동사 are는 적절.

Right in front of our house are the tall buildings [which
　　　부사구　　　　　V　　　S
were newly built this year].
　　수식어(관계사절)

해석 **A** 호텔에 묵고 있는 관광객의 대다수는 러시아인이나 폴란드인이었다.
● **majority** 대다수

B 도로명을 기반으로 한 새로운 주소 체계가 2014년부터 사용되어 왔다.

C 내가 걱정했던 것은 그 회의에 참석할 우리의 준비가 부족하다는 것이었다.
● **concern** ~를 걱정스럽게 만들다　**preparation** 준비　**conference** 회의

D 양당 간에 상당한 의견의 차이가 있다.
● **considerable** 상당한　**party** 정당

E 모든 사람은 존엄하게 살 권리가 있다. ● **dignity** 존엄성

F 우리 집 바로 앞에는 올해 새로 지은 높은 건물들이 있다.

G 우리 자신을 다른 사람들과 비교하는 것은 우리의 자존감에 부정적인 영향을 미칠 수 있는 가능성이 있다.
● **compare** 비교하다　**self-esteem** 자존감, 자부심

UNIT 01 실력다지기

본문 p. 12

1 정답 ②

해설 (A) 주어는 Many businesses이므로 복수동사 send가 적절. 전명구 around the world는 수식어구이다.

(B) 주어는 Those(= People)이므로 복수동사 feel이 적절. 관계대명사 who가 이끄는 절이 주어인 선행사 Those를 수식하고 있다.

Those [**who** receive the package] feel obligated to send
　　S　　　　수식어　　　　　V
something in return.

(C) 주어는 This sense of obligation이므로 단수동사 is가 적절.

This sense of obligation (to return the favor) is so powerful
　　　　S　　　　　　　　　V　　　C
// that it affects ~.

[so ~ that … (매우 ~해서 …하다)] 구문.

해석 세상의 많은 기업은 미래의 고객들을 설득하여 새 제품을 구매하게 할 목적으로 공짜 선물이나 샘플을 우편으로 보내거나 고객들에게 새로운 제품을 써보고 테스트해볼 수 있게 한다. 자선 단체들도 아마 목표 대상에게 크리스마스카드나 달력 꾸러미를 발송해 주고받기 방식을 이용한다. 그 꾸러미를 받은 사람들은 보답으로 무언가를 보내야 한다고 느낀다. 호의에 보답해야 한다는 이러한 의무감은 매우 강력해서 우리의 일상생활에 매우 많은 영향을 미친다. 어떤 저녁 만찬에 초대되었을 때 우리는 (우리를 파티에 초대한) 주인들을 우리가 주최하는 파티 중 하나에 초대해야 한다는 압박감을 느낀다. 만약 누군가가 우리에게 선물을 주면, 우리는 그와 동일한 것으로 보답해야 한다.

● **customer** 고객, 손님　**persuade** 설득하다　**purchase** 구매하다　**charity organization** 자선 단체　**give-and-take** 공평한 조건에서의 교환, 타협　**approach** 접근(법)　**package** 소포, 꾸러미　**obligated** ~할 의무가 있는 *cf.* **obligation** 의무　**in return** 보답[답례]으로　**favor** 호의　**affect** 영향을 미치다　**under pressure** 압박감을 느끼는　**host** (손님을 초대한) 주인　**in kind** 동일한 것으로

구문 [1-3행] Many businesses around the world / **send** free gifts or samples through the mail, // *or* **allow** customers to try and test new products / in order to persuade future customers to purchase them.

동사 send와 allow가 or로 연결된 병렬구조.

[3-4행] Charity organizations, too, use the give-and-take approach by perhaps sending target persons a package
　　　　　　　　　　　V'　　　IO'　　　DO'
of Christmas cards or calendars.

2 정답 ①

해설 (A) 주어가 both of them이므로 복수 취급한다.

(B) 동명사구 주어(Eating with our noses)는 단수 취급한다.

(C) 주어는 the nose and mouth이므로 복수 취급한다. 따라서 복수동사 form이 적절. that ~ world는 주어를 수식하는 관계사절이다.

~, the nose and mouth [**that** we use to experience the
　　　　S　　　　　　　↑‾‾‾‾‾‾‾‾‾‾‾‾‾

world] form one single sense.
　　　 V

해석 맛과 냄새는 매우 밀접하게 연결되어 있으며 둘 다 화학적 감각으로 알려져 있다. 많은 연구들은 우리가 보통 코를 통해 먹는다는 것을 보여준다. 코를 통해 먹는다는 것은 음식이 냄새 테스트를 통과하면 맛 테스트를 통과할 가능성도 크다는 것을 의미한다. 한 조사에서, 맥도날드 음식의 냄새와 맛에 대한 질문을 받았을 때, 소비자들은 냄새와 맛에 긍정적으로 반응하거나 둘 다에 부정적으로 반응하는 경향이 있었다. 달리 말하면, 우리의 감각은 예상대로 반응한다는 것이다. 즉 좋지 않은 냄새는 좋지 않은 맛과 일치하는 경향이 있다. 냄새는 싫지만 음식은 매우 좋다거나 혹은 그 반대의 경우는 드물다. 정확히 말해서, 우리가 세상을 경험하기 위해 사용하는 코와 입은 단 하나의 감각을 이루고 있다.

• interlink 연결하다　chemical 화학적인　indicate 보여주다, 나타내다　survey 조사　positively 긍정적으로　negatively 부정적으로　predictably 예상대로　unpleasant 불쾌한　match 일치하다　rare 드문, 진기한　vice versa 반대로, 반대의 경우도 마찬가지

구문 [6-7행] It is rare **to hate** the smell |*but*| love the food,
　　　　　　 S　　　　　　　　　S′(진주어)

or vice versa.

진주어에서 to hate ~와 (to) love ~가 등위접속사 but으로 연결된 병렬구조. to부정사가 병렬구조로 연결될 때 뒤의 to부정사의 to는 생략되는 경우가 많다.

3 정답 ⓑ has / have　ⓓ closes / close

해설 ⓑ 「There + V + S」 구문에서 주어는 동사 뒤에 나오는 복수명사 a number of experiments이므로 복수동사 have가 적절. a number of는 '몇몇의(several)'라는 뜻의 수식어구이다.

ⓓ Rising tides enter a reservoir (controlled by gates [**which**
　　 S　　　　　　 V　　　 O　　　　　　　　　　　　　　　↑‾‾‾

close at high tide]).

which가 이끄는 관계사절의 선행사는 복수명사 gates이므로 복수동사 close가 적절.

오답풀이 ⓐ 「There + V + S」 구문에서 주어는 동사 뒤에 나오는 셀 수 없는 명사 a lot of energy이므로 단수동사 is가 적절.

ⓒ the Canadians and the French는 복수명사이므로 복수동사 have가 적절.

ⓔ 「some of + 명사」처럼 부분을 나타내는 명사 표현에서는 「of + 명사」의 명사(N)에 수를 일치시킨다. these experiments가 복수명사이므로 복수동사 have가 적절.

해석 바다에는 열, 조수, 파도를 일으키는 힘에서 나오는 에너지가 풍부하다. 그래서 바다의 에너지원의 저장을 얻기 위한 수많은 실험들이 있어 왔다. 일본인들은 수면 위 더 따뜻한 물과 수면 아래 더 차가운 물을 이용함으로써 바다의 열에너지를 얻어 증기 터빈을 가동시키려 했다. 한편 캐나다와 프랑스인들은 조수를 통해 에너지를 성공적으로 얻었다. 밀물이 만조 때 닫히는 문으로 제어되는 저장소로 들어간다. 썰물이 빠지면 저장소는 터빈을 가동시키기 위해 물을 내보낸다. 다른 나라 사람들도 유사한 근원의 에너지를 얻으려고 시도했고, 몇몇 실험은 성공했다.

• ocean 바다, 해양　thermal 열의　tidal 조수의 *cf.* tide 조수, 밀물과 썰물　consequently 그래서, 그 결과　experiment 실험　underneath ~의 아래의　steam 증기　rising tide 밀물　release 방출하다, 놓아주다

4 정답 ⓐ has　ⓑ impacts　ⓒ starts　ⓓ value

해설 ⓐ each of ~는 항상 단수 취급하고, 문맥상 일련의 요소들을 가진다는 뜻이 되어야 하므로 단수동사 has를 써야 한다.

ⓑ 의문사 how가 이끄는 절(how ~ ourselves)이 주어이고, 우리가 자신에 대해 느끼는 것이 우리가 보는 것에 영향을 미친다는 뜻이 되어야 하므로 단수동사 impacts를 써야 한다.

ⓒ 동명사구(Creating ~ images)가 주어이고, 긍정적 신체 이미지 형성은 우리 자신에 대해 어떻게 생각하는지부터 시작된다는 뜻이 되어야 하므로 단수동사 starts를 써야 한다.

ⓓ 관계사절(that ~ personality)의 선행사가 friends이고, 문맥상 우리의 인격을 소중히 여긴다는 뜻이 되어야 하므로 복수동사 value를 써야 한다.

해석 신체 이미지를 만들어내는 것에 관한 한, 이 사회에서 우리 각자는 가정 환경, 능력 또는 장애, 또래들의 태도, 소셜 미디어, 문화적 배경 등 일련의 요소들을 가지고 있다. 그러나 우리가 우리 자신에 대해 어떻게 느끼는지는 우리가 궁극적으로 거울에서 보는 것에 직접적으로 영향을 미친다. 긍정적인 신체 이미지를 만드는 것은 우리가 우리 자신에 대해 어떻게 생각하는지부터 시작된다. 그것은 자존감, 긍정적인 태도 그리고 정서적인 안정을 필요로 한다. 이것은 어려울 수 있다. 때때로 다른 사람들로부터 오는 부정적인 메시지는 우리를 불안하게 만들 수 있다. 긍정적인 신체 이미지를 위해서, 우리는 몇 가지 필요한 조치를 취할 수 있어야 한다. 예를 들어, 우리는 다른 사람들의 의견을 무시하고 우리 자신을 더 높이 평가하는 법을 배울 수 있다. 또한 우리의 인격을 소중히 여기는 친구를 우리 삶에서 선택할 수 있다.

• factor 요인, 인자　disability 장애; 무능력　attitude 태도　peer 또래　ultimately 궁극적으로　self-esteem 자부심, 자존감　stability 안정　disregard 무시하다　personality 인격, 개성

구문 [6-7행] ~: sometimes, negative messages (from others)
　　　　　　　　　　　　　　　S　　　　　　　 수식어(전명구)

can make us anxious.
　 V　　 O　 C

UNIT 02 명사 / 대명사의 일치

➡ 1 단수 | 2 복수 | 3 재귀대명사 | 4 있는 | 5 없는

UNIT Exercise

본문 p. 15

01 정답 them

해설 문맥상 복수명사인 owners를 뜻하므로 복수형 them이 적절하다.

해석 특수 리모컨을 갖추고 있어서, 그 차는 악천후에 차주가 자신을 태우러 오도록 차를 부를 수 있게 해준다. • be equipped with (장비를) 갖추고 있다　call over 불러오다　pick up (차에) 태우러 가다

02 정답 those

해설 복수명사인 research stations의 반복을 피하기 위한 자리이므로 복수대명사 those가 적절.

해석 오늘날 남극 대륙에는 아르헨티나, 호주, 독일의 연구 기지들을 포함하여, 30개가 넘는 연구 기지들이 있다. ● **Antarctica** 남극 대륙 **research** 연구, 조사 **station** 기지 **including** ~을 포함해

03 정답 **hers**
해설 문맥상 '그녀의 아이들과 개들(her kids and dogs)'을 의미하므로 「소유격 + 명사」를 받는 소유대명사 hers가 적절하다.
해석 그녀가 도착한 날 이후로 그녀는 우리 가족의 일부가 되었고 우리 아이들과 개들을 마치 그녀의 것들(그녀의 아이들과 개들)인 양 좋아했다.
● **arrive** 도착하다

04 정답 **themselves**
해설 that절의 주어 dolphins와 동사 can recognize의 목적어가 동일한 대상을 가리키므로 재귀대명사 themselves가 적절.
해석 한 연구는 돌고래들이 거울 속에 있는 자기 자신을 인식할 수 있을 뿐만 아니라 외모상의 변화도 알아챌 수 있다는 것을 밝혀냈다.
● **recognize** 인식하다 **appearance** 외모, 외양

05 정답 **another**
해설 문맥상 '막연한 또 다른 한 명'을 의미하므로 another가 적절.
해석 몇 개의 짐 가방에 붙은 인천대학교 꼬리표를 보고, 나는 또 다른 한 명의 한국인이 내가 탄 선실에 있을 것임을 알았다. 최소한 나는 얘기를 나눌 사람이 있을 것이었다. ● **tag** 꼬리표 **luggage** 짐[수하물] **cabin** 객실, 선실

06 정답 **a number of**
해설 셀 수 있는 명사의 복수형 areas를 수식할 수 있는 a number of가 적절.
해석 산성비로 생기는 피해가 세계의 수많은 지역에서 광범위해져 왔다.
● **damage** 피해 **acid** 산성의 **widespread** 광범위한

07 정답 **much**
해설 셀 수 없는 명사 advice를 수식할 수 있는 much가 적절.
해석 때때로 조부모님들은 어린아이들을 양육하는 데 있어 지나치게 많은 충고를 함으로써 자신의 자녀들과의 관계를 망친다.
● **spoil** 망치다 **upbringing** 양육, 훈육

08 정답 ✕ / **Others**
해설 여러 명 중 일부는 some, 다른 일부는 others로 받는다. 이때 others는 불특정 다수의 사람을 나타낸다.
해석 어떤 사람들은 소셜 네트워킹이 우리의 사회적 유대 관계를 유지하는 데 도움을 준다고 말한다. 다른 사람들은 그것이 시간 낭비일 수 있고 심각하게 주의를 산만하게 하는 것일 수 있다고 말한다.
● **tie** 유대 (관계) **severe** 심각한 **distraction** 집중을 방해하는 것

09 정답 ◯
해설 plenty of는 셀 수 없는 명사를 수식할 수 있으므로 적절.
해석 아이들의 안전을 향상시키기 위해 해야 할 일은 여전히 많다.
● **improve** 향상시키다

10 정답 ✕ / **their**
해설 문맥상 Restaurants를 받으므로 their로 고쳐야 한다.
해석 식당들은 고객들에게 그들의 음식에 대한 원산지 정보를 제공해야 한다.
● **provide** 제공하다 **origin** 기원

UNIT 02 실력다지기
본문 p. 16

1 정답 **student → students**
해설 '많은'이라는 뜻의 A great number of는 셀 수 있는 명사를 수식하므로 뒤에는 복수명사가 와야 한다.
해석 많은 학생들이 근처 도서관에서 자원봉사 기회를 찾고 있다.
● **volunteer** 자원봉사 **nearby** 인근의

2 정답 **those → that**
해설 비교급 뒤에 문맥상 '비흡연자의 (폐암에 걸릴) 가능성'이라는 뜻이 되어야 하므로 those를 The possibility를 받는 단수형 that으로 고쳐야 한다.
해석 흡연자가 폐암에 걸릴 가능성은 비흡연자의 가능성에 비해 10배 가까이 더 높다. ● **smoker** (습관적으로) 담배 피우는 사람, 흡연가 (↔ non-smoker) **lung cancer** 폐암

3 정답 **myself → me**
해설 문맥상 전치사 next to의 목적어는 '나'가 되어야 하고, 이는 주어인 the girl과 다르므로, 재귀대명사 myself를 목적격 대명사 me로 고쳐야 한다.
해석 오늘 아침, 버스에서 내 옆에 앉아 있던 여자아이가 나에게 어디로 가느냐고 물었다.

4 정답 **other → the other**
해설 두 장의 계약서 사본 중 나머지 하나를 지칭해야 하므로 other를 the other로 고쳐야 한다.
해석 계약서 사본 두 장에 서명하세요. 하나는 당신의 파일에 보관하고 다른 하나는 우리에게 돌려 보내주세요.
● **contract** 계약서 **retain** 보유[유지]하다

5 정답 **you → yours**
해설 different from 뒤에 문맥상 '당신의 의견(your opinion)'이 되어야 하므로 you를 소유대명사 yours로 고쳐야 한다.
해석 다른 사람의 의견이 당신의 의견과 다르다고 해서 다른 사람을 비판하는 것은 옳지 않다. ● **criticize** 비난하다

6 정답 ⑤
해설 (A) 문맥상 '그들의 이론(their theories)'을 의미하므로 이를 받는 소유대명사 theirs가 적절.
(B) 문맥상 astronauts를 가리키므로 복수대명사 them이 적절.
(C) 문맥상 the rock samples를 의미하므로 복수대명사 them이 적절.
해석 인류 역사의 많은 시간 동안 사람들은 밤하늘을 올려다보고 달을 보아 왔다. 그들은 달이 무엇으로 이루어져 있는지 궁금해했다. 그들은 달이 얼마나 크고 얼마나 멀리 떨어져 있는지 알고 싶었다. 가장 흥미로운 질문들 중 하나는 "달이 어디에서 왔는가?"였다. 누구도 확실하게 아는 사람은 없었다. 과학자들은 많은 다양한 이론들을 펼쳤지만 그들의 이론이 옳다는 것을 증명할 수 없었다. 그러고 나서 1969년과 1972년 사이에 미국은 우주 비행사들을 달에 보내어 그들(우주비행사들)이 달을 탐사하고 (달의) 암석 샘플을 가지고 지구로 돌아오도록 했다. 과학자들이 그것들을 연구했고 그들은 마침내 달의 기원에 대한 질문에 답할 수 있다. 그들은 달이 지구로부터 만들어졌다고 생각한다.
● **wonder** 궁금해하다 **for sure** 확실히 **develop** 개발하다 **theory** 이론 **prove** 증명하다 **astronaut** 우주 비행사 **explore** 탐험하다

구문 [5-7행] ~, the United States sent astronauts to the moon / to ^Vallow ^Othem ^{C1}**to explore** the moon |and| ^{C2}**return** to Earth with rock samples.

「allow + 목적어 + to-v (목적어가 v하게 하다)」 구문으로 목적격보어인 to explore와 (to) return이 접속사 and로 연결된 병렬구조.

7 **정답** ④

해설 (A) work는 셀 수 없는 명사이므로 a great deal of가 적절.

(B) 앞에 나온 magic을 가리키므로 단수대명사 it으로 받아야 한다.

(C) to free의 의미상 주어 he와 free의 목적어가 같은 대상을 가리키므로 재귀대명사 himself가 적절.

~, **he** demonstrated a remarkable ability to free **himself** from ~.

해석 에리히 바이스는 헝가리 부다페스트에서 1874년에 태어났다. 그가 어렸을 때 그의 가족은 미국으로 이민을 갔다. 여덟 살 때부터 에리히는 가난한 가족을 부양하는 것을 도와야 했기 때문에 신문을 팔고 구두를 닦는 일과 같은 많은 일을 했다. 십 대 시절, 그는 마술에 대한 재능을 발견했다. 그는 마술에 관한 책을 읽고, 카드 마술을 하는 것과 수갑을 채운 상태에서 탈출하는 법을 배웠다. 이 시기에 에리히 바이스는 유명한 마술사 로베르트 후디니의 이름을 따서 자신의 이름을 해리 후디니로 바꾸었다. 그는 마술사로 활동하는 내내, 교도소 감방과 관을 포함해 어떤 감금과 위험한 상황에서도 탈출하는 뛰어난 능력을 보여주었다. 곧 그는 세계적으로 알려졌다.

● immigrate to ~로 이민을 가다 support 부양하다 trick 속임수 escape from ~로부터 탈출하다 handcuff 수갑 after ~을 따라서 throughout ~ 내내; 도처에 demonstrate 보여주다; 증명하다 remarkable 뛰어난 restraint 구속, 감금 prison cell 감방 coffin 관

구문 [5-6행] He ┌**read** books about it
 │ |and|
 └**learned** ┌**to perform** card tricks
  │ |and|
  └**to escape** from handcuffs.

동사 read와 learned가 and로 연결되고, 다시 동사 learned의 목적어 to perform ~과 to escape ~가 and로 연결되는 병렬구조.

8 **정답** ⓐ them / it ⓑ you / yourself

해설 ⓐ control over your life를 의미하므로 단수대명사 it이 적절.

ⓑ 해당 절의 주어인 you와 전치사 of의 목적어가 동일한 대상을 가리키므로 재귀대명사 yourself가 적절.

오답풀이 ⓒ 셀 수 있는 명사의 복수형 fears를 수식할 수 있는 some이 적절.

ⓓ your parents를 의미하므로 복수대명사 them이 적절.

해석 여러분과 여러분의 부모님은 여러분이 독립을 해야 할 속도(시기)와 심지어 독립이 무엇을 의미하는지에 대해서조차 서로 다른 생각을 가지고 있을지 모른다. 여러분의 부모님은 여러분 인생에 대한 통제력을 잃어가고 여러분은 그것을 얻으려 할 때 이것이 다른 수많은 갈등의 원인이 될 수 있다. 여러분이 스스로를 돌볼 수 있다고 부모님이 생각하게 될수록 여러분에게 자유를 허락할 가능성이 더 크다. 부모님께 여러분의 삶에 어떤 일이 일어나고 있는지에 대해 계속 알려드리는 것은 부모님이 느끼는 약간의 두려움을 덜어드리는 데 도움이 될 수 있다. 여러분이 어디에 있는지 알려드리기 위해 부모님께 전화를 거는 것과 같은 작은 행동들은 신뢰를 키울 수 있다. 여러분이 그들의 신뢰를 잃게 하는 어떤 일을 하게 되면 상황은 훨씬 더 힘들어질 수 있다는 것을 꼭 명심하라.

● rate 속도; 비율 independence 독립 conflict 갈등 take care of 돌보다 informed (상황 등을) 잘 아는 ease (고통 등을) 덜어주다, 편해지다 fear 두려움 trust 신뢰

구문 [1-2행] You and your parents may have different ideas (**about** the rate [at **which** you should achieve independence]) |and| even (**about** what independence means).

different ideas를 수식하는 두 개의 전명구 about ~ independence와 about ~ means가 접속사 and로 연결된 병렬구조.

[4-5행] **The more** your parents think you are able to take care of yourself, **the more likely** they will be to allow you your freedom.

「the + 비교급 ~, the + 비교급 … (~하면 할수록 더욱 …하다)」 구문.

UNIT 03 동사의 시제

➡ 1 시간 | 2 과거 | 3 현재완료(계속) | 4 시간 | 5 조건

UNIT Exercise   본문 p. 19

01 **정답** moved

해설 부사절 when I was still an infant는 특정한 과거 시점을 나타내므로 과거시제가 적절.

해석 나의 부모님은 내가 아직 젖먹이였을 때 버몬트로 이사하셨다.

● infant 젖먹이, 유아

02 **정답** was

해설 last year는 명백한 과거 시점을 나타내므로 과거시제가 적절.

해석 작년 이맘때쯤 나는 한 이집트인 부부의 집의 저녁 식사에 초대되었다.

03 **정답** joined

해설 in 2007은 명백한 과거 시점을 나타내므로 과거시제가 적절.

해석 그는 무언가 색다르고 도전적인 일을 해보고 싶어서 2007년도에 입대했다. ● army 군대 challenging 도전적인

04 **정답** has collected

해설 과거부터 현재까지의 기간을 나타내는 부사구 for the past ten years now와 함께 쓰여 계속된 동작을 나타내므로 현재완료가 적절.

해석 그 기관은 지금까지 십 년간 안면 인식 프로그램에 사용할 수백만 개의 얼굴 이미지를 수집해왔다. ● agency (특정 서비스를 제공하는) 단체, 기관 facial 얼굴의 recognition 인식, 알아봄

05 **정답** have been

해설 Since가 이끄는 시간의 부사구 Since ~ century와 함께 쓰여 과거부터 현재까지 계속된 동작을 나타내므로 현재완료진행시제가 적절.

해석 20세기 중반 이후로 많은 국가에서 온 과학자들이 거대한 '실험실'에서 함께 작업해오고 있다. ● laboratory 실험실

06 정답 **is**

해설 접속사 until이 이끄는 시간의 부사절이므로 현재시제가 미래시제를 대신해 쓰인다.

해석 세계 경제는 소기업과 개인에 대한 은행의 대출이 완전히 상환되고 나서야 회복될 것이다.

● **economy** 경제; 경기 **recover** 회복하다 **lending** 대출; 빌려주기 **individual** 개인; 각각의 **restore** 돌려주다; 회복시키다

07 정답 **do**

해설 접속사 unless가 이끄는 조건의 부사절이므로 현재시제가 미래시제 대신 쓰인다.

해석 직장 생활의 압박감은 종종 사람들로 하여금 밤늦게까지 일하도록 한다. 어떤 사람들은 자신이 직접 그 일을 하지 않으면 일이 절대로 끝나지 않을 것이라고 믿는 경향이 있다. ● **pressure** 압박 **career** 직업; 직장 생활

08 정답 ○

해설 if는 '~인지 아닌지'의 의미로 조건의 부사절이 아니라 동사 wonder의 목적어 역할을 하는 명사절을 이끈다. 따라서 미래를 나타내는 문맥에 맞게 미래시제를 쓴다.

해석 많은 젊은이들이 과연 자신들이 진정한 사랑을 찾아 결혼을 할지 궁금해한다.

09 정답 ○

해설 문맥으로 보아 이미 과거에 끝난 일이므로 과거시제 took은 적절하다. 여기서의 since는 '이유'를 나타내는 것이므로 현재완료와 잘 쓰이는 부사절로 착각하지 말아야 한다.

해석 차량들이 거의 없었기 때문에 우리는 여유로운 드라이브를 했고 가다가 몇 군데 정차도 했다. 정말로 아주 경치 좋고 멋진 드라이브였다!

● **leisurely** 여유로운, 느긋한 **scenic** 경치 좋은

10 정답 ✕ / **begins**

해설 after가 이끄는 시간의 부사절에서는 현재시제가 미래시제 대신 쓰여야 하므로 begins로 고쳐야 한다.

해석 시험이 시작된 후에는 아무도 시험장에 들어갈 수 없다는 것을 유념하십시오. ● **note** ~에 주의하다

UNIT 03 실력다지기

본문 p. 20

1 정답 **is back on → will be back on**

해설 의문사 when(언제)이 시간의 부사절이 아니라 동사 aren't sure의 목적어 역할을 하는 명사절을 이끈다. 따라서 미래를 나타내는 문맥에 맞게 미래시제를 써야 하므로 is back on을 will be back on으로 고쳐야 한다.

해석 강한 지진 후에, 시 공무원들은 아직 피해를 가늠하는 중이어서 언제 전력이 들어올지를 확신하지 못한다 ● **assess** 재다[가늠하다]; 평가하다

2 정답 **was → has been**

해설 문맥상 과거부터 현재까지의 기간을 나타내는 부사구(ever since)와 함께 쓰여 계속되는 상태를 나타내므로 was를 현재완료 has been으로 고쳐야 한다.

해석 누나는 벌에 한 번 쏘였고 그때부터 벌들을 무서워한다. ● **sting** 쏘다

3 정답 **will try → try**

해설 Once가 이끄는 조건의 부사절에서는 현재시제가 미래시제 대신 쓰여야 하므로 will try를 try로 고쳐야 한다.

해석 크랜베리 소스를 곁들인 구운 칠면조를 한번 먹어보면, 거부할 수 없을 것이다. ● **roast** 구운; 굽다 **turkey** 칠면조 **resist** 참다

4 정답 **will be → is**

해설 until이 이끄는 시간의 부사절에서는 현재시제가 미래시제 대신 쓰여야 하므로 will be를 is로 고쳐야 한다.

해석 노동자들은 임금 인상 요구가 관철될 때까지 파업에 돌입할 것이다.

● **strike** 파업 **wage** 임금

5 정답 **have started → started**

해설 in 2018이 명백한 과거 시점을 나타내므로 have started를 과거형인 started로 고쳐야 한다.

해석 James와 동료들은 대학을 졸업하고 2018년부터 방송국에서 일하기 시작했다. ● **colleague** 동료 **broadcasting station** 방송국

6 정답 ③

해설 (A) since가 이끄는 시간의 부사절이 있고 문맥상 과거에서 현재까지 계속된 상태를 의미하므로 현재완료가 적절.

(B) 부사구 for a long time이 있고 문맥상 과거에서 현재까지 계속된 상태를 의미하므로 현재완료가 적절.

(C) when으로 시작되는 시간의 부사절은 과거의 특정 시점을 나타내므로 과거시제가 적절.

해석 몇몇 연구들은 인구 증가와 삼림 파괴 사이의 강력한 통계적 상관관계를 보여준다. 이것은 사람들이 식량 경작을 위해 땅을 개척하기 시작한 이래로 숲이 줄어들고 있기 때문이다. 열대 지방의 삼림 파괴는 오랫동안 복잡한 문제가 되어왔다. 그러나 그것을 단지 인구 과잉의 탓으로만 돌릴 수는 없다. 다양한 경제적, 사회적, 행정적 요인들이 상호 작용하여 삼림 파괴를 유발한다. 정부 정책이 때로 숲의 제거를 지지하는 건설 공사에 대한 장려책을 제공하기도 한다. 브라질 정부가 1950년대 말 벨렘 브라질리아 고속도로를 건설했을 때 정착을 위해 아마존 국경을 개방했고, 그 고속도로는 아마존 강 유역을 가로질렀다.

● **statistical** 통계적인, 통계의 **correlation** 상관관계, 연관성 **deforestation** 삼림 파괴[벌목] **decline** 줄어들다; 감소 **clear** 개척하다 **cultivation** 경작 **blame** ~의 탓으로 돌리다 **solely** 오로지, 단지 **a variety of** 다양한, 여러 가지의 **governmental** 행정적인; 정부의 **interact** 상호 작용하다, 서로 영향을 끼치다 **policy** 정책 **incentive** 장려책 **construction** 건설 **favor** 지지하다, 찬성하다 **removal** 제거 **frontier** 국경 **settlement** 정착

구문 [6-7행] Government policies sometimes provide incentives for construction [**that** favor the removal of forests].

관계대명사 that이 이끄는 절이 선행사 incentives for construction을 수식하는 구조

[7~9행] ~ they constructed the Belém-Brasilia Highway in the late 1950s, **which** cut through the Amazon Basin.

관계대명사 which는 콤마(,) 뒤에서 선행사 the Belém-Brasilia Highway를 보충 설명하는 계속적 용법으로 쓰였다.

7 정답 ④

해설 (A) 동명사구 주어(Waiting ~ late)는 단수 취급한다.

(B) 'as soon as(~하자마자)'가 이끄는 시간의 부사절이므로 현재시제가 미래시제를 대신한다.

(C) 여기서 When은 시간의 부사절을 이끌므로 현재시제가 미래시제를 대신한다.

해석 항상 늦는 사람들을 기다리는 것은 불만스럽거나 훨씬 더 나쁜데, 만일 기다리는 것이 당신으로 하여금 정말 중요한 약속을 놓치게 하면 그렇다. 그러나 화내지 마라. 늦으면 어떤 일이 일어나는지 늦게 온 사람에게 정확하게 말해주어라. 예를 들면, "나는 네가 나로 하여금 마치 내 삶보다 너의 삶이 더 중요한 것처럼 느끼게 하려고 의도한 건 아니라는 걸 알지만 내가 널 계속 기다리는 동안은 그렇게 느껴져."라고. 무엇이 그들을 항상 그토록 늦게 만드는지 알고 있는지를 묻고, 문제를 해결하도록 돕겠다고 제안해라. 앞으로는 그들이 조금이라도 늦으면 당신은 기다리기보다 자리를 뜰 것임을 알게 해라. 당신이 이렇게 할 때, 그들은 당신을 또 기다리게 하면서 당신의 시간을 낭비하지 않도록 노력할 것이다.

● **frustrating** 불만스러운, 좌절감을 주는 **appointment** 약속 **latecomer** 늦게 온 사람 **for instance** 예를 들면 **as if** 마치 ~인 것처럼 **offer** 제안하다; 제공하다 **as soon as** ~하자마자 **A rather than B** B보다는 A **make an effort** 노력하다

구문 [3-5행] ~, "**I know** you don't mean to make me feel / as if your life is more important than mine, // |but| **that's** how it seems / while I am kept waiting for you."
절(I know ~ feel)과 절(that's ~ seems)이 접속사 but으로 연결된 병렬구조이며, 각 절에 as if와 while이 이끄는 부사절이 딸려 있다.

[5-6행] **Ask** // if ˢthey ⱽknow / ᴼwhat makes them so late
　　　　　　　 V₁　　　　　　　　　　　　　O₁
all the time |and| **offer** ~.
　　　　　　　　　 V₂
명령문의 동사 Ask와 offer가 접속사 and로 연결된 병렬구조. 접속사 if가 이끄는 절은 동사 Ask의 목적어 역할을 하는 명사절이다.

8 **정답** (1) @ **was** (2) ⓑ **have been**
해설 @ 명백한 과거 시점을 나타내는 부사구 in the Middle Ages가 있으므로 과거시제가 적절.
ⓑ ever since라는 시간의 부사구가 있으므로 현재완료가 적절.
오답풀이 ⓒ <so + V + S (~도 또한 그렇다)> 구문에서 주어는 동사 뒤에 오는 the cost of the fabrics이므로 단수동사로 받아야 한다. of the fabrics는 the cost를 수식하는 수식어구이다.
해석 물레는 중세 시대에 동양에서 유럽으로 전해졌다. 이것은 어떤 여성들에게는 독신녀로 독립하여 살아갈 수 있게 했고, 다른 여성들에게는 다른 일을 할 수 있는 시간을 주었다. 이후로 줄곧 전 세계의 국가들은 산업화의 길을 걸어왔다. 천을 만드는 데 필요한 노동력이 줄었기 때문에 천의 가격도 내려갔다. 리넨은 너무 싸져서 사람들은 그 천이 닳으면 수선하는 대신에 버려져야 할 것으로 생각하기 시작했다. 그래서 많은 양의 넝마가 생겼는데, 이는 종이를 만드는 데 넝마를 사용하는 아이디어로 이어졌다. 이에 따라 결과적으로 사용할 수 있게 된 종이가 많아진 것은 매우 중요했다. 종이가 많지 않으면 기계 인쇄술은 불가능한 것이다.

● **spinning wheel** 물레 **spinster** 독신녀 **industrialization** 산업화 **fabric** 천, 직물 **regard A as B** A를 B로 여기다 **dispose of** ~을 없애다[버리다] **quantity** 양 **excess** 지나침, 과잉 **abundance** 많음, 풍부 **mechanical** 기계로 작동되는 **impractical** 불가능한; 비현실적인

구문 [2-3행] This made **it** possible for some women **to**
　　　　　　　　　 S　 V　O　C　　　　　　　 의미상의 주어
support themselves as spinsters, ~.
　　　　 O'(진목적어)
it은 가목적어, to support ~ spinsters는 진목적어이다.

[5-6행] Linen became **so** inexpensive **that** people began to regard it / as something to be disposed of // when it became worn, / instead of repairing it.
「so ~ that ... (매우 ~해서 …하다)」 구문.

[8행] In turn, **the excess** (of paper) [that became available
　　　　　　　　 S ↑＿＿＿＿＿＿＿＿↑
as a result] **was** very important.
　　　　　　　 V

UNIT 04 조동사와 법

➡ 1 현재나 미래 | 2 시간 | 3 현재나 미래 | 4 had p.p. | 5 과거 | 6 당위성

UNIT Exercise

본문 p. 23

01 **정답** **have made**
해설 '그 전날 예약했어야 했는데 (하지 않아서 유감이다)'의 의미로 과거 사실에 대한 후회를 나타내는 문맥이므로 should have p.p. 형태가 적절.
해석 우리가 11시 반에 도착했음에도 불구하고 그 식당은 모두 예약되어 있었다. 우리는 그 전날 예약을 했어야 했다.
● **booked** 예약된 **reservation** 예약

02 **정답** **can't**
해설 문맥상 '청력이 음성 언어를 발달시키는 주된 이유였을 리가 없다'라는 강한 부정적 추측의 의미가 와야 하므로 can't가 적절하다.
해석 우리는 고릴라가 청력이 좋다는 것을 알고 있기 때문에 청력이 우리가 음성 언어를 발달시킨 주된 이유였을 리가 없다고 추측할 수 있다.
● **major** 주요한

03 **정답** **must**
해설 문맥상 '궁금해했음이 틀림없다'라는 의미의 과거 사실에 대한 강한 긍정적 추측이므로 must have p.p.의 형태가 적절.
해석 초기 인류가 달의 변화를 보았을 때, 그들은 매일 밤 달이 왜 다르게 보이는지 궁금해했음이 틀림없다.

04 **정답** **rise**
해설 if절의 동사가 과거형(melted)이고 문맥상 현재나 미래에 있을 법하지 않은 일을 가정하므로 가정법 과거 구문이다. 따라서 주절은 「조동사 과거형 + 동사원형」이 적절.
해석 남극 대륙의 얼음이 모두 녹으면 전 세계의 해수면은 60미터 상승할 텐데. ● **melt** 녹다; 녹이다 **sea level** 해수면

05 **정답** **had been**
해설 주절과 if절 모두 과거에 있을 법하지 않은 일을 가정하는 것이므로 if절은 가정법 과거완료인 had p.p. 형태가 적절.
해석 녹음이 50년만 일찍 발명되었더라면 베토벤의 연주는 녹음될 수 있었을 텐데. ● **recording** 녹음 **performance** 연주 **record** 녹음하다

06 **정답** **should**
해설 '~했어야 했는데 (하지 않아서 유감이다)'라는 뜻으로 과거 사실에 대한 후회를 나타내는 문맥이므로 should have p.p. 형태가 적절.
해석 그는 아프기 시작했을 때 진찰을 받았어야 했다. 이제 그가 회복하려면 더 오래 걸릴 것이다. ● **recover** 회복하다

07 **정답** **be**
해설 주절에 제안을 나타내는 동사 recommend가 있고 that절의 내용

이 '~해야 한다'라는 당위성을 내포하고 있으므로 「(should +) 동사원형」이 와야 한다.

해석 김 박사는 서류상의 어떤 변경 사항이나 추가 사항도 다음 주 수요일까지 의료팀에 전달되어야 한다고 권했다. ● recommend 권고하다 addition 추가(된 것), 부가 document 서류, 문서 medical 의료의

08 정답 ○

해설 문맥상 '(과거에) ~하지 말았어야 했는데 (해서 유감이다)'라는 의미이므로 「shouldn't have p.p.」가 적절.

해석 수업 끝나고 낮잠을 자지 말았어야 했다. 지금은 잠이 완전히 깨서 아마 금방 잠들지 못할 것 같다. ● wide awake 완전히 깨어 있는, 아주 잠이 깨어

09 정답 ✕ / went

해설 주절의 동사가 「조동사 과거형 + 동사원형」이고 문맥상 현재 있을 법하지 않은 일을 가정하는 가정법 과거 구문이므로, if절에는 동사의 과거형인 went를 써야 한다.

해석 만약 꿀벌들이 모두 멸종된다면, 그것은 생태계 전체의 균형을 손상시키고 전 세계의 식량 공급에 영향을 미칠 것이다. ● go extinct 멸종되다 ecosystem 생태계 supply 공급

10 정답 ○

해설 주절에 쓰인 suggest는 '제안하다'가 아니라 '시사[암시]하다'라는 뜻이며, that절의 내용은 당위성을 내포하지 않고 사실적인 정보를 전달하므로 시제에 맞도록 쓴 것이 적절.

해석 연구는 그 지역 사람들의 단백질 섭취의 절반이 해양 자원으로부터 온다는 것을 암시한다.

● protein 단백질 intake 섭취 marine 바다[해양]의

UNIT 04 실력다지기

1 정답 ⓑ, ⓓ, ⓔ, ⓕ

해설 ⓑ if절의 동사가 「had p.p.」이고 문맥상 과거 사실을 반대로 가정하는 가정법 과거완료 구문이므로, 주절의 동사는 「조동사 과거형 + have p.p.」의 형태인 would not have happened가 적절히 쓰였다.

ⓓ 주절의 동사가 「조동사 과거형 + 동사원형」이고 문맥상 현재 사실을 반대로 가정하고 있다. 또한, if절도 '(현재 사실과 반대되어) ~라면'이라는 의미이므로 가정법 과거 구문이다. 따라서 if절의 동사로 과거형인 had가 적절히 쓰였다.

ⓔ if절의 동사가 「had p.p.」로서 문맥상 과거 사실을 반대로 가정하는 가정법 과거완료 구문이므로, 주절의 동사로 「조동사 과거형 + have p.p.」의 형태인 wouldn't have left가 적절히 쓰였다.

ⓕ 문맥상 과거의 일에 대한 강한 긍정적 추측이 되어야 하므로 「must have p.p.」의 형태인 must have brought는 적절히 쓰였다.

오답풀이 ⓐ 문맥상 '(과거에) ~하지 말았어야 했는데 (해서 유감이다)'라는 의미가 되어야 하므로 cannot have bought를 shouldn't[should not] have bought로 고쳐야 한다.

ⓒ that 이하는 '감염되었을지도 모른다'라는 뜻으로, 과거 사실에 대한 추측을 나타내는 문맥이므로 「may have p.p.」의 형태인 may have been이 되어야 한다. they had to kill이 과거 사실임을 보여준다.

해석 ⓐ 애초에 중고차를 사지 말았어야 했다. 그것을 고치는 데 엄청난 돈이 들었다.

ⓑ 운전자가 졸지 않았다면, 그 끔찍한 사고는 일어나지 않았을 것이다.

● doze off 졸다

ⓒ 질병이 퍼지는 것을 막기 위해, 그들은 그것에 감염되었을지도 모르는 많은 새들을 죽여야만 했다. ● prevent 막다 infect 감염시키다

ⓓ 그녀가 성인 학습자를 가르친 경험이 있다면, 쉽게 일자리를 구할 수 있을 텐데.

ⓔ 또 다른 일자리를 찾는 것이 얼마나 어려운 일인지를 알았더라면 퇴직하지 않았을 텐데.

ⓕ 불은 우리 조상들의 삶에 커다란 변화를 가져왔을 것임이 틀림없다. 갑작스레, 그들은 음식을 익힐 수 있었으며 집을 따뜻하게 할 수 있었다.

● ancestor 조상

2 정답 ②

해설 (A) If가 이끄는 조건의 부사절이므로 현재시제가 미래시제 대신 쓰인다.

(B) If절에 동사의 과거형(didn't have)이 쓰여 현재 사실을 반대로 가정하는 가정법 과거 구문. 따라서 주절은 「조동사 과거형 + 동사원형」이 적절.

(C) teddy bears를 가리키므로 복수대명사 them이 적절.

해석 곰 인형의 얼굴을 자세히 보면 많은 입들이 대문자 Y를 거꾸로 한 것과 같은 모양이라는 것을 알 수 있을 것이다. 그 모양은 코와 눈이 입에 맞춰지도록 하려고 얼굴을 조정하는 데 사용된다. 이유야 어떻든 뒤집어진 Y가 없으면 그 곰 인형에게는 우리가 그려진 얼굴이라고 여기는 그 표정이 없을 것이다. 몇몇 심리학자들은 이 찡그림이 곰 인형이 마치 주인의 말을 기꺼이 들으려고 하는 것처럼 보이게 하는 편안한 표정을 만들어낸다고 믿는다. 곰 인형의 감정이 숨겨져 있기 때문에 아이는 이 곰 인형에게 자신의 감정을 쏟을 수 있다. 곰 인형을 만든 제작자들은 이렇게 말한다. "곰 인형은 기대어 울 어깨가 필요한 아이들에게 안도감을 갖게 하는 물건이다."

● upside-down 거꾸로의 conform (~에) 맞추다, 일치시키다 inverted 뒤집어진, 반대의 interpret 이해하다; 해석하다 frown 찡그린 얼굴 psychologist 심리학자 be willing to-v 기꺼이 v하다 pour 쏟다, 퍼붓다 creator 제작자 security blanket 아이가 안도감을 얻기 위해 껴안는 담요[물건]

구문 [2-3행] The shape is used to align the face // **so that** the nose and eyes conform to the mouth.
「so that ~ (~할 수 있도록)」 구문.

[5-6행] ~ this frown gives teddy bears a relaxed look [**that** ᵛmakes ᴼthem ᶜseem willing to listen to their owners].
관계대명사 that이 이끄는 절이 선행사 a relaxed look을 수식하는 구조.

3 정답 ①

해설 (A) 문장의 주어는 The number이므로 단수동사인 has가 적절. of people ~ machines는 수식어구이다.

(B) 주절의 동사가 제안을 나타내는 suggest이고 that절의 내용이 당위성을 내포하므로 should be 또는 be가 적절.

(C) 「There + V + S」 구문에서 주어는 동사 뒤에 오는 growing attention이므로 단수동사인 is가 적절.

해석 오늘날 기계를 구입하고 소장하며 사용하는 사람들의 수는 크게 늘었다. 그러나 동시에, (기계) 사용에 있어서의 이러한 증가를 제한하기 위해 다양한 힘이 작용하고 있다. 예를 들어, 사회학자들은 아이들과 십 대들이 휴대 전화를 사용하는 방법과 정도, 둘 다를 조심해야 한다고 제안하고 있다. 또한 휴대 전화에 의해 발생하는 전자기 공해와 독성 폐기물에 대한 문제들에도 관심이 증가하고 있다. 그러한 문제들은 각 전화(가 개발되는) 세대의 수명이 줄어듦에 따라 더 악화될 것들이다.

• **electromagnetic** 전자기의 **pollution** 오염; 공해 **toxic waste** 독성 폐기물 **worsen** 악화되다 **lifespan** 수명 **generation** 세대 (비슷한 연령층이나 약 30년을 주기로 하는 시대 구분 또는 과학 기술의 발전 단계 등을 말함) **shorten** 짧게 하다, 단축하다

구문 [3-4행] Social scientists, for example, are suggesting / that *children and teenagers* (should) be careful / in both **how** and **how much** *they* use *their* mobile phones.
how와 how much가 뒤에 나오는 they use their mobile phones에 공통으로 연결된다. 셋째 줄의 they와 their는 children and teenagers를 받는다.

[4-7행] There is also growing attention to problems (of electromagnetic pollution and toxic waste (created by mobile phones)) — problems [**that** will worsen / **as** the lifespan of each generation of phones shortens].
대시(—) 이하의 problems ~는 앞에 나온 problems of ~ by mobile phones를 보충 설명한다. as는 '~함에 따라'라는 의미의 접속사.

4 **정답** ②
해설 (A) 부분을 나타내는 표현 「most of + 명사」는 of 뒤에 나오는 명사(N)의 수에 수일치시킨다. the profile sketches가 복수명사이므로 복수동사 have가 적절. of aliens는 수식어구이다.
(B) 문맥상 '가능성이 있을 리가 없다'라는 강한 부정적 추측의 의미가 와야 하므로 cannot이 적절.
(C) that절 앞에 주장을 나타내는 동사 insist가 있고 문맥상 '~해야 한다'는 당위성을 내포하므로 「(should +) 동사원형」이 적절.
해석 1977년의 영화 《미지와의 조우》의 뒤를 이어 외계인 납치 이야기들은 빠르게 증가했다. 게다가 외계인 윤곽을 스케치한 것들의 대부분은 《엑스 파일》의 외계인처럼 현재 방영되는 외계인과 매우 닮아 있다. 그리고 특이하게 이런 모든 외계인들은 또 다른 생명체인 인간과 닮았다. 그러나 마이클 셔머가 언급했듯이, "지구상의 무수히 많은 종들 중에서 인간만이 두 발로 걷는 유일한 종이다. 은하계의 다른 곳에 비슷한 생물이 또 존재할 리 없다." 아마도 그것은 우리가 매우 특별하다고 느껴서 우주에 있는 다른 어떤 초특급 생명체도 우리처럼 보여야 한다고 주장하기 때문일 것이다.
• **alien** 외계인의; 외계인; 외계의 **abduction** 납치 **profile** 윤곽, 외형 **have a resemblance to** ~을 닮다, 유사성이 있다 **currently** 현재, 지금 **extraterrestrial** 외계인 **oddly** 특이하게 **resemble** 닮다, 비슷하다 **note** 주목하다; 언급하다 **species** 종(種) **existence** 존재
구문 [5-6행] ~, "Of the hundreds and hundreds of millions of species on Earth, humans are the only ones [**that** walk on two legs].
관계대명사 that이 이끄는 절이 선행사 the only ones를 수식하는 구조.

5 **정답** (1) **cannot have been** (2) **may[might] have been**
해설 (1) because 이하의 내용으로 인해 피타고라스가 그 정리를 발견한 첫 번째 사람이었다는 과거 사실을 강하게 부정하는 「cannot have p.p.」 형태가 되어야 한다.
(2) 바로 이전 내용과 However로 연결되어 있으므로, 그가 그 정리를 발견한 첫 번째 사람이었을 리는 없지만 그것을 그리스인들에게 도입한 첫 번째 사람일 가능성은 있다는 문맥이 자연스럽다. 그러므로 과거 사실에 대한 추측인 「may[might] have p.p.」 형태가 되어야 한다.

해석 그리스 철학자인 피타고라스는 수학적 발견들로 오늘날 가장 유명하지만, 역사가들은 그가 실제로 그 분야에 중요한 공헌을 했는지 아닌지에 대해 논쟁한다. 피타고라스보다 수 세기 이전에 바빌로니아인들과 인도인들이 그의 유명한 정리를 알고 사용했기 때문에 그가 그것을 발견한 첫 번째 사람이었을 리가 없다. 그러나, 그가 그것을 그리스인들에게 도입한 첫 번째 사람이었을 가능성은 있다.
• **mathematical** 수학적인, 수학상의 **dispute** 논쟁하다, 이의를 제기하다 **significant** 중요한, 의미 있는 **contribution** 기여, 기부금 **field** 분야 **introduce** 도입하다

UNIT 05 능동태 VS. 수동태

➡ 1 be동사 | 2 주어 | 3 자동사 | 4 선행사 | 5 ~하는 데 사용되다 |
6 의미상(의) 주어

UNIT Exercise

본문 p. 27

01 **정답** **be kept**
해설 뾰루지가 '유지되는' 것이므로 주어(The rash)와 동사(keep)는 수동관계이다.
해석 뾰루지는 물로 (씻어) 청결하게 유지되고 거즈 붕대로 느슨하게 덮여야 한다. • **rash** 뾰루지 **loosely** 느슨하게 **bandage** 붕대

02 **정답** **being used**
해설 돈이 '쓰이고 있는' 것이므로 해당 절의 주어인 your money와 동사 use는 수동관계이다. 진행형의 수동태는 「be동사 + being + p.p.」
해석 이 기관의 어느 곳에라도 기부를 하시면, 귀하의 돈이 사람들이 가난을 극복하는 데 도움을 주기 위해 쓰이고 있다는 것을 확신하실 수 있습니다.
• **donate** 기부하다 **organization** 기관 **poverty** 빈곤

03 **정답** **been found**
해설 유골, 보석, 금이 '발견되지 않은' 것이므로 주어(No skeletons, ~ gold)와 동사(find)는 수동관계이다. 완료형의 수동태는 「have/has/had + been + p.p.」
해석 그 재난 지역에서는 유골이나 보석이나 금이 발견되지 않았다. 주민들은 재난이 있기 전에 대피했음이 틀림없다.
• **skeleton** 해골, 유골 **precious** 귀중한 **jewelry** 보석(류) **disaster** 재난, 재해 **resident** 주민 **evacuate** 대피하다

04 **정답** **occur**
해설 occur는 자동사이므로 수동태로 쓸 수 없다.
해석 화산 폭발, 화재, 홍수, 허리케인과 같은 자연재해는 세계 어딘가에서 매년 발생한다. • **natural disaster** 자연재해 **volcanic** 화산의 **eruption** 폭발, 분출 **hurricane** 허리케인

05 **정답** **relieve**
해설 문맥상 아스피린이 '~하는 데[~하기 위해] 사용되다'라는 의미이므로 「be used to-v」가 적절하다.
해석 아스피린은 통증을 완화하기 위해 사용되는데, 특히 두통과 관절염의 통증일 때 그렇다. • **aspirin** 아스피린 **relieve** (고통 등을) 덜어주다, 완화하다 **especially** 특히

06 정답 **be allowed**

해설 앵무새가 '허용되어야' 한다는 것이므로 Parrots와 allow는 수동관계.

해석 앵무새들은 충분한 공간과 자극을 줄 수 없는 새장 밖으로 나오도록 허용되어야 한다. ● **parrot** 앵무새 **cage** 새장 **stimulation** 자극

07 정답 **building**

해설 의미상 주어는 '우리'이므로 build와는 능동관계.

해석 토네이도는 일반적으로 피해갈 수 없는 자연재해로 여겨진다. 그러나 한 과학자는 우리가 거대한 벽을 건설해서 토네이도를 멈출 수 있다고 믿고 있다. ● **unavoidable** 피할 수 없는 **giant** 거대한

08 정답 **✕ / using**

해설 브랜드들이 '사용하는' 것이므로 Brands와 use는 능동관계. 능동을 나타내는 완료시제가 되도록 동사를 have been using으로 고쳐야 한다.

해석 브랜드들은 자신들의 브랜드에 대한 이야기를 들려주기 위해 TV 광고와 소셜 미디어 사이트를 사용해오고 있다. ● **commercial** 광고

09 정답 **✕ / was given**

해설 4형식 문장의 수동태로서 대표팀이 환영을 '받은' 것이므로 주어(The Korean ~ Japan)와 동사(give)는 수동관계. 수동태인 was given으로 고쳐야 한다.

해석 일본에서 돌아온 한국 대표팀은 상상할 수 없을 정도로 열렬한 팬들의 환영을 받았다. ● **national** 국가를 대표하는; 국가의 **unimaginably** 상상할 수 없을 정도의 **rousing** 열렬한

10 정답 **◯**

해설 선행사는 parents로서 그들이 자신들의 감정과 접촉을 '피하는' 것이므로 선행사(parents)와 관계사절의 동사(avoid)는 능동관계.

해석 감정 이입이 부족한 사람들은 자신의 감정과 접촉을 피했던 부모들에 의해 길러졌을지도 모른다. ● **empathy** 감정 이입

UNIT 05 실력다지기

본문 p. 28

1 정답 **◯**

해설 발전소가 '건설되는' 것이므로 주어(The solar power plant)와 동사(construct)는 수동관계.

해석 태양열 발전소는 그 국가의 남동부에 건설되고 있으며 2022년 말까지 완공될 것이다. ● **solar power plant** 태양열 발전소 **construct** 건설하다

2 정답 **✕ / delaying**

해설 행정부가 결정을 '미루는' 것이므로 주어(The administration)와 동사(delay)는 능동관계. 능동을 나타내는 완료시제가 되도록 동사를 has delayed나 has been delaying으로 고쳐야 한다.

해석 행정부는 논란이 많은 송유관 사업에 대한 결정을 내년 말까지 미루어오고 있는 중이다. ● **administration** 행정부 **controversial** 논란이 많은 **pipeline** 송유관

3 정답 **✕ / were discovered**

해설 발자국이 '발견된' 것이므로 선행사(some ~ footprints)와 관계사절의 동사(discover)는 수동관계. 수와 시제에 맞게 관계사절의 동사를 were discovered로 고쳐야 한다.

해석 고고학자들은 스코틀랜드 해안에서 발견된 거대한 공룡 발자국을 연구하고 있다. ● **giant** 거대한 **footprint** 발자국 **discover** 발견하다

4 정답 **✕ / was appointed**

해설 피겨 스케이팅 선수가 '위촉된' 것이므로 주어(The ~ skater)와 동사(appoint)는 수동관계. 동사를 was appointed로 고쳐야 한다.

해석 전설적인 피겨 스케이팅 선수가 2018 평창 동계 올림픽 홍보 대사로 위촉되었다.

● **legendary** 전설적인 **honorary ambassador** 홍보 대사

5 정답 **✕ / been injured**

해설 사람들이 '부상을 당한' 것이므로 주어(Hundreds of people)와 동사(injure)는 수동관계. 동사를 완료형 수동태인 have been injured로 고쳐야 한다.

해석 지진으로 수백 명의 사람들이 부상을 입고 수많은 집들이 파괴되었다. ● **countless** 무수한, 셀 수 없이 많은 **injure** 부상을 입게 하다 **destroy** 파괴하다 **earthquake** 지진

6 정답 **①**

해설 (A) 용수로가 물을 '끌어오는' 것이므로 bring in과는 능동관계.

(B) exist는 자동사이므로 수동태로 쓸 수 없다.

(C) 그리스 작가들이 이야기를 '들은' 것이므로 선행사(Greek writers)와 관계사절의 동사(hear)는 능동관계.

해석 어떤 남자들은 자신의 여자 친구에게 꽃을 주는데, 바빌론의 통치자인 네부카드네자르 2세는 자신의 부인에게 숲 전체를 주었다. 네부카드네자르는 세미라미스라는 이름의 페르시아 출신 공주와 결혼했는데, 그녀는 고국의 산을 그리워했다. 그녀를 위로하기 위해 왕은 화초와 폭포로 뒤덮인 계단식 피라미드를 지었다. 그 정원은 근처의 유프라테스강에서 물을 끌어오는 용수로 때문에 일 년 내내 푸르렀다. 실제로 이 정원은 아마 존재하지 않았을 것이다. 우리가 그것에 관해 가지고 있는 유일한 서술은, 메소포타미아를 실제로 방문해 본 적이 전혀 없었지만 귀환 중인 병사들로부터 몇 가지 굉장한 이야기를 들었던 그리스 작가들에게서 온 것이다.

● **ruler** 통치자 **homeland** 고향 **console** 위로하다 **greenery** 화초 **waterfall** 폭포 **year-round** 일 년 내내 **irrigation canal** 용수로, 관개 수로 **description** 서술, 기술

구문 [7-9행] The only descriptions [(that) we have ● of them] come from Greek writers [who never actually visited Mesopotamia *but* had heard some great stories from returning soldiers].

생략된 관계대명사 that이 이끄는 절이 선행사 The only descriptions 를 수식한다. 관계대명사 who가 이끄는 절이 선행사 Greek writers를 수식하고 있다. 이 관계사절에서 visited와 had heard는 접속사 but으로 연결된 병렬구조를 이루고 있다.

7 정답 **③**

해설 (A) 어린아이들이 '벌을 받고 있는' 것이므로 선행사(the many young children)와 관계사절의 동사(punish)는 수동관계.

(B) 무언가가 걸음마를 배우는 아기들에게 '기대되는' 것이므로 what과 expect는 수동관계.

(C) 걸음마를 배우는 아기들에게 타임아웃이 '주어지는' 것이므로 toddlers와 give는 수동관계.

해석 대부분의 경우에 어린아이들은 잘못된 행동을 하는 게 아니라 그냥 '나이에 걸맞게 행동하고' 있다. 발육상으로 적절한 행동을 한 것으로 벌을 받고 있는 많은 어린아이들을 생각하면 정말 슬픈 일이다. 예를 들면, 걸음마를

배우는 아기들은 자신들에게 기대되는 것을 이해할 정도로 두뇌가 아직 충분히 발달하지 않았는데도, '말을 안 듣는다'고 벌을 받는다. 그들은 자신들이 원하는 것을 얻어내기 위한 언어를 갖추지 못했다. 걸음마를 배우는 아기들이 원인과 결과를 진정으로 이해할 수 있는 능력이 아직 발달하지 않았는데 타임아웃(잘못을 저지른 아이가 짧은 시간 동안 혼자 있게 하는 것)이 주어져 벌을 받는 것을 보면 가슴이 아프다. 게다가 잘못된 행동으로 간주되는 행동은 종종 배고픔이나 피곤함과 같이 어쩔 수 없는 상황에 기인하는데, 이는 '잘못된 행동'이라는 꼬리표를 다는 대신 아이에 대해 더욱더 연민을 가져야 하는 이유이다.

● **misbehave** 잘못된 행동을 하다 **punish** 처벌하다, 벌주다 **developmentally** 발육상으로 **appropriate** 적절한 **toddler** 걸음마를 배우는 아이 **naughty** 말을 안 듣는, 버릇없는 **sufficiently** 충분히 **heartbreaking** 가슴 아프게 하는 **capability** 능력 **cause and effect** 원인과 결과 **furthermore** 게다가 **perceive** 인지하다 **due to** ~에 기인한 **circumstance** 환경, 상황 **fatigue** 피로 **all the more reason to-v** 더욱 v한 이유가 되는 **compassion** 연민, 동정심 **label** 꼬리표; 상표

구문 [1-3행] It is truly sad to think of the many young children [**who** are being punished for behavior [**that** is developmentally appropriate]].

「It(가주어) ~ to-v(진주어)」 구문이 쓰였으며, 진주어는 to think ~ appropriate이다. 관계대명사 who가 이끄는 절이 선행사 the many young children을 수식하고 이 관계사절 내에서 또 다른 관계대명사 that이 이끄는 절이 선행사 behavior를 수식하는 구조이다.

[6-7행] It is heartbreaking to ᵛsee ᴼtoddlers ᶜpunished by being given time-out // **when** they have not yet developed the capability (to truly understand cause and effect).

여기서 when은 '~임에도 불구하고'를 뜻하는 접속사이다. to truly ~ effect는 형용사적 용법의 to부정사구로 the capability를 수식한다.

8 정답 ⓐ **keep** ⓑ **attract** ⓒ **covered**
해설 ⓐ They(= feathers)가 새를 따뜻하게 '유지하는' 의미로 능동태 keep이 적절.
ⓑ 「be used to-v」는 '~하는 데 사용되다'라는 뜻이고, 「be used to v-ing」는 '~하는 데 익숙하다'라는 뜻임에 주의한다. 깃털이 '짝을 유혹하는 데 사용되다'라는 의미가 되어야 하므로 「be used to-v」로 표현하는 것이 적절.
ⓒ 몸통의 나머지 부분이 깃털로 '덮여 있는' 것이므로 The rest of the body와 cover는 수동관계. 동사 seems의 시제보다 먼저 발생한 일을 나타내므로 완료형 수동태를 써야 한다.
해설 살아 있는 새들에게 깃털은 나는 것 이외에 많은 기능을 가지고 있다. 깃털은 몸통에서 발생하는 열을 피부 표면 가까이에 가둠으로써 새를 따뜻하게 유지할 수 있도록 돕는다. 깃털은 또한 짝을 유혹하는 데 사용될 수도 있다. 깃털공룡의 꼬리는 긴 깃털로 된 커다란 부채 모양, 즉 매우 인상적인 구애 동작을 만들었을 구조를 가졌다. 몸통의 나머지 부분은 훨씬 더 짧은 깃털로 덮여 있었던 것으로 보이는데, 이것은 추위를 막아주었을 것이다. 몇 개의 커다란 깃털이 팔(앞발)에 있었는데, 이 깃털들은 구애 동작에 관련되었을지도 모른다.

● **attract** 유인하다; 매혹하다 **feather** 깃털 **function** 기능 **other than** ~ 외에 **flight** 비행 **trap** 가두다 **mate** 짝 **fan** 부채 **impressive** 인상적인 **display** 구애 동작; 표현, 과시 **keep out** 막다 **be[get] involved in** ~에 관련되다, 휘말리다

[1-3행] They help to ᵛkeep ᴼa bird ᶜwarm / by trapping heat (produced by the body) close to the surface of the skin.

「keep + 목적어 + 목적격보어 (목적어가 ~하게 유지하다)」 구문이다.

➡ 1 명사 | 2 v-ing | 3 의미상(의) 주어 | 4 (대)명사 |
5 (문장의) 주어 또는 목적어 | 6 명사 | 7 p.p.

UNIT Exercise   본문 p. 31

01 정답 restricting
해설 '정책이' '제한하는' 것이므로 수식받는 명사인 A policy와 restrict는 능동관계이다.
해석 공립 학교에서 설탕이 함유된 음료 판매를 제한하는 정책이 지난가을에 시작되었다.
● **policy** 정책 **restrict** 제한하다 **sugar-sweetened** 설탕이 함유된 **beverage** 음료 **public** 공립의 **initiate** 개시하다, 착수하다

02 정답 called
해설 '건물들이' 마천루라고 '불리는' 것이므로 수식받는 명사인 very tall buildings와 call은 수동관계이다.
해석 많은 대도시에는 마천루라고 불리는 매우 높은 건물들이 있다.
● **skyscraper** 마천루 (아주 높은 고층 건물)

03 정답 showing
해설 '근로자들이' 열정과 자신감을 '보이는' 것이므로 Well-paid workers(의미상 주어)와 show는 능동관계이다.
해석 좋은 보수를 받는 근로자들은 일반적으로 직장에서 더 행복해하며, 더 적은 보수를 받는 근로자들보다 더 많은 열정과 자신감을 보인다.
● **well-paid** 좋은 보수를 받는 **generally** 일반적으로 **enthusiasm** 열정, 열의 **confidence** 자신(감) **salary** 보수, 봉급

04 정답 seen
해설 '태양과 달이' '보이는' 것이므로 the sun and moon(의미상 주어)과 see는 수동관계이다.
해석 하늘 높이 떠 있을 때와 비교해보면 수평선 위에 있을 때, 태양과 달이 훨씬 더 커 보인다.
● **horizon** 수평선, 지평선 **compared to** ~와 비교하여

05 정답 disappearing
해설 disappear는 자동사이므로 수동태로 쓸 수 없다.
해석 나는 자연 서식지에 있는 동물들을 보는 것을 선호하지만 서식지가 놀라운 속도로 사라지면서 이것은 더 어려워지고 있다. ● **habitat** 서식지 **disappear** 사라지다 **incredible** 놀랄 만한 **rate** 속도; 비율

06 정답 frustrating
해설 It(가주어)은 진주어 that 이하의 내용을 가리킨다. that절의 내용이 '불만스러운 감정을 (내가 느끼도록) 유발하는' 것이므로 v-ing 형태가 적절하다.
해석 내 차를 들이받은 사람이 그에 대한 책임을 지지 않았다는 것이 불만스러웠다. ● **frustrate** 불만스럽게 하다 **responsibility** 책임(감)

07 정답 confused
해설 주어(most people)가 '혼란스러운 감정을 느낀' 것이므로 보어로는 p.p. 형태가 적절하다.
해석 연구원들은 대부분의 사람들이 식품 라벨을 읽을 때 여전히 혼란스러워한다는 것을 발견했다. ● **researcher** 연구원 **confuse** 혼란스럽게 하다 **label** (상품 정보가 적힌) 라벨, 표

08 정답 **enhancing**

해설 의미상 주어이자 생략되어 있는 주어 you와 enhance는 능동관계로서 '당신이' 당신의 삶의 질을 '높이는' 것이다.

해석 긍정적인 영향을 미치는 사람들과 당신을 미소 짓게 하는 사람들로 당신 자신을 둘러싸게 하여 당신의 삶의 질을 높여라.

● **positive** 긍정적인 **influence** 영향을 미치는 사람; 영향 **enhance** 높이다, 향상시키다 **quality** 질

09 정답 **treated**

해설 they는 some eye diseases를 받는다. '일부 눈병이' '치료되는' 것이므로 they와 treat는 수동관계이다.

해석 일부 눈병은 즉시 치료되지 않으면 시력에 영향을 미치거나 장기적인 결과를 초래할 수 있다. ● **eyesight** 시력 **long-term** 장기적인 **consequence** 결과 **promptly** 즉시, 지체 없이

10 정답 **diagnosed**

해설 '사람들이' '진단을 받는' 것이므로 people과 diagnose는 수동관계이다.

해석 우울증 진단을 받은 사람들의 수의 급격한 증가에도 불구하고, 실제로 필요한 도움을 구하는 사람은 거의 없다.

● **rapid** 급격한, 빠른 **diagnose** 진단하다 **depression** 우울증

11 정답 ✕ / **required**

해설 '근로자들이' '요구받는' 것이므로 Workers와 require는 수동관계이다. 따라서 과거분사인 required로 고쳐야 한다.

해석 서서 많은 시간을 보내도록 요구되는 근로자들은 발, 무릎, 허벅지, 허리 아래쪽의 통증 위험이 크게 증가된다.

● **greatly** 크게 **risk** 위험 **thigh** 허벅지

12 정답 ✕ / **satisfying**

해설 삶이 '만족스러운 감정을 유발하는' 것이므로 현재분사 satisfying으로 고쳐야 한다.

해석 우리가 맞닥뜨리는 우여곡절을 어떻게 감당해야 하는지를 기꺼이 배우려고 할 때 우리는 더 만족스러운 삶을 경험할 수 있다. ● **manage** 감당하다 **ups and downs** 우여곡절 **encounter** 맞닥뜨리다, 부딪히다

13 정답 ○

해설 '개가' '짖는' 것이므로 a dog와 bark는 능동관계이다.

해석 어느 날 아침 나는 문을 열고 내 집 뒷마당에서 나를 향해 짖어대는 개와 마주쳤다. ● **confront** 마주치다 **bark** 짖다

14 정답 ○

해설 '고용주들이' '채용하는' 것이므로 employers(의미상 주어)와 hire는 능동관계이다.

해석 고용주들은 신입 사원을 채용할 때 그들의 배경과 과거 근무 경험을 면밀히 살펴야 한다. ● **hire** 채용하다, 고용하다 **background** 배경

15 정답 (1) B / Raising / (Being[Having been]) Raised
(2) C / disappointed / disappointing
(3) G / trusting / trusted

해설 B '그가' '길러진' 것이므로 he(의미상 주어)와 raise는 수동관계이다. 따라서 Raising을 (Being[Having been]) Raised로 고쳐야 한다.
C it은 the movie를 뜻하고 '영화'가 '실망스러운 감정을 유발하는' 것이므로 disappointed를 disappointing으로 고쳐야 한다.
G '친구가' '신뢰받는' 것이므로 friend와 trust는 수동관계이다. 따라서 trusting을 trusted로 고쳐야 한다.

오답풀이 A '차가' '주차된' 것이므로 A car와 park는 수동관계이다.
D '라벨이' 위로 '향하는' 것이므로 the label과 face는 능동관계이다.
E '그들이' 대학을 '떠난' 것이므로 they(의미상 주어)와 leave는 능동관계이다.
F 'Jamie가' '바란' 것이므로 Jamie(의미상 주어)와 hope는 능동관계이다.

해석 A 사유지에 주차된 차는 오늘 오후에 견인될 것이다.
● **private** 사유의; 개인적인 **tow** 견인하다
B 아이가 많은 대가족에서 자란 그는 사람들과 어울리는 것을 좋아한다.
C 그 감독의 최근 영화는 여러 평론가들로부터 호평을 받았지만, 그 영화는 매우 실망스러웠다. ● **critic** 평론가, 비평가
D 라벨이 위를 향하도록 한 채로 카드를 판독기에 삽입해야 한다.
● **insert** 삽입하다
E 대학을 떠난 후, 그들은 은행에서 대출을 받아 그들의 사업을 시작했다.
● **loan** 대출
F Jamie는 콘서트 표를 구하기를 바라며 사이트에 접속했다.
G 외로움을 완화하는 것을 돕기 위해 당신에게 정기적으로 연락해달라고 믿음직한 친구나 가족에게 청해라.
● **reach out** 연락하다 **regularly** 정기적으로 **alleviate** 완화하다

UNIT 06 실력다지기

본문 p. 33

1 정답 ③

해설 (A) 주어(you)가 '흥미를 느낀' 것이므로 p.p.가 적절. 「be interested in (~에 관심이 있다)」 구문.
(B) '연장들이' '영감을 받아 만들어진' 것이므로 tools(의미상 주어)와 inspire는 수동관계.
(C) '당신이' 물건들로 가득 찬 가방들을 '들고 있는' 것이므로 you(의미상 주어)와 carry는 능동관계.

해석 광고업계 전체가 우리는 우리의 삶을 의미 있게 만들기 위해 매우 많은 것들이 필요하다고 말하고 있다. 걷기에 흥미가 있는가? 특별한 신발이 필요할 것이다. 테니스 하는 것을 생각 중인가? 제대로 된 클럽의 회원권을 사야 할 것이다. 정원을 일구기 위해 흙에 손을 대기 전에도, 당신은 무릎 보호대가 달린 특별한 바지, 고대 일본의 원예 전통에 영감을 받아 만들어진 연장들, 그리고 수없이 많은 (원예) 입문서들을 사야 할 필요를 느낄지도 모른다. 불행히도 이것은 우리에게 삶의 소소한 만족을 느끼지 못하게 한다. 물건들이 가득한 가방들을 들고 집 안으로 들어갈 때, 당신은 종종 고개를 들어 장관을 이루고 있는 감동적인 밤하늘을 쳐다보는 것을 잊어버린다.

● **advertising** 광고 **meaningful** 의미 있는 **dig** (구멍 등을) 파다 **pad** 보호대 **tool** 연장, 도구 **inspire** 영감을 주다 **ancient** 고대의 **gardening** 원예 **tradition** 전통 **endless** 수없이 많은, 무한한 **how-to book** 입문서 **blind A to B** A가 B를 못 보게 하다 **stuff** 물건 **spectacular** 화려한, 장대한 **inspiring** 감동시키는

구문 [4-6행]

~ to buy ┬ **special pants** (with knee pads), **tools** (inspired by ancient Japanese gardening traditions)
        │ *and*
        └ (an endless number of) **how-to books**.

buy의 목적어 역할을 하는 명사 special pants, tools, how-to books가 접속사 and로 연결된 병렬구조. 각각의 명사는 전명구, 과거분사구, 수량을 나타내는 수식어구의 수식을 받고 있다.

2 정답 ②

해설 (A) that 이하의 내용이 놀라운 감정을 유발하는 것이므로 v-ing 형태가 적절.

~ <u>it</u> is amazing **that** <u>it has especially affected culture.</u>
　 S　　　　　　　　　S′ (진주어)

(B) '전쟁과 갈등이' '영향을 미치는' 것이므로 war and conflict(의미상 주어)와 affect는 능동관계. <with + (대)명사 + 분사>는 '~을 v한 채로(v하며)'의 뜻이며, 분사구문의 '부대상황'을 나타내는 의미와 같다.

~ with <u>war and conflict affecting</u> villages, cities, and
　　　　　　└──── 능동관계 ────┘
nations.

(C) '개인 차원의 그리고 국가 차원의 스포츠가' 경쟁 본능에 의해 '움직여지는' 것이므로 individual and national sports(의미상 주어)와 Drive는 수동관계.

해석 세계화는 경제 이상의 것에 영향을 주었다. 그리고 세계화가 특히 문화에 영향을 주었다는 것은 놀랍다. 예를 들어, 음악, 미술, 문학, 그리고 언어는 모두 국경을 넘었다. 그것들만 넘은 것은 아니었다. 스포츠 또한 국경을 넘었다. 스포츠의 이동은 아마도 천 년 전에 전쟁과 갈등이 마을들, 도시들, 그리고 나라들에 영향을 미치면서 시작되었을 것이다. 지난 몇십 년에 걸쳐 스포츠는 아마도 가장 멀리, 가장 빠르게 진보해온 문화적 요소였을 것이다. 경쟁 본능에 이끌려서 개인과 국가 차원의 스포츠는 거의 모든 국경을 넘었다. 라디오와 텔레비전의 도움으로 스포츠는 세계적인 것이 되었다.

● **globalization** 세계화　**affect** 영향을 주다[미치다]　**economy** 경제
amaze 놀라게 하다　**literature** 문학　**border** 국경　**millennia** 천 년
conflict 갈등　**element** 요소　**progress** 진보하다, 나아가다　**far**(-farther
-farthest) (거리가) 먼　**competitive** 경쟁의　**instinct** 본능　**individual**
개인의　**virtually** 거의　**with the aid of** ~의 도움으로

구문 [5-6행] Over the past decades sports have probably
been <u>the element of culture</u> [**that** has progressed farthest,
　　　 └────────────↑───────────
fastest].

관계대명사 that이 이끄는 절이 선행사 the element of culture를 수식하는 구조.

3 정답 ①

해설 (A) '나라가' 아프리카 남쪽 끝에 '위치해 있는' 것이므로 a country와 locate는 수동관계.

(B) 주어(You)가 '놀란 감정을 느낀' 것이므로 p.p.가 적절.

(C) '다양한 민족 집단의 사람들이' 다른 반투 족 언어를 '말하는' 것이므로 various ethnic groups와 speak은 능동관계.

해석 남아프리카 공화국은 대서양과 인도양에 걸쳐 2,798킬로미터의 해안 지대가 있는, 아프리카의 남쪽 끝에 위치해 있는 나라이다. 북쪽으로는 나미비아, 보츠와나, 짐바브웨가 있고, 동쪽으로는 모잠비크와 스와질란드가 있다. 이 나라는 언어가 다양한 것으로 알려져 있다. 11개 언어가 공식적으로 인정된다는 것을 알면 놀랄 것이다. 영어는 공식적이고 상업적인 공적 생활에서 가장 흔히 사용되는 언어이지만, 가정에서는 단지 다섯 번째로 가장 많이 쓰이는 언어이다. 비록 남아프리카 인구의 79.5퍼센트가 흑인이지만 국민들은 다른 반투 족 언어를 쓰는 다양한 민족 집단에서 온 사람들이다.

● **republic** 공화국　**locate** (특정 위치에) 두다; 정확한 위치를 찾아내다
tip 끝　**coastline** 해안 지대　**diversity** 다양성　**officially** 공식적으로
recognize 인정하다　**commercial** 상업의　**population** 인구　**various**
다양한　**ethnic** (소수) 민족의

구문 [2-3행] To the north lie Namibia, Botswana, and
　　　　　　 부사구　　 V　　　　　　　　　　　S
Zimbabwe; to the east are Mozambique ~.
　　　　　　　 부사구　　V　　　　S
「장소 부사구 + V + S」 도치구문.

4 정답 ⓐ shaped　ⓑ wiping　ⓒ shaking

해설 ⓐ '돌 아치가' 둥근 창문 모양으로 '만들어진' 것이므로 a stone arch와 shape은 수동관계. 따라서 과거분사인 shaped로 써야 한다.

ⓑ '지진이' '쓸어간' 것이므로 a strong earthquake(의미상 주어)와 wipe out은 능동관계이다. 따라서 현재분사인 wiping으로 써야 한다.

ⓒ '지진이' '흔든' 것이므로 The quake(의미상 주어)와 shake는 능동관계이다. 따라서 현재분사인 shaking으로 써야 한다.

해석 '윈도우 포인트'로도 알려진 푼타 벤타나는 둥근 창문 모양의 돌 아치였다. 남쪽 해안을 따라 과야닐라에 위치한 암석 형성물은 그 섬의 가장 상징적인 보물 중 하나이자 주요 관광지였으며 지역 주민들의 자부심을 불러일으키는 원천이었다. 그 바위 형성물은 오랫동안 수많은 사진과 엽서의 주제가 되어 왔다. 그러나 강한 지진이 섬을 덮쳐 그 자연의 경이로움을 쓸어가 버렸다. 푸에르토리코의 상징적인 해안 아치길인 푼타 벤타나를 파괴한 지진은 지금까지 이 섬의 가장 큰 지진이었으며, 많은 집과 건물들을 또한 흔들었다.

● **formation** 형성물　**iconic** 상징적인　**treasure** 보물　**tourist**
attraction 관광 명소　**local** 주민, 현지인　**subject** 주제; 대상
countless 무수한, 수없이 많은　**wonder** 경탄, 경이(로운 것)　**quake** 지진
coastal 해안의　**archway** 아치길, 아치형 입구

[2-4행] <u>The rock formation</u> (located in Guayanilla along
　　　　　　　 S　　　　　　　　　　　 수식어구(과거분사구)
the southern coast) <u>was</u> one of the island's most iconic
　　　　　　　　　　　 V
treasures, ~.

5 정답 ⓐ alarming　ⓑ generating　ⓒ obsessed

해설 ⓐ distraction이 우리에게 '놀라움을 주는' 것이란 문맥이 되어야 적절하다. 수식받는 명사인 distraction(의미상 주어)과 alarm이 능동관계이므로 현재분사 alarming이 되어야 한다.

ⓑ '문자 메시지가 수신되는 소리가' 흥분을 '발생시킨다'라는 문맥이 되어야 적절하다. The buzz of an incoming text message(의미상 주어)와 generate는 능동관계이므로 현재분사 generating이라고 써야 한다.

ⓒ '사람들이' '사로잡히다'라는 문맥이 되어야 적절하다. people과 obsess는 수동관계이므로 과거분사 obsessed라고 써야 한다.

해석 문자 보내기는 가장 놀라운, 집중을 방해하는 것이다. 모두가 운전 중에 문자 메시지를 보내는 것이 나쁜 생각이라는 것을 알고 있다. 한 새로운 연구는 1,000명의 운전자들을 조사했고 그들 중 98%의 운전자들이 이 습관이 위험하다고 말했다. 그럼에도 불구하고, 거의 75%가 어쨌든 그것을 한다고 말한다. 이 연구를 이끈 코네티컷 의대의 교수인 David Greenfield는 "태도와 행동 사이에는 엄청난 차이가 있다"라고 말한다. 문자 메시지에 대한 끌림은 카페인에 대한 것과 매우 유사하다고 Greenfield는 설명한다. 즉, 둘 다 극복하기 어려운 중독일 수 있다. 수신되는 문자 메시지의 윙윙거리는 소리는 뇌에 도파민이 분비되도록 하고 흥분을 일으킨다. 만약 그 메시지가 매력적인 누군가로부터 온 것으로 밝혀지면, 훨씬 더 많은 도파민이 방출된다. 문자 메시지에 사로잡힌 사람들이 스스로 자제하는 법을 배우려면 수년이 걸릴 수 있고, 이 과정은 음주 운전을 멈추려는 노력과 비슷할 수 있다.

● **generate** 발생시키다, 만들어 내다　**obsess** 사로잡다　**alarm**
놀라게 하다　**distraction** 집중을 방해하는 것　**survey** (설문) 조사하다
practice 관행, 관례　**attitude** 태도　**behavior** 행동　**attraction** 매력,
끌림　**addiction** 중독　**overcome** 극복하다　**buzz** 윙윙거리는 소리
incoming 도착하는, 들어오는　**release** 발산[방출]; 발산[방출]하다

excitement 흥분, 신남 effort 노력

[9-10행] **It** could take years _for people obsessed with_
<u>S</u>   의미상 주어

text messaging **to learn** to control themselves, and this
                 S′ (진주어)

process could be similar to efforts (**to stop** drunk driving).

to learn은 명사적 용법의 to부정사. to stop은 efforts를 수식하는 형용
사적 용법의 부정사.

UNIT 07   동사와 준동사

➡ 1 부정사, 동명사, 분사 | 2 준동사 | 3 do, does, did | 4 원형부정사 |
5 to부정사 | 6 p.p.

UNIT Exercise

본문 p. 38

01 정답 **produced**
해설 문장의 동사가 없으므로 주어 The tragic conditions와 호응하는
동사 produced가 오는 것이 적절. 주어인 The tragic conditions의
수식어구를 이끄는 pointed out을 문장의 동사로 착각하지 않도록 주의
한다.

The tragic conditions (_pointed out_ by many critics)
<u>   </u>
         S

<u>produced</u> measures ~.
  V

해석 1849년에 발병한 콜레라는 런던에서 거의 13,000명에 이르는 사람들
의 목숨을 앗아갔다. 많은 비판자에 의해 지적받은 그 비극적 상황은 도시들
을 정화하는 정책을 낳았다. ● **outbreak** 발생 **tragic** 비극적인
point out 지적하다 **critic** 비판자, 비평가 **measure** 정책, 조치

02 정답 **do**
해설 앞에 나온 일반동사구 seem attractive를 대신하는 대동사 do가
적절하다. they는 앞에 나온 People을 가리킨다.
해석 사람들은 따로 있을 때보다 여러 명과 함께 있을 때 더 멋지게 보인
다. 이런 현상을 '치어리더 효과'라고 부른다. ● **attractive** 멋진, 매력적인
apart 따로 **phenomenon** 현상 **effect** 효과

03 정답 **try**
해설 When이 이끄는 부사절 뒤에 주절이 이어지는 문장 형태로서, 주절의
동사가 와야 한다.
해석 아이의 점심 도시락을 위한 음식을 고를 때는 항상 소금, 지방, 설탕의
양에 주의하려고 노력하라.
● **watch out for** ~에 대해 주의하다 **amount** 양; 총액

04 정답 **breaking up**
해설 consider v-ing: v하는 것을 고려하다
해석 교육 위원회는 스프링필드 고등학교 미식 축구팀을 해체하는 것을 고
려하고 있다. ● **board** 위원회 **break up** 해체하다

05 정답 **feeding**
해설 문맥상 '거위에게 먹이 주는 것을 그만두다'라는 의미로 목적어 자리에
는 동명사(v-ing)가 적절하다.

해석 그 법안이 도입된 직후에 사람들은 거위에게 먹이 주는 것을 그만두었
다. ● **feed** 먹이를 주다 **geese** 거위(goose)의 복수 **law** 법안

06 정답 **to move**
해설 '사람들이' 고속으로 '움직이는' 것이므로 people과 move는 능동관
계이다. 「enable + 목적어 + to-v (목적어가 v할 수 있게 하다)」
해석 스키는 어떤 동력 발생 장치 없이도 사람이 고속으로 움직일 수 있게 해
주는 몇 안 되는 스포츠 중 하나이다. ● **device** 장치, 기기

07 정답 **carried**
해설 '내 짐이' 위층으로 '운반되는' 것이므로 my luggage와 carry는 수
동관계이다. 「have + 목적어 + p.p. (목적어가 ~되게 하다)」
해석 나는 계단 위로 짐을 운반되게 했고 그것으로 인해 미안한 마음이 들었
는데 그게 큰 가방이었고 나는 4층에 머물고 있었기 때문이었다.
● **luggage** 짐[수하물]

08 정답 **it**
해설 「find + 가목적어 it + to-v」 형태가 되어야 한다.
해석 그녀의 인형들을 보았을 때 우리는 그녀가 2백 개가 넘는 수집 피규어
를 보유하고 있다는 것을 믿기 힘들다는 것을 알았다.
● **collectible** 수집 가치가 있는

09 정답 **untouched**
해설 left의 목적어인 the subject와 목적격보어인 untouch는 수동관
계이므로 p.p. 형태가 되어야 적절.
해석 그들은 그 문제를 기꺼이 논의하려고 했지만 우리는 그 주제를 건드리
지 않은 채 두었다.

10 정답 **to find**
해설 찾아내려고 노력하는 것이므로 「try + to-v」가 되어야 한다.
해석 의학은 감기 치료제를 찾아내려고 수십억 달러를 쓰면서 노화 과정을
막는 어떠한 일도 하지 않는다. ● **aging** 노화, 나이 먹음

11 정답 ○
해설 문장의 동사 have seen이 있으므로 준동사 자리이다. '시장'이 '회복
하는' 것이므로 markets와 recover는 능동관계이다. 지각동사 see가 앞
에 있으므로 목적격보어로는 원형부정사 recover가 적절.
해석 역사적으로 우리는 모든 시장 침체 후에는 시장이 회복되는 것을 보아
왔다.
● **historically** 역사적으로 **recover** 회복되다 **downturn** (경기) 침체, 하락

12 정답 ✕ / **to donate**
해설 문장의 동사 use가 있으므로 준동사 자리이다. '사람들이' '기부하는'
것이므로 people과 donate는 능동관계이다. 「persuade + 목적어 +
to-v (목적어가 v하게 설득하다)」가 되어야 하므로 to donate로 고쳐야
한다.
해석 자선 단체들은 사람들이 자신들의 단체에 돈을 기부하도록 설득하기
위해 다양한 방법을 사용한다. ● **charity** 자선 단체 **persuade** 설득하다
donate 기부하다 **organization** 단체, 조직(체)

13 정답 ○
해설 avoid v-ing: v하는 것을 피하다
해석 우리는 다른 사람들이 말할 때 방해하는 것을 피하기를 배우는 데 약간
의 교육이 필요할 수도 있다. ● **require** 필요하다 **interrupt** 방해하다

14 정답 ✕ / to change
해설 '그들이' '변화하는' 것이므로 them과 change는 능동관계이다. 앞에 동사 get이 있으므로 목적격보어로는 to부정사가 와야 한다.
해석 변화를 싫어하는 사람들이 일단 그들의 일상에 안주하게 되면, 그들이 그들의 일상을 변화하게 하기 위해서는 많은 노력이 필요할 것이다.
● dislike 싫어하다 settle into 안주하다, 자리잡다 routine 일상

15 정답 ✕ / to think
해설 「make + it + 목적격보어(difficult) + 진목적어(to-v)」의 형태가 되도록 to think로 고쳐야 한다.
해석 지속적인 수면 부족이나 수면의 질 저하는 낮 동안 명쾌하게 생각하는 것을 어렵게 할 수 있다.
● consistent 거듭되는, 변함없는 lack 부족, 결핍

16 정답 (1) C / informing / to inform
(2) D / deliver / delivered (3) F / did / was
해설 C to inform이 되어야 한다. regret to-v: v하게 되어 유감이다 / regret v-ing: (과거에) v한 것을 후회하다
D '꽃이' '배달되는' 것이므로 some flowers와 deliver는 수동관계이다. 사역동사 have가 있으므로 목적격보어로는 p.p. 형태인 delivered가 와야 한다.
F 앞에 나온 동사구 is complicated를 대신하면서 과거의 사실을 나타내는 대동사 was로 고쳐야 한다. it은 앞에 나온 life를 나타낸다.
오답풀이 A offer to-v: v할 것을 제안하다
B 문장의 동사 have taken이 있으므로 curb는 준동사 형태인 to curb가 맞다. to curb는 '막기 위해'라는 뜻으로 부사 역할을 한다.
E 「find + it + 목적격보어(interesting) + 진목적어(to-v)」의 형태.
G '집 전체가' '흔들리는' 것이므로 the whole house와 shake는 능동관계이다. 앞에 지각동사 feel이 있으므로 목적격보어로 현재분사는 적절.
해석 A 그 사업가는 이전 회의에 참석하지 않은 것에 대한 보상으로 점심값을 지불하겠다고 제안했다. ● compensation 보상 attend 참석하다 previous 이전의
B 세계 각국은 바이러스의 확산을 막기 위해 조치를 취했다. ● take steps 조치를 취하다 curb 억제하다 spread 확산, 전파
C 심사숙고한 끝에, 당신의 제안이 받아들여지지 않았다는 것을 알리게 되어 유감입니다. ● consideration 숙고, 사려 proposal 제안, 제의
D 그는 직장에 있는 부인에게 꽃이 배달되도록 하기 위해 플로리스트에게 전화했다.
E 그 영화를 보기 전에 책을 읽으면, 그 두 가지가 어떻게 비슷하거나 다른지 비교하는 것이 흥미로울 것이다.
F 오늘날의 삶은 과거보다 훨씬 더 복잡하다고 일반적으로 인식된다.
● complicated 복잡한
G 오늘 오전에 지진으로 집 전체가 강하게 흔들리는 것을 느꼈을 때 무서웠다. ● terrifying 겁나게 하는, 무서운 earthquake 지진

UNIT 07 실력다지기
본문 p. 40

1 정답 ④
해설 (A) '(과거에) 힘든 시간을 보냈던 것을 잊는다'라는 문맥이므로 forget v-ing 형태가 적절. 참고로 forget to-v는 '(미래에) v할 것을 잊다'라는 뜻.
(B) need to-v: v할 필요가 있다

(C) This new understanding (of how men and women
　　　　　　　　　　　　　S
react differently to stress) will allow our relationships to
　　　　　　　　　　　　 V　　　　　　　O
thrive *rather than* just survive.
　　C₁　　　　　　　　 C₂
「allow + 목적어 + to-v (목적어가 v하도록 허락하다)」
해설 남자와 여자가 스트레스를 다르게 처리하기 때문에 (둘 사이의) 관계는 악화된다. 남자는 힘든 시간을 보낸 것을 잊어버리려고 자신의 동굴 속에 틀어박히는 반면 여자는 문제들을 상의하고 싶어 한다. 여자가 자신의 불만을 공유하면 남자는 해결책을 제시하지만, 여자는 그저 공감을 기대하고 있는 것이다. 남녀의 고유한 요구와 스트레스에 대한 반응을 명확하게 이해하지 않으면 그들은 불가피하게도 지지 받지 못했고 인정받지 못했다고 느낄 것이다. 이러한 문제를 극복하는 데 서로 도움이 되고자 한다면 우리는 서로의 차이점을 이해할 필요가 있다. 남자와 여자가 스트레스에 어떻게 다르게 반응하는지에 대해 새롭게 이해하는 것은 (서로의) 관계가 그저 존속하기보다 성장하도록 할 것이다.
● relationship 관계 suffer 악화되다, 더 나빠지다 deal with 처리하다 withdraw (사람들과 어울리지 않고) 틀어박히다 frustration 불만, 좌절감 solution 해결책 empathy 공감 inevitably 불가피하게 unsupported 지지 받지 못한 unappreciated 인정받지 못한 overcome 극복하다 challenge 문제, 난제 thrive 성장하다; 번창하다 survive 존속하다, 살아남다
구문 [5-7행] We need to understand our differences **if we are to support** each other ~.
「if + 주어 + be + to-v(v하려면)」

2 정답 ②
해설 (A) '아이들이' '청소하는' 것이므로 your children과 clean은 능동관계이다. 「make + 목적어 + v (목적어가 v하게 하다)」
(B) keep v-ing: 계속해서 v하다
(C) want + 목적어 + to-v: 목적어가 v하기를 원하다
해설 아이들을 제대로 훈련하는 것에는 당신의 말과 기대에 대해 매우 명확하게 하는 것이 수반된다. 예를 들어, 아이들에게 주방을 치우게 시키려면 주방 청소가 당신에게 무엇을 의미하는지 아이들이 확실히 알도록 하라. 아이들에게 주방 청소는 단지 접시를 싱크대에 두는 것을 의미하는 것일 수도 있다. 많은 부모들은 아이들이 계속 집안일을 형편없이 하면 훈련하는 데 시간을 들인 적이 전혀 없는데도 화를 낸다. 훈련을 위한 시간을 갖는 것은 또한 당신이 원하는 대로 아이들이 잘할 것이라는 의미가 아니다. (행동을) 개선하는 것은 일생에 걸친 과정이다. 그러므로 기억하라, 아이들이 하도록 당신이 원하는 일은 그들이 자신의 아이를 가진 어른이 될 때까지 그들에겐 최우선 순위가 아닐 수도 있다.
● properly 제대로, 적절하게 involve 수반하다 specific 명확한, 확실한 term 말, 용어 expectation 기대, 요구 chore 집안일; 허드렛일 improvement 개선, 향상 lifelong 일생의, 평생 동안의 priority 우선순위, 우선 사항
구문 [5행] Taking time for training also does not mean //
　　　　　　S　　　　　　　　　　　　　　　　　V
(that) children will do things ~.
　　　　　　　　　　O
동명사구(Taking ~ training)가 주어, 생략된 접속사 that이 이끄는 명사절이 문장의 목적어 역할을 하는 구조.

3 정답 ②
해설 (A) 앞에 나온 일반동사 dream을 대신하는 대동사 do가 적절하다.
(B) '고양이들이' '으르렁거리는' 것이므로 cats와 growl은 능동관계.
「hear + 목적어 + v-ing (목적어가 v하는 것을 듣다)」

(C) 문장의 동사 naps가 있으므로 한 문장 안에 관계사나 접속사 없이 또 다른 동사가 존재할 수 없다. 문맥상 '축적하려고'의 의미로 to-v의 부사적 용법인 to save가 들어가는 것이 적절. to save와 (to) pass가 접속사 and로 연결된 병렬구조.

~, the average cat naps / ┌─ **to save** energy
 ‾‾‾‾‾‾‾‾‾‾‾‾‾‾‾‾‾‾‾‾‾   │ *and*
  S   V   └─ **(to) pass** the time.
for 13-18 hours every day

해석 고양이가 우리처럼 꿈을 꾸는지 확실히 알 수는 없다. 그러나 깊이 잠든 고양이를 지켜본 적이 있다면 가끔 고양이가 마치 꿈을 꾸고 있는 것처럼 수염이나 발, 혹은 꼬리까지도 갑자기 움직인다는 것을 알 것이다. 가끔 고양이가 자면서 으르렁거리는 소리를 들을 수도 있는데, 아마도 고양이들이 꿈에서 사냥을 하거나 쥐를 쫓아다니는 것일 것이다! 고양이는 하루에 많은 시간 동안 잠을 잘 수 있다. 사실 보통의 고양이는 에너지를 축적하고 시간을 보내기 위해 매일 13~18시간 낮잠을 잔다. 야생의 고양이는 이른 아침과 저녁에 가장 활동적인데, 그때 대부분의 사냥을 한다. 길들여진 고양이는 우리의 일상에 맞춘다. 어쨌든 우리가 깨어 있을 때 깨어 있고, 밤에 자는 것이 더 재미있으니까.

● **fast asleep** 깊이 잠든 **whisker** 수염 **paw** (동물의 발톱이 달린) 발 **tail** 꼬리 **growl** 으르렁거리다 **occasionally** 가끔 **chase** 쫓다 **mice** 쥐(mouse)의 복수 **nap** 낮잠을 자다 **wild** 야생 **domestic** 길들여진 **adjust to** ~에 맞추다; ~에 적응하다 **routine** (판에 박힌) 일상 **after all** 어쨌든; 결국

구문 [8-9행]

After all, **it**'s more fun ┌─ **to be** awake / when we are,
      ‾‾   가주어 │ *and*
                └─ **to sleep** at night.
                       진주어

진주어 to be ~ we are와 to sleep at night가 접속사 and로 연결된 병렬구조.

4 **정답** ⓐ think / to think ⓓ to lead / lead ⓔ share / sharing 또는 to share

해설 ⓐ '우리가' '생각하는' 것이므로 us와 think는 능동관계이다. 동사 allow가 앞에 있으므로 목적격보어로는 to부정사가 와야 한다.
ⓓ 앞에 사역동사 let이 있으므로 원형부정사가 와야 한다.
ⓔ and 이하의 절은 동사가 costs로서 share는 주어 역할을 할 수 있는 동명사 또는 to부정사가 되어야 한다.

오답풀이 ⓑ 바로 앞 명사 steps를 수식하는 to부정사로 적절히 쓰였다.
ⓒ 「make + 목적어 + v」: 목적어가 v하게 하다

해석 우리 사회가 동정심 없이는 기능할 수 없다는 것은 절대적으로 사실이다. 동정심은 우리가 항상 우리 자신에게 집중하지 않고 다른 사람들을 생각할 수 있게 한다. 그것은 우리에게 다른 사람의 상황을 이해할 수 있는 능력과 그들의 삶을 향상시키기 위한 조치를 취하려는 욕구를 준다. 이런 자질은 우리 자신을 벗어나 다른 사람의 상황을 보게 한다. 그것은 세상을 더 배려하는 곳으로 만들기 위해 필요한 것을 할 수 있는 힘을 제공한다. 동정심은 특히 취약한 사람들에게 중요하다. 도움과 지원을 위해 타인에게 의존하는 사람들에게, 동정심은 종종 그들이 성취감을 주는 삶을 이끌도록 하는 가장 중요한 요소이다. 우리는 모두 무한한 동정심을 가지고 있고, 그것을 다른 사람들과 공유하는 것은 아무런 비용도 들지 않는다. 세상에 의미 있는 차이를 만들어내기 위해 우리가 해야 할 일은 단순한 동정심의 행위 한 가지를 하는 것이다.

● **absolutely** 전적으로, 틀림없이 **function** 기능하다 **compassion** 동정심, 연민 **desire** 욕구, 갈망 **circumstance** 환경, 상황 **provide** 제공하다 **strength** 힘 **caring** 배려하는, 보살피는 **vulnerable** 취약한 **support** 지지, 지원 **factor** 요인 **fulfilling** 성취감을 주는 **unlimited** 무제한의

UNIT 08 병렬구조와 비교구문

➡ 1 등위접속사 | 2 등위접속사 | 3 to | 4 대등

UNIT Exercise   본문 p. 43

---

01 **정답** encourages
해설 동사 stimulates와 or로 연결된 병렬구조이므로 encourages가 적절.
해석 의사소통은 메시지가 이해되고 그것이 행동을 자극하거나 수신자가 새로운 방식으로 생각하는 것을 장려할 때에만 효과적이다.
● **stimulate** 자극하다

02 **정답** given
해설 are에 연결되는 presented와 접속사 and로 연결된 병렬구조이다.

Flowers are often ┌─ **presented** as gifts on birthdays and anniversaries
         │ *and*
         └─ **given** to moms and dads on Parents' Day by children.

해석 꽃은 종종 생일과 기념일에 선물로 주어지고, 어버이날에 아이들에 의해 어머니, 아버지께 주어진다. ● **anniversary** 기념일

03 **정답** enjoy
해설 「not only A but also B」 구문으로 동사 like와 병렬구조를 이룬다.
해석 이번 여행에서는 호수에서 낚시를 즐기실 뿐 아니라 여러분을 위해 엄선된 요리도 즐기시기를 바랍니다.
● **cuisine** 요리 **select** 선택하다, 선별하다

04 **정답** longest
해설 「the + 최상급 + in ~」는 '(셋 이상 ~ 중에서) 가장 …한' 의미의 최상급 표현으로 longest가 적절하다.
해석 유타 주 출신의 한 여성이 현재 세계에서 가장 긴 손톱을 가지고 있는데 길이가 24피트가 넘는다. 그녀는 1979년 이후로 손톱을 깎지 않았다.
● **currently** 현재, 지금 **nail** 손톱

05 **정답** better
해설 명상과 약을 먹는 것 둘을 비교하는 것이므로 비교급 better가 적절하다.
해석 모든 질병의 90퍼센트가 스트레스로 유발된다. 때로는 명상하는 것이 약을 먹는 것보다 더 낫다. ● **disease** 질병 **cause** 야기하다, 초래하다 **meditate** 명상하다 **pill** 알약

06 **정답** working
해설 「as + 원급 + as」는 '~만큼 …한' 의미의 원급 표현으로 Taking time과 병렬구조를 이루며 같은 형태의 비교 대상이어야 하므로 working이 적절.
해석 휴식할 시간을 갖는 것은 열심히 일하는 만큼이나 똑같이 중요하다. 균형을 유지해야 한다. ● **maintain** 유지하다

07 **정답** ✕ / those of humans
해설 than 이하가 The eyes of a cat의 비교 대상으로서 이것과 병렬구조가 되어야 하므로 those of humans로 고쳐야 한다. those는 The eyes를 대신한다.

해석 고양이의 눈은 인간의 눈보다 조금 작지만, 사람이 할 수 있는 것보다 세 배 더 크게 동공을 최대한으로 벌릴 수 있다.
● **slightly** 조금, 약간 **pupil** (눈의) 동공; 제자

08 정답 ✕ / **less**
해설 「the + 비교급 ~, the + 비교급 … (~할수록 더 …한)」의 형태이므로, 비교급 less로 고쳐야 한다.
해석 전문가들은 환자들이 긴장을 풀거나 주의가 산만할수록 고통을 덜 느낄 가능성이 있다고 말한다.
● **expert** 전문가 **relaxed** 긴장이 풀린 **distracted** 주의가 산만한

09 정답 ✕ / **fluently**
해설 「as + 원급 + as」이 원급이 문장에서 부사 역할을 하므로 원급 자리에는 부사 fluently가 들어가도록 고쳐야 한다.
해석 영어를 원어민만큼 유창하게 말하고 싶어 하는 강한 욕구가 많은 학생들이 영어권 국가에 가는 유일한 이유는 아니다. ● **desire** 욕구, 갈망

10 정답 ✕ / **happy**
해설 앞의 friendly(형용사)와 병렬구조를 이루는 형용사 형태가 되어야 한다.
해석 그 직원들은 방문객들이 정확히 그들이 구하고 있는 것을 찾아내는 것을 돕는 데 친절하고도 즐거워한다. ● **employee** 직원, 종업원

UNIT 08 실력다지기
본문 p. 44

---

1 정답 **walking → (to) walk**
해설 「either A or B」 구문으로, walking은 to spend와 병렬구조를 이루어야 하므로 to부정사인 to walk로 고쳐야 한다. to는 생략 가능하다.
해석 아이들은 놀이터에 둔 채 수영장에서 하루를 보내시거나 이 리조트의 메인 비치들 중 하나로 곧장 걸으시는 것 중 하나를 선택하실 수 있습니다.

2 정답 **to get → get**
해설 조동사 should에 연결되는 eat과 and로 연결된 병렬구조이므로 to get을 동사원형인 get으로 고쳐야 한다.

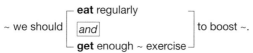
~ we should ┌ **eat** regularly ┐ to boost ~.
       │ *and* │
       └ **get** enough ~ exercise ┘

해석 의사는 면역 체계를 강화하려면 규칙적으로 식사를 하고 충분한 휴식과 운동을 해야 한다고 조언했다. ● **boost** 강화하다, 신장시키다

3 정답 **more → most**
해설 「the + 최상급 + in ~」는 최상급 표현으로, more를 most로 고쳐야 한다.
해석 놀랄 것도 없이, 레오나르도 다빈치의 그림들 중 하나가 현재 세계에서 가장 비싼 그림이다. ● **currently** 현재

4 정답 **drive → driving**
해설 「비교급 + than」의 형태로 talking on ~ driving과 병렬구조를 이루어야 하므로 drive를 driving으로 고쳐야 한다.
해석 음주 운전을 하는 것보다 운전 중 전화 통화를 하는 것이 더 위험할 수 있다는 점을 고려하면 더 가혹한 처벌이 있어야 한다.
● **harsh** 가혹한 **penalty** 처벌 **considering** ~을 고려하면

5 정답 **submit → submitting**
해설 전치사 by에 연결되는 completing과 and로 연결된 병렬구조이므로 submit을 동명사인 submitting으로 고쳐야 한다.

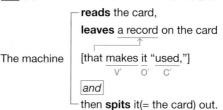
To ~ you need ┌ **completing** the online registration form
to register by │ *and*
       └ **submitting** it.

해석 이 서비스를 이용하려면 온라인 등록 양식을 작성하여 제출함으로써 등록해야 한다.
● **register** 등록하다 **registration** 등록 **submit** 제출하다

6 정답 ④
해설 (A) 동사 reads, leaves와 and로 연결된 병렬구조.

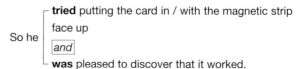
       ┌ **reads** the card,
       │ **leaves** a record on the card
The machine │ [that makes it "used,"]
       │   V' O' C'
       │ *and*
       └ then **spits** it(= the card) out.

(B) 동사 tried와 and로 연결된 병렬구조.

So he ┌ **tried** putting the card in / with the magnetic strip
    │ face up
    │ *and*
    └ **was** pleased to discover that it worked.

(C) which way가 이끄는 절의 동사가 없으므로 put이 오는 것이 적절하다.

It turns out / **that** it doesn't matter which way you put the
S   S'(진주어)
card ~!

해석 파리의 지하철 시스템에서는 이용자들이 종이로 된 카드를 기계에 넣는다. 기계는 카드를 읽고, '사용된' 것으로 만드는 기록을 카드에 남긴 후에 내보낸다. 그 카드 한쪽 면에 자석 띠가 있다. 첫 번째 파리 방문 때 Matthew는 그 시스템을 이용하는 법을 잘 알지 못했다. 그래서 그는 자석 띠가 있는 면을 위로 하여 그 카드를 넣어봤고 그것이 작동된다는 것을 알고 좋아했다. 그 때부터 그는 자석 띠가 위를 향하도록 신경 써서 카드를 넣었다. 후에 파리 여행에서 그가 자랑스럽게 그 시스템을 이용하는 올바른 방법을 친구에게 설명하자 그의 아내가 웃기 시작했다. 카드를 기계에 어떤 쪽으로 넣어도 문제가 없는 것이었다!
● **insert** 넣다, 삽입하다 **spit** 내보내다 **magnetic** 자석의 **strip** 띠; 좁고 가느다란 조각 **face up** 앞면을 위로 하여 **work** 효과가 있다 **thereafter** 그때부터, 그 후에 **proudly** 자랑스럽게 **demonstrate** (사용법 등을) 설명하다[보여주다] **turn out** 밝혀지다, 판명되다 **matter** 문제가 되다, 중요하다

7 정답 ⑤
해설 (A) that절의 동사 normalize와 and로 연결된 병렬구조.

              ┌ **normalize** immune responses
It appears that probiotics │ *and*
              └ **inhibit** chronic infection.

(B) 주어를 수식하는 형용사 life-threatening과 and로 연결된 병렬구조.

     ┌ **serious**
These │ *and*   circumstances ~.
     └ **life-threatening**

(C) '감염이' 문제를 '일으키는' 것이므로 infections와 cause는 능동관계.
해설 연구자들은 식단에 활생균이 풍부한 사람들은 높은 면역 기능을 갖고

있다는 것을 알아냈다. 활생균은 면역 반응을 정상화하고 만성 감염을 억제하는 것으로 보인다. 오늘날에는 항생제에 저항력을 가진 질병 유발 물질의 염려되는 발생이 있다. 이러한 심각하고 생명을 위협하는 상황은 감염과 싸우는 활생균 박테리아의 이용에 관한 긴급한 연구를 촉발했다. 우리는 이제 활생균이 인체의 항체 레벨을 높일 수 있다는 것을 알고 있다. 이 면역 체계의 증가는 애초에 문제를 유발하는 감염의 위험을 감소시키는데 그럼으로 항생제 사용을 피한다. 많은 의사들은 항생제를 먹고 있는 환자들에게 좋은 박테리아를 대체할 수 있도록 생요구르트를 추천한다.

● **enjoy** (좋은 것을) 가지고 있다; 즐기다 **enhanced** 강화된 **immune** 면역 **normalize** 정상화하다 **inhibit** 억제하다 **chronic** 만성의 **infection** 감염 **alarming** 걱정스러운 **emergence** 발생, 출현 **agent** 물질; 약제 **resistant to** ~에 저항력이 있는 **circumstance** 환경 **prompt** 촉발하다 **antibody** 항체 **boost** 증가 **replace** 대체하다

구문 [1-2행] ~ people [**whose** diet is rich in probiotic foods]
enjoy enhanced immune function.

소유격 관계대명사 whose가 이끄는 절이 주어인 people을 수식하는 구조.

[3-4행] Today, there is an alarming emergence of disease-causing agents [**that** are resistant to antibiotics].

주격 관계대명사 that이 이끄는 절이 disease-causing agents를 수식하는 구조.

8 정답 (1) **being** (2) **(to) offer** (3) **more**
해설 (1) 동사 involves에 이어지는 being과 as well as로 연결된 병렬구조.

(2) 가주어 it에 이어진 진주어 to interrupt와 or로 연결된 병렬구조. You'll find out how tempting

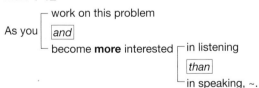

(3) 두 대상을 비교하는 「비교급 + than」 구조가 되어야 하므로 비교급 more가 적절.

As you ┌ work on this problem
       │ *and*
       └ become **more** interested ┌ in listening
                                    │ *than*
                                    └ in speaking, ~.

해설 남의 말을 뛰어나게 잘 들어주는 사람이 되는 유일한 방법은 연습을 많이 하는 것이다. 그것은 인내심을 갖는 것뿐만 아니라 논의되고 있는 것에 정말로 '참여하는' 것을 수반한다. 이것은 여러분이 대화에 끼어들어서 여러분의 순서를 잡기 전에 우선 무엇이 이야기되고 있는지를 이해하는 것을 의미한다. 상대방이 말을 끝내기 전에 끼어들거나 피드백을 주는 것이 얼마나 유혹적인지를 깨닫게 될 것이다. 아마도 스스로를 여러 번 자제한 후에야 여러분의 습관이 통제될 것인데, 그것은 날이 갈수록 점점 더 쉬워질 것이다. 이런 문제를 해결하려 애쓰고 말하기보다 듣기에 더 흥미를 느끼게 됨에 따라, 여러분은 경청에 기반을 둔 서로 존중하고 만족스러운 관계로 가는 길을 닦게 될 것이다.

● **practice** 연습 **involve** 수반하다 **present** (특정 장소에) 있는, 참석한

---

patient 인내심 있는 **jump in** (대화에) 불쑥 끼어들다 **take one's turn** 자기 순서를 잡다 **tempting** 솔깃한, 유혹적인 **interrupt** 끼어들다, 방해하다 **catch oneself** 자제하다 **under control** 통제되는 **pave the way for** ~을 위한 길을 닦다, 상황을 조성하다 **mutually** 상호 간에 **respectful** 존경심을 보이는 **satisfying** 만족스러운

구문 [2-3행] ~ you first understand **what** is being said //
                S'   V'   O'
before you jump in *and* take your turn.

의문대명사 what이 이끄는 명사절이 동사 understand의 목적어로 쓰였다.

UNIT 09 쓰임상의 구분 Ⅰ

➡ 1 형용사 | 2 부사 | 3 형용사 | 4 명사(구) | 5 전치사

UNIT Exercise

본문 p. 47

01 정답 **alphabetically**
해설 동사 are arranged를 수식하는 자리이므로 부사가 적절.
해석 교육 과정은 학생들이 자신이 찾고 있는 것을 빨리 찾을 수 있도록 알파벳순으로 정리되어 있다.
● **arrange** 정리하다; 정하다 **alphabetical** 알파벳순의

02 정답 **exactly**
해설 형용사 alike를 수식하는 자리이므로 부사가 적절.
해석 진열되어 있는 어떤 두 켤레의 신발도 완전히 똑같지 않다. 각각의 신발들은 그것들을 신을 사람들만큼이나 독특하다. ● **pair** (신발 한) 켤레; 쌍 **on display** 진열된 **exact** 정확한 **alike** (아주) 비슷한 **unique** 독특한, 유일무이한

03 정답 **highly**
해설 문맥상 '상당히, 매우'란 뜻이므로 부사 highly가 적절하다. 부사 high는 '높이'의 의미로 문맥과 맞지 않다.
해석 후보자는 매우 팀 지향적이어야 하며 우수한 의사소통 능력을 갖춰야 한다. ● **candidate** 후보자 **team-oriented** 팀 지향적인 **exceptional** 우수한, 특출한

04 정답 **high**
해설 remain은 '~인 상태로 남아 있다'라는 뜻으로, 주어인 birth rates를 보충 설명하는 주격보어 자리이므로 형용사가 와야 한다.
해석 그래프가 보여주듯이 사망률이 감소하기 시작하고 출생률은 여전히 높아서 빠른 인구 증가를 낳고 있다. ● **rate** 비율 **decline** 감소하다 **remain** (계속, 여전히) ~이다 **result in** (결과적으로) ~을 야기하다

05 정답 **short**
해설 「keep + 목적어(their nails) + 목적격보어(short)」 구조이며 보어 자리이므로 형용사가 와야 한다.
해석 야생에서는 햄스터가 굴을 파서 발톱을 짧게 유지한다.
● **wild** (야생의) 자연 **hamster** 햄스터 **nail** 발톱; 손톱 **dig** (구멍 등을) 파다 **burrow** 굴

06 정답 **although**

해설 주어(the Chinese diet), 동사(varies)를 갖춘 절이 이어지므로 접속사가 와야 한다.

해석 한 공동 연구에 의하면 중국인의 식단은 지역마다 다르지만, 일반적으로 많은 양의 쌀과 그 외의 곡물들, 그리고 간장과 두부를 포함하고 있다.

● **joint** 공동의, 합동의 **vary** 다르다 **region** 지역 **grain** 곡물 **soy sauce** 간장 **tofu** 두부

07 정답 **like**

해설 명사(sponges)가 이어지므로 전치사가 올 자리이다. 전치사 like는 '~와 같은'의 뜻. alike는 형용사(비슷한) 또는 부사(비슷하게)로 쓰인다.

해석 아이들은 스펀지와 같다. 그들은 자신들을 둘러싼 자극으로부터 정보를 빨아들인다. ● **soak up** 빨아들이다 **stimuli** 자극(stimulus)의 복수 **surround** 둘러싸다

08 정답 **✕ / during**

해설 명사구(the first half ~ century)가 이어지므로 전치사 during으로 고쳐야 한다.

해석 20세기 전반기에 피카소가 당대 가장 유명한 예술가가 되었고 성공의 모델이 되었다는 것은 의심의 여지가 없다. ● **model** 모델, 본보기

09 정답 ○

해설 be devoted to(v하는 데 몰두하다)의 to는 전치사이므로 making은 적절.

해석 그녀는 평화와 사회 정의를 지지하여 세상을 더 나은 곳으로 만드는 데 일생을 바친 이상주의자였다.

● **idealist** 이상주의자 **advocate** 지지[옹호]하다 **justice** 정의

10 정답 ○

해설 형용사 unusual을 수식하는 부사 자리이고, 문맥상으로도 highly(상당히, 꽤)가 적절.

해석 그녀는 과학 교육을 받았는데, 이것은 19세기 초의 소녀들에게는 상당히 드문 일이었다. ● **unusual** 드문, 특이한

UNIT 09 실력다지기

본문 p. 48

1 정답 **healthily → healthy**

해설 동사 stay의 보어 자리이므로 부사 healthily를 형용사 healthy로 고쳐야 한다.

해석 몇몇의 비영리 단체들은 아프리카의 어린이들이 좋은 교육을 받고 건강하게 지낼 수 있도록 도왔다.

● **non-profit** 비영리적인 **organization** 단체, 기관

2 정답 **near → nearly**

해설 부사 always를 수식하는 부사 자리이고, 문맥상 뜻이 통하도록 near(가까이)를 nearly(거의)로 고쳐야 한다.

해석 빵과 잼은 맛있고 구하기 쉽기 때문에 거의 항상 아침 식사로 제공된다.

3 정답 **enough spacious → spacious enough**

해설 spacious는 형용사이므로 enough를 형용사 뒤에 오도록 고쳐야 한다.

해석 제품 설명서에는 텐트를 설치하고 해체하는 것이 쉽고 편리하며 성인 네 명이 잘 수 있을 만큼 충분히 넓다고 되어 있다.

● **description** 설명서, 해설 **set up** (기계·장비를) 설치하다 **take down** (해체하여) 치우다 **spacious** 널찍한

4 정답 **because → because of 또는 due to**

해설 명사구(the pressure of work)가 이어지므로 접속사 because를 전치사 because of 또는 due to로 고쳐야 한다.

해석 일의 압박감 때문에 심적, 정서적 불안정을 겪는 사람이 점점 늘고 있다. ● **instability** 불안정 **pressure** 압박

5 정답 **like → alike**

해설 동사 are의 보어 자리이고 문맥상 '닮다'라는 뜻이 적절하므로 형용사 alike(닮은)로 고쳐야 한다.

해석 그들이 모두 너무나 여러 점에서 닮았다는 사실은 그들이 더 사이좋게 지내도록 도왔다. ● **get along** 사이좋게 지내다

6 정답 ①

해설 (A) 주어 These marathon swims를 보충 설명해 주는 주격보어 자리이므로 형용사가 적절. 부사는 보어로 쓰일 수 없다.

(B) 뒤에 주어(this particular polar bear)와 동사(was)를 갖춘 절이 이어지므로 접속사 Although가 적절하다.

(C) 동사 grow(증가하다)를 수식할 수 있는 부사가 적절. grow old처럼 grow가 '~해지다'의 의미로 쓰여 뒤에 형용사 보어를 둘 때의 쓰임과 구분해야 한다.

해석 암컷 북극곰 한 마리가 최근에 미국 알래스카 주 북쪽의 보퍼트 해에서 9일 동안 쉬지 않고 헤엄쳤는데, 이는 700킬로미터를 이동한 셈이다. 도대체 왜 이 북극곰이 그렇게 멀리까지 헤엄쳤을까? 지구 온난화가 바다의 얼음을 녹게 하면서 이 동물들은 육지에 닿을 때까지, 종종 새끼들과 함께 더 먼 거리를 헤엄쳐야만 한다. 이러한 장시간에 걸친 헤엄은 어른 곰과 새끼 곰 모두에게 매우 위험하며, 그것들 중 많은 수가 그 여정을 헤쳐 나가지 못한다. 비록 이 특별한 북극곰이 운 좋게 살아남긴 했지만, 그 곰은 기록적인 헤엄으로 체중의 22퍼센트가 줄었다. 사람들이 기후 변화를 늦추기 위해 무언가를 하지 않는 한, 얼음이 계속해서 줄어들면서 이 위험한 여정으로 인해 죽는 북극곰들의 수는 급격히 증가할 것이다.

● **female** 암컷의; 여성의 **polar** 북극의 **cover** (거리를) 이동하다 **paddle** 헤엄치다 **melt** 녹다; 녹이다 **distance** 거리 **young** (동물의) 새끼; 젊은, 어린 **make it through** 헤쳐 나가다, ~을 통과하다 **particular** 특별한; 특정한 **fortunate** 운 좋은 **record-setting** 기록적인 **rapid** 빠른 **shrink** 줄어들다

구문 [4-5행] These marathon swims are too dangerous / for
　　　　　　　　　　　　S　　　　　V　　　　　C
both the adults and the young, // **many of which** don't make it through the trip.

many of which 이하의 관계대명사절은 선행사인 both the adults and the young을 보충 설명하는 역할을 한다.

7 정답 ③

해설 (A) 「feel + 형용사 보어」는 '~하게 느끼다'란 뜻. 부사는 보어로 쓰일 수 없다.

Many parents ─┬─ **worry** about the state of the world today
　　　　　　　　│ [and]
　　　　　　　　├─ **wonder** how they can feel safe // when
　　　　　　　　│　　　　　　　　　　　　　V'　　C'
　　　　　　　　└─ (they are) raising kids ~.

(B) '다른 남자아이가' '동작을 해 보이는' 것이므로 The other boy(의미상 주어)와 motion은 능동관계.

(C) 뒤에 (대)명사(him)가 이어지므로 전치사가 필요하다. 전치사 like는 '~처럼, ~와 같은'의 뜻. alike는 형용사(비슷한) 또는 부사(같게, 비슷하게)로 쓰인다.

해석 많은 부모들이 오늘날 세상의 상황에 대해 걱정하고, 이 무서운 세상에서 아이를 키우면서 어떻게 안전하다고 느낄 수 있을까 생각한다. 그러나 나는 아직 희망이 있다는 것을 알았다. 초보 엄마였을 때 나는 두 명의 십 대 남자아이들과 함께 엘리베이터에 타고 있었다. 문이 열리자 한 남자아이가 먼저 막 내리려고 했다. 다른 남자아이는 그의 친구 앞에 팔을 뻗으면서 나에게 먼저 내리라는 동작을 해 보였다. 나는 그 아이의 친절과 예의가 담긴 그 단순한 손짓에 감동했다. 나는 그 아이에게 고맙다고 했고, 또한 멋진 일을 한, 즉, 그렇게 예의 바른 아이를 키운 그 아이의 엄마에게 감사함을 전해달라고 했다. 나는 그 순간 내 아이들을 그 아이처럼 키우겠다고 마음속으로 맹세했다.

● **state** 상황, 상태 **raise** 양육하다, 키우다 **brand-new** 아주 새로운 **be about to-v** 막 v하려고 하다 **get off** (차에서) 내리다 **motion** 동작을 해 보이다 **thoughtfulness** 친절; 사려 깊음 **manners** 예의 **thank A for v-ing** A에게 v한 것에 대해 고마워하다 **polite** 공손한, 예의 바른

구문 [6-7행] ~, and also **asked him to thank** his mother for
                            V   O   C
doing a wonderful job: ~.
「ask + 목적어 + to-v (목적어에게 v할 것을 요청하다)」 구문.

8 **정답** ⓐ **original / originally** ⓔ **high / highly**
해설 ⓐ 동사 was designed를 수식하는 자리이므로 부사가 적절.
ⓔ 형용사 pleasurable을 수식하여 '매우 즐거운'이라는 문맥이므로 부사 highly(매우, 상당히)가 적절.
오답풀이 ⓑ 뒤에 명사구(the shipping process)가 이어지므로 전치사가 올 자리이다.
ⓒ 뒤의 형용사를 수식하는 자리이므로 부사가 적절.
ⓓ 뒤의 문장 전체를 수식하므로 부사가 적절.
해석 버블랩은 원래 1950년대 한 미국 회사의 두 명의 직원에 의해 고안되었다. 그들의 업무는 내벽에 사용할 '초현대적인' 장식물을 내놓는 것이었다. 그러나 그것이 선적 과정 동안에 상품을 보호하기 위한 포장재로 더 유용한 것이 밝혀졌다. 공기가 채워진 포켓들은 울퉁불퉁한 길과 거친 바다에서의 충격을 흡수하는 데 특히 우수했다. 게다가 공기 방울 사이의 비닐은 부서지기 쉬운 전자 부품들을 더 잘 보호하는 특수한 특성을 갖도록 고안되었다. 버블랩의 세 번째 용도는 그것을 터트리는 것이 매우 재미있다는 것이다. 그것은 매우 재미난 활동인데, 이것의 보편적인 매력이 매우 널리 알려지면서 가상의 버블랩 터트리기 시간을 원하는 사람들을 위한 웹 사이트까지 있다.

● **employee** 직원 **assignment** 업무, 임무 **come up with** (해답 등을) 내놓다, 찾아내다 **space-age** 초현대적인; 우주 시대의 **internal** 내부의 **shipping** 선적 **absorb** 흡수하다 **bumpy** 울퉁불퉁한 **rough** 거친 **additionally** 게다가 **property** 속성, 특성 **delicate** 부서지기 쉬운 **electronic parts** 전자 부품 **pop** 빵하고 터트리다[터지다] **pleasurable** 유쾌한, 즐거운 **appeal** 매력 **acknowledge** 알다, 인정하다 **virtual** 가상의 **session** (특정한 활동을 하는) 모임 또는 시간

구문 [7-9행] It is a highly pleasurable activity [**whose**
universal appeal is **so** widely acknowledged // **that** there is even a website for those [wishing to have ~ session]].
소유격 관계대명사가 이끄는 절이 선행사 a highly ~ activity를 수식하는 구조이고, 이 관계사절 안에 「so ~ that ... (매우 ~해서 …하다)」 구문이 있다.

UNIT Exercise   본문 p. 52

01 **정답** **that**
해설 ~, people did not know **that** ᔆthe heart ᵛpumps
             S   V   O
ᴼblood ~.
뒤에 「주어 + 동사 + 목적어」의 완전한 구조가 이어지므로 접속사 that이 올 자리이다. 여기서 that이 이끄는 절은 전체 문장의 목적어 역할을 하는 명사절이다.
해석 오랫동안, 사람들은 심장이 몸속에서 피를 순환시키는 것을 알지 못 했다. ● **pump** 퍼 올리다, 퍼내다 **circuit** 순환

02 **정답** **that**
해설 ~, reading is a skill [**that** becomes better with
practice].
뒤에 주어가 빠진 불완전한 구조가 이어지고 앞에 있는 선행사 a skill을 수식하므로 주격 관계대명사 that이 적절.
해석 다른 것들처럼, 읽기는 연습으로 더 나아지는 기술이다.

03 **정답** **which**
해설 선행사 artificial snow를 보충 설명하는 관계사절이므로 which가 적절하다. 앞에 콤마(,)가 있음에 유의할 것. 관계대명사 that은 콤마 뒤에서 선행사를 보충 설명하는 역할로 사용되지 않는다.
해석 많은 스키장이 인공 눈을 만들기 위해 스노 건을 사용하는데, 그것(인공 눈)은 산의 환경을 손상시킨다.
● **artificial** 인공적인 **harm** 손상시키다, 해를 끼치다 **environment** 환경

04 **정답** **whose**
해설 We have a number of local growers [**whose** produce
is picked and delivered ~].
문맥상 '현지 재배자들의 농산물'을 의미하고 뒤따르는 명사 produce와 함께 관계대명사절의 주어를 이루는 소유격 관계대명사가 들어가는 것이 적절.
해석 우리는 수확되어 24시간 이내로 우리 고객에게 배송되는 농산물의 많은 현지 재배자들이 있다.
● **local** 현지의; 지역의 **produce** 농산물; 생산하다

05 **정답** **which**
해설 Archaeologists have found a very ancient village, **which**
       S   V   and it(=the very ancient village)
● dates back ~.
    V'
뒤에 주어가 빠진 불완전한 구조가 이어지고 있고, 앞에 나온 명사구 a very ancient village를 선행사로 하면서 주어 역할을 하는 관계대명사 which 가 올 자리이다.
해석 고고학자들은 매우 오래된 마을을 발견했는데, 그 마을은 놀랍게도 역사가 7만 년까지 거슬러 올라간다.
● **archaeologist** 고고학자 **ancient** 아주 오래된, 고대의 **village** 마을 **date back** (역사가 ~까지) 거슬러 올라가다 **incredible** 믿기 힘든

06 정답 **when**

해설 Dinner is a time [**when** parents can teach good
_{S'} _{V'} _{O'}
manners and values].
뒤에「주어 + 동사 + 목적어」의 완전한 구조가 이어지므로 관계부사 자리이다.
시간을 나타내는 선행사 a time이 있으므로 관계부사 when이 적절하다.
해석 저녁 식사는 부모가 올바른 예절과 가치관을 가르칠 수 있는 시간이다.
● manners 예절 values ((복수형)) 가치관

07 정답 **that**

해설 If you're having trouble locating a place [**that** is
_{V'}
mentioned / in a historical document], ~.
뒤에 주어가 빠진 불완전한 구조가 이어지므로 주격 관계대명사 that이 적절
하다. 단지 선행사 a place가 장소라는 점 때문에 무조건 관계부사 where
를 고르지 않도록 주의한다.
해석 역사적인 문서에 언급된 장소의 위치를 알아내는 데 애를 먹고 있다면
시간이 흐르면서 그 지명이 바뀌었기 때문일 수도 있다.
● locate ~의 위치를 찾아내다 mention 언급하다 historical 역사적인

08 정답 **which**

해설 The reason [**which** he gave ●] was that his car was ~.
_S _{S'} _{V'} _V _C
뒤에 목적어가 빠진 불완전한 구조가 이어지므로 관계대명사 자리이다. 이유
를 나타내는 선행사 The reason이 있다고 해서 무조건 관계부사를 답으로
하지 않도록 주의한다.
해석 그가 댄 이유는 그 사고가 일어났을 때 자신의 차가 정지된 상태였고,
그는 그 증거가 인멸되는 것을 원치 않았다는 것이었다.
● stationary 정지된 evidence 증거 destroy 멸하다; 파괴하다

09 정답 **that**

해설 ~ clear information about all the changes [**that** are
_{V'}
happening / in education].
뒤에 주어가 빠진 불완전한 구조가 이어지고 앞에 선행사 all the changes
가 있으므로 주격 관계대명사 that이 적절하다.
해석 이 강의의 목적은 여러분에게 교육에서 일어나고 있는 모든 변화에
대한 명확한 정보를 제공하는 것입니다.
● aim 목적 lecture 강연 education 교육

10 정답 **what**

해설
┌ (that) another economic slowdown is coming
He thinks │ *and*
└ that it will be much worse / than what we've
  just experienced ●.
뒤에 목적어가 빠진 불완전한 구조가 이어지고 선행사가 앞에 없으므로 관계
대명사 what이 적절하다. 여기서 what은 the economic slowdown
which[that]를 뜻한다.
해석 그는 또 다른 불경기가 다가올 것이며 그것은 우리가 이제 막 겪은 것보
다 훨씬 심할 것이라고 생각한다. ● economic slowdown 불경기

11 정답 **× / that**

해설 Recent studies are showing **that** ^Ssleeping on your
_S _V _O
left side ^Vmay lead to ^Obetter health, helping the flow of
blood to your heart.
뒤에「주어 + 동사 + 목적어」의 완전한 구조를 이끌어 동사 show의 목적어

역할을 하는 명사절을 이끌 수 있는 접속사 that으로 고쳐야 한다. helping
은 분사구문을 이끈다.
해석 최근 연구들은 왼쪽으로 잠을 자는 것이 건강에 더 좋을지 모르며, 심장
으로 가는 혈액 순환을 돕는다는 것을 보여주고 있다.

12 정답 **× / whose**

해설 ~ a new house [**whose** price equals ten times our
average annual income].
문맥상 '새집의 가격'이란 뜻이므로 소유격 관계대명사 whose로 고쳐야 한
다. 관계사절 내에 이미 주어 price가 있으므로 주격 관계대명사 which는
적절하지 않다.
해석 우리는 우리의 평균 연소득의 10배에 해당하는 가격의 새집을 살 여유
가 없다. ● afford ~할 여유가 되다 purchase 구입하다 annual 연간의
income 수입

13 정답 **× / where 또는 in which**

해설 장소를 나타내는 선행사 the location or region이 있으므로 관계
부사 where로 고쳐야 한다. 또는 in which로 바꾸어 쓸 수 있다.
해석 유럽산 와인, 특히 이탈리아와 프랑스산 와인은 포도 품종 자체보다는
포도가 자라는 위치나 지역의 이름을 따서 흔히 명명된다.
● particularly 특히 variety 품종

14 정답 **× / what**

해설 Scientists emphasize ^S**what** we learn ● about
_S _V _O
microbial species ^Vcould lead to^Oimportant knowledge ~.
선행사가 없으므로 관계대명사 that이 올 수 없고, 뒤에 이어지는 절의 구조
가 불완전하므로 접속사 that도 올 수 없다. 따라서 관계대명사 what으로
고쳐야 한다. what이 이끄는 절은 전체 문장의 목적어 역할을 하는 명사절에
서 주어 역할을 한다.
해석 과학자들은 우리가 미생물에 대해 배우는 것이 우리의 환경과 우리
자신에 대한 중요한 지식으로 이어질 수 있다고 강조한다.
● emphasize 강조하다

15 정답 **× / where 또는 in which**

해설 뒤에「주어 + 동사 + 목적어」형태의 완전한 구조가 이어지므로 관계
부사인 where가 적절하다. 또는 in which로 바꾸어 쓸 수 있다. 관계부
사 where는 반드시 물리적인 장소만 선행사로 취할 수 있는 것이 아니라
point, case, situation 등도 선행사로 취할 수 있다.
해석 불확실성이 그저 일상의 한 부분인 시기에는 우리가 귀중한 관점을 아
마도 얻을 수 있는 몇 가지 점들을 바라보자.
● uncertainty 불확실성 valuable 귀중한 perspective 관점

16 정답 (1) **C / them / whom** (2) **D / that / what**
(3) **G / whom / who 또는 that**
해설 C 콤마( )로 분리되어 있는 두 개의 절을 연결할 접속사 역할과 앞에 나
온 명사구 many actors를 대신 받을 대명사 역할을 겸할 수 있는 관계대
명사가 필요하며, 전치사 of가 앞에 있으므로 them을 whom으로 고쳐야
한다.
D 선행사가 없으므로 관계대명사 that이 올 수 없고, 뒤에 이어지는 절의 구
조가 불완전하므로 접속사 that도 올 수 없다. 따라서 관계대명사 what으로
고쳐야 한다. what이 이끄는 절은 분사구문인 detailing의 목적어 역할을
하는 명사절이다.
G Parents [**who**[**that**] often spend time teaching their
children] can improve ~.

뒤에 주어가 빠진 불완전한 구조가 이어지고 앞에 사람을 나타내는 선행사 Parents가 있으므로 whom을 주격 관계대명사 who나 that으로 고쳐야 한다.

오답풀이 A 뒤에 recommended의 목적어가 빠진 불완전한 구조가 이어지고 앞에 사물을 나타내는 선행사 the place가 있으므로 목적격 관계대명사 which는 적절.

B 선행사는 cases이고 관계부사인 where 뒤에 완전한 구조의 절이 이어지고 있으므로 적절.

E There are now a number of schools in the area [**which** [**that**] teach Korean].

뒤에 주어가 빠진 불완전한 구조가 이어지고 앞에 사물을 나타내는 선행사 a number of schools가 있으므로 주격 관계대명사 which 또는 that은 적절.

F 뒤에 완전한 구조가 이어지고 방법을 나타내는 선행사 the way가 있으므로 관계부사 how가 들어갈 자리이지만, 선행사 the way와 how는 함께 쓸 수 없으므로 적절.

해석 A 우리는 모두 채식주의자이며, 그가 저녁 식사로 추천했던 장소에서 멋진 식사를 했다. • vegetarian 채식주의자 recommend 추천하다

B 나는 우리의 추천의 가치를 깨달으면 우리를 다시 찾아오는 많은 경우들을 보아왔다.

C 나는 많은 배우들과 함께 일했었는데, 그중 몇몇은 내가 별로 좋아하지 않았다.

D 그는 우리가 유전학에 대해 알고 있는 것과 모르고 있는 것을 상세히 기술한 책을 최근에 출판했다. • genetics 유전학

E 현재 이 지역에는 한국어를 가르치는 많은 학교들이 있다.

F Martin Luther King은 미국에서 흑인들이 대우받았던 방식에 큰 변화를 가져오는 것을 도왔다. • bring about 초래하다

G 자녀들을 가르치는 데 시간을 자주 보내는 부모들은 그들의 지식도 향상시킬 수 있다.

UNIT 10 실력다지기

본문 p. 54

1 **정답** ②

해설 (A) 선행사 the food and color test를 보충 설명하는 관계사절이므로 which가 적절. 관계대명사 that은 콤마 뒤에서 선행사를 보충 설명하는 역할로 쓰이지 않는다.

(B) 콤마(,) 앞뒤 두 개의 절을 연결할 접속사 역할을 하면서 뒤에 나온 절의 주어 역할을 겸하는 관계대명사가 올 자리이다. 이때 which가 이끄는 절은 앞에 나온 선행사 the test를 보충 설명한다.

(C) ~, only 30 percent of the volunteers [**who** tasted the cherry] could identify ~.

선행사는 the volunteers로 사람 선행사를 받는 관계대명사 who가 적절.

해석 (눈으로) 보는 것은 강력하다. 음식과 색깔(에 관한) 테스트를 생각해보라, 그리고 이 테스트는 H. A. 로스 박사가 1998년에 실시했다. 그는 음료 하나를 택해서 거기에 다양한 단계의 강도로 색깔을 입혔다. 그런 다음 어떤 음료가 더 달콤한지 (실험에) 자원한 사람들에게 물었다. 몇백 명의 학생들이 그 테스트를 받았는데, 그것은(그 테스트는) 그들 모두를 속였다. 그들은 색깔이 진하면 진할수록 그 음료가 더 달콤하다고 믿었다. 그러나 사실은 그와 반대였다! 또 다른 테스트에서 C. N. 듀보스는 실험 대상들에게 포도, 레몬 라임,

체리, 그리고 오렌지 음료를 맛볼 것을 요청했다. 자원자들은 색깔이 일치할 때 맛을 정확히 찾아내는 데 아무 문제가 없었다. 그러나 그 색깔과 맛이 바뀌자 체리를 맛본 자원자들의 30퍼센트만이 맛을 제대로 알 수 있었다. 실제로 40퍼센트는 체리 음료가 레몬 라임(음료)이었다고 생각했다.

• sight 봄; 시야, 시력 perform (과제 등을) 수행하다; 공연하다 stage 단계 intensity 강도, 세기 volunteer 자원자 trick 속이다 opposite 반대 subject 실험 대상 sample 맛보다 identify (신원 등을) 알아보다 flavor 맛, 풍미 match up 일치하다 switch 바꾸다, 전환하다

구문 [3행] He then asked volunteers which drink was sweeter.
S　　　　V　　IO　　　DO

「ask + 간접목적어 + 직접목적어 (~에게 …을 묻다)」 구조. 이때 which는 직접목적어절을 이끄는 의문형용사로 쓰였다.

[4-5행] They believed that **the stronger** the color, **the sweeter** the drink.

「the + 비교급 ~, the + 비교급 … (~하면 할수록 더욱 …하다)」 구문.

2 **정답** ⑤

해설 (A) Many people set goals [**that** are far beyond their capacity to achieve], ~.

앞에 선행사인 goals가 있고, 뒤에 주어가 빠진 불완전한 구조가 이어지므로 관계대명사 that이 와야 한다.

(B) *The primary reason* [(why) this happens] is // **that**⁵ they ᵛhave tried°to do ~.

뒤에 「주어 + 동사 + 목적어」의 완전한 구조가 이어지므로 접속사 that이 적절. 여기서 that이 이끄는 절은 전체 문장의 보어 역할을 하는 명사절이다.

(C) ~ by confidently believing // **that** if you ~ way, / you⁵ will eventually reach your goal.

뒤에 「주어(you) + 동사(will reach) + 목적어(your goal)」의 완전한 구조가 이어지므로 접속사 that이 적절. 이때 if you ~ way는 부사절이다. 전체 문장에서 that이 이끄는 절은 동명사 believing의 목적어 역할을 하는 명사절이다.

해석 많은 사람들은 그들의 달성 능력을 훨씬 넘어서는 목표를 세우고, 잠깐 동안 그 목표를 위해 노력하다가 이내 포기한다. 그들은 낙담하고 목표 설정이 적어도 자신들에게는 효과가 없다고 결론짓는다. 이런 일이 일어나는 주된 이유는 그들이 너무 많은 것을 너무 빨리 하려고 했기 때문이다. 여러분의 의무는 올바른 방법으로 올바른 것을 계속하면 결국 목표에 도달할 것이라고 확실하게 믿음으로써 긍정적인 정신 상태를 만들고 유지하는 것이다. 여러분이 계속해서 최선을 다하면 결국은 성공하리라는 것을 절대적으로 믿어야 한다.

• goal 목표 capacity 능력 achieve 달성하다 quit 포기하다, 그만두다 discouraged 낙담한 conclude 결론짓다 at least 적어도 primary 주된, 주요한 responsibility 의무, 책임 maintain 유지하다 positive 긍정적인 attitude 사고방식 absolutely 절대적으로 keep on 계속하다 ultimately 결국, 궁극적으로

3 **정답** (1) when (2) on the outside that shows others what you will become

해설 (1) I will never forget the moment (on my first hike) [**when** ⁵my grandfather ᵛstopped / to pick up a caterpillar].

뒤에 「주어(my grandfather) + 동사(stopped)」의 완전한 구조가 이어지고 시간을 나타내는 선행사 the moment를 수식하므로 관계부사 when이 적절.

(2) ~ there is <u>nothing</u> in you on the outside [**that** <u>shows</u>
V′

others **what** you will become ●].
IO′　　DO′

「show + 간접목적어 + 직접목적어 (~에게 …을 보여주다)」 구조인 that절
안에서 others는 간접목적어, what이 이끄는 명사절은 직접목적어이다.
직접목적어는 뒤에 동사 become의 보어가 빠진 불완전한 절을 이끌고 '무
엇'을 의미하는 의문대명사 what이 적절.

해석 나는 처음으로 하이킹하던 날 할아버지께서 가시던 길을 멈추고 애벌
레 하나를 집어 드셨던 그 순간을 잊지 못할 것이다. "이것은 언젠가 예쁜
나비가 될 거야. 애벌레를 자세히 보고 우리가 어떻게 그것을 알 수 있는지 말
해 보렴." 나는 그런 표시를 찾으려고 애벌레를 자세히 보았다. 결국, 나는 말
했다. "애벌레에게는 나비가 될 거라는 걸 알려주는 게 없어요." "맞아!"라고
할아버지는 말씀하셨다. "그리고 너의 외면에는 다른 사람들에게 네가 무엇이
될지를 보여주는 것이 없단다. 너는 애벌레 안에서 무슨 일이 일어나는지 볼
수 없고, 다른 사람들도 너의 마음이나 생각 속에 무엇이 있는지 볼 수 없단다.
너만이 이 애벌레처럼 네가 무엇이 될 수 있는지 알고 있단다."

● **hike** 하이킹, 도보 여행　**caterpillar** 애벌레　**sign** 표시, 조짐
be capable of ~할 수 있다

구문 [7-8행] Only <u>you</u>, (like the caterpillar), <u>know</u> // **what**
S　　　　　　　　　　　　　　　V　　O

you are capable of becoming ●.
what이 이끄는 절이 동사 know의 목적어 역할을 하는 명사절로 쓰였다.

4 정답 ⓐ **which** ⓑ **where** ⓒ **that**

해설 ⓐ ~ an edible <u>vegetable oil</u> [**which**[**that**] we get from

the pulp of oil palm tree fruit].
뒤에 목적어가 빠진 불완전한 구조가 이어지고 앞에 사물을 나타내는 선행
사 an edible vegetable oil이 있으므로 목적격 관계대명사 that이나
which를 써야 하는데, 중복 사용이 불가하다는 조건이 있으므로 which가
적절.
ⓑ 뒤에 완전한 구조가 이어지고 장소를 나타내는 선행사 developing
countries를 수식하므로 관계부사 where가 적절.
ⓒ ~ <u>means</u> **that** ^Spalm oil production ^Vis also ^Ca major
V

contributor / to massive ~.
　　　　　　　　　　O

뒤에 「주어 + 동사 + 보어」의 완전한 구조가 이어지므로 접속사 that이 적절.
여기서 that이 이끄는 절은 전체 문장의 목적어 역할을 하는 명사절이다.

해석 야자유는 우리가 기름야자나무 열매의 과육에서 얻는 식용 식물성 기
름이다. 원래 서아프리카에서 온 기름야자나무는 현재 동남아시아의 열대 지
방에서 가장 흔하게 발견된다. 야자유 생산은 경제 발전을 추진하기 때문에
그것이 생산되는 개발도상국 인구가 빈곤에서 탈출하는 방법으로 여겨진다.
한 보고서에 따르면 야자유 산업은 인도네시아와 말레이시아에서 최대 350
만 명의 노동자를 고용하고 있다. 그러나 기름야자 농장의 급속한 확장은 야
자유 생산이 대규모 삼림 벌채의 주요 원인이라는 것 또한 의미한다. 실제로
산업용 기름야자 농장은 2005년 이후 보르네오섬의 삼림 벌채의 56%를 초
래했다.

● **edible** 먹을 수 있는　**pulp** 과육　**tropics** 열대 지방　**poverty** 빈곤
employ 고용하다　**expansion** 확장, 팽창　**plantation** 농장　**contributor**
원인 제공자　**massive** 거대한　**deforestation** 삼림 벌채[파괴]　**industrial**
산업의

PART II 밑줄 어법

UNIT 01 동사 밑줄

➡ 1 주어 | 2 단수 | 3 복수 | 4 명사 | 5 시간 | 6 동사의 과거형 |

7 had p.p. | 8 (should +) 동사원형 | 9 대등[동일]

UNIT Exercise

본문 p. 59

01 **정답** ✕ / is

해설 동명사구 주어(Mining for diamonds)는 단수 취급하므로 동사를 is로 고쳐야 한다.

해석 다이아몬드를 캐는 것은 비용이 많이 들며 고된 작업이다.

● mining 채굴, 채광 exhausting 진을 빼는 operation 작업

02 **정답** ✕ / were

해설 not only가 문장 앞으로 나오면서 주어와 동사의 순서가 바뀌었다. 주어는 동사 뒤에 있는 all of the ladies이므로 복수동사가 와야 한다.

Not only were all of the ladies naturally tall ~.

     V   S

해석 내가 이 무리에서 가장 키가 작았다. 모든 여자들은 본래 키가 컸을 뿐 아니라 한 명 한 명이 다 3에서 5인치의 하이힐을 신고 있었다!

● crowd 무리, 군중 naturally 본래, 선천적으로 heels 하이힐

03 **정답** ○

해설 Since then과 함께 쓰여 과거부터 현재까지의 계속된 상태를 나타내므로 현재완료 시제가 적절하게 쓰였다.

해석 아폴로 17호는 마지막 유인 달 탐사 비행이었다. 그 이후 어떤 인간도 공중에 떠서 지구 전체를 바라볼 수 있는 곳에 가지 못했다.

● manned 유인(有人)의; 사람을 실은 mission 우주 비행; 임무 float (물이나 공중에) 떠돌다 gaze 바라보다

04 **정답** ○

해설 that절 앞에 제안을 나타내는 동사 recommend가 있고 that절의 내용이 '~해야 한다'라는 당위성을 내포하고 있으므로 「(should +)동사원형」이 와야 한다.

해석 여권과 비행기 표는 그룹 리더가 안전하게 보관해 둘 것이 강력히 권고된다. ● highly 대단히, 매우 recommend 권고하다 passport 여권

05 **정답** ✕ / make

해설 문맥상 'v하는 데 사용되다'란 의미이므로 「be used to-v」가 적절하다. 「be used to v-ing」는 'v하는 데 익숙하다'란 뜻이다.

해석 매년 약 3천만 그루의 나무가 미국에서 판매되는 책을 만드는 데 사용된다.

06 **정답** ✕ / are thought

해설 문맥상 Dreams about shouting people이 중요한 메시지를 주고받는 것으로 '여겨지는' 것이므로 수동태가 되어야 한다.

해석 고함을 지르는 사람들에 대한 꿈은 중요한 메시지를 주고받는 것에 관한 것으로 여겨진다.

07 **정답** ✕ / gets

해설 동사 helps, boosts와 and로 연결된 병렬구조이다.

Exercise
┌ **helps** control blood pressure,
├ **boosts** the good blood cholesterol level,
├ *and*
└ **gets** the heart in shape.

해설 운동은 혈압을 조절하는 데 도움이 되고 좋은 콜레스테롤 수치를 증진하며 심장을 건강한 상태로 유지해준다.

● blood pressure 혈압 boost 신장시키다, 북돋우다 get (A) in shape (몸 등을) 좋은 상태로 유지하다

08 **정답** ○

해설 스포츠 단지가 '건설되고 있는' 것이므로 선행사(The new sports complex)와 관계사절의 동사(build)는 수동관계. 진행형 수동태가 적절히 표현되었다.

해석 옛 의류 공장 부지에 조성 중인 새 스포츠 단지는 축구와 테니스, 배드민턴을 위한 시설을 제공할 예정이다.

● complex (건물) 단지 site 부지, 장소 provide 제공하다 facility 시설

09 **정답** ○

해설 부분 표현 the majority of 다음에 나오는 명사 students가 복수이므로 복수동사 intend가 적절. 현재분사구 graduating ~ science는 students를 수식한다.

해석 이 보고서는 정치학 학사 학위를 받고 졸업하는 학생들의 대다수가 더 높은 수준의 학위를 추구하려 한다고 말한다.

● bachelor 학사 학위 소지자, 대학 졸업자 degree 학위 political science 정치학 pursue 추구하다

10 **정답** ✕ / subtract

해설 동사 add와 or로 연결된 병렬구조이므로 동사원형인 subtract로 고쳐야 한다.

       ┌ definitely **add** ┐
~ since businesses can │ *or* │ workers ~.
       └ even **subtract** ┘

해석 인건비는 사업 여건에 따라 기업들이 근로자를 분명히 증가시키거나 심지어 감축할 수 있어 가변적이다. ● variable 가변적인 subtract 빼다

11 **정답** enable → enables

해설 관계사절 내의 동사는 선행사의 수에 일치시킨다. 선행사는 humans가 아니라 a core social ability임에 주의한다. 단수명사이므로 enable을 단수동사 enables로 고쳐야 한다.

Empathy is a core social ability (of humans) [*that* **enables**
      선행사   V
us to understand ~].

해석 공감은 타인의 고통과 괴로움, 감정을 이해할 수 있게 해 주는, 사람들의 핵심적인 사회적 능력이다.

● empathy 공감, 감정 이입 core 핵심적인 distress 괴로움, 고통

12 정답 reject → be rejected

해설 주어인 Those와 동사인 reject는 수동관계이므로 reject를 be rejected로 고쳐야 한다.

해석 시설에 출입하는 사람들은 내일부터 신분증이 없으면 거부당할 것이다. • **facility** 시설, 기관 **reject** 거부하다, 거절하다

13 정답 increase → increasing

해설 부대상황을 뜻하는 분사구문이 and로 연결된 병렬구조로서, increase를 현재분사인 increasing으로 고쳐야 한다.

<u>Being in nature</u> <u>has</u> <u>a</u> ┌─ **reducing** anxiety and stress
　　　　S　　　　 V　　　 │ *and*
<u>profound impact on us</u>, └─ **increasing** our attention ~.

해석 자연에 있는 것은 우리에게 깊은 영향을 미치며, 불안과 스트레스를 줄이고 우리의 주의력과 창의력을 증가시킨다. • **profound** 깊은[엄청난] **impact** 영향 **anxiety** 불안 **attention** 주의 **capacity** 능력

14 정답 studied → (should) study

해설 앞에 요구를 나타내는 동사 demand가 있고 that절의 내용이 '~해야 한다'라는 당위성을 내포하고 있으므로 studied를 should study 또는 study로 고쳐야 한다.

해석 일부 심리학자들은 심리학이 정신적 과정이나 의식이 아닌, 관찰 가능한 행동만을 연구해야 한다고 강하게 요구했다.

• **psychologist** 심리학자 **observable** 관찰할 수 있는 **mental** 정신의 **consciousness** 의식

15 정답 will be completed → is completed

해설 until이 이끄는 시간의 부사절이므로 현재시제가 미래시제를 대신해야 한다. 따라서 will be를 현재형인 is로 고쳐야 한다. the field investigation과 complete는 수동관계이므로 수동태 표현이 적절하다.

해석 현장 조사가 완료될 때까지 건물은 폐쇄될 예정이다.

• **shut down** 폐쇄하다 **investigation** 조사

16 정답 (1) B, C, D, F, G
(2) A. reducing → reduces / E. struggles → struggle

해설 (1) B 내가 '(과거에)' 운전을 배운' 것을 기억하는 것이므로 동명사의 수동태인 being taught는 적절.
C 과거 사실을 반대로 가정하는 가정법 과거완료 구문이다.
D 과거부터 현재까지의 기간을 나타내는 부사구(since the economic crisis)와 함께 쓰여 지속되고 있는 상태를 나타내므로 현재완료 has turned는 적절.
F 과거부터 현재까지의 기간을 나타내는 부사구(since the late 19th century)와 함께 쓰여 지속되고 있는 상태를 나타내므로 현재완료 시제가 적절하고, 유조선이 '사용되는' 것이므로 수동태로 쓰인 것도 적절.
G 전명구(of electric cars on the road)의 수식을 받는 단수명사(The number)가 주어이므로 단수동사 is는 적절하고, 숫자가 '예측되는' 것이므로 수동태로 쓰인 것도 적절.
(2) A 「not only A but (also) B」 구문으로, 동사 increases와 병렬구조를 이루도록 reducing을 reduces로 고쳐야 한다.
E 현재분사구(living in poverty)의 수식을 받는 복수명사(People)가 주어이므로 struggles를 복수동사인 struggle로 고쳐야 한다.

해석 A 정형화된 공정은 생산성을 높일 뿐만 아니라 오류의 위험도 줄인다.

• **formalize** 형식을 갖추다; 공식화하다 **productivity** 생산성 **risk** 위험
B 20대 초반에 아버지로부터 운전을 배웠던 기억이 난다.
C 결함을 알았다면, 그녀는 그 차를 사지 않았을 것이다.

• **defect** 결함, 단점

D 세계 주요 증시 중 하나가 호조세로 돌아선 것은 경제 위기 이후 처음이다.

• **crisis** 위기
E 빈곤한 사람들은 그들의 가족을 먹여 살릴 안전하고 영양가 있는 음식을 공급하기 위해 매일 고군분투하는 일이 흔하다.

• **poverty** 빈곤, 가난 **struggle** 고군분투하다 **nutritious** 영양가 있는
F 유조선들은 19세기 후반부터 대량의 석유를 바다와 수로를 가로질러 운송하는 데 사용되어 왔다. • **tanker** 대형 선박 **transport** 운송하다, 수송하다; 수송 **waterway** 수로
G 도로 위의 전기 자동차 수는 보조 정책들과 가격 인하로 인해 2030년까지 전 세계적으로 1억 2천 5백만 대까지 증가할 것으로 예측된다.

• **predict** 예측하다 **expand** 확대되다 **supportive** 보조하는, 지원하는 **policy** 정책 **reduction** 인하; 축소

UNIT 01 실력다지기

본문 p. 61

1 정답 ⑤ have → has

해설 단수명사 the removal이 that절의 주어이므로 단수동사 has가 적절. 전명구 of the barriers between ~ adult information은 수식어구이다.

오답풀이 ① 과거부터 현재까지의 기간을 나타내는 부사구(for the past few decades)와 함께 쓰여 동작·상태의 계속을 나타내므로 현재완료(has played)가 적절.
② 명백한 과거를 나타내는 부사구(Before the electronic age)가 있으므로 과거시제(received)가 적절.
③ 성인 정보가 성인 도서에 '담겨 있었던' 것이므로 주어 Adult information과 contain은 수동관계이다. 따라서 「be + p.p.」 형태의 수동태가 적절.
④ 아이들이 성인의 상황과 성인의 인생관에 '노출되는' 것이므로 주어 Children과 expose는 수동관계이다. 따라서 수동태가 적절.

해석 텔레비전은 지난 수십 년간 아이들을 애어른으로 만드는 데 주요한 역할을 해왔다. 전자 시대 이전에는, 아이들이 주로 그들이 읽는 책에서 많은 사회적 정보를 얻었다. 아이들은 아동의 이해 수준에 맞는 정보가 든 아동 도서를 읽었다. 성인 정보는 성인 도서에 들어 있었는데, 아이들은 그 책들을 읽을 수 없었다. 오늘날, 아이들은 텔레비전을 통해 성인 정보를 접한다. 아이들은 성인의 상황과 성인의 인생관에 노출된다. 많은 사회 과학자들은 비성인 정보와 성인 정보 사이의 벽이 허물어져 아이들을 너무 일찍 성인의 세계로 밀어 넣었다고 보고 있다.

• **play a major role** 주요 역할을 하다 **creation** 창조, 창작 **adult-like children** 애어른, 어른 같은 아이 **decade** 10년 **electronic age** 전자 시대 **contain** ~이 들어 있다 **appropriate** 알맞은, 적절한 **have access to** ~을 접하다, ~에 접근하다 **expose** 노출시키다 **view of life** 인생관 **hold** 생각하다, 간주하다 **removal** 제거, 삭제 **barrier** 장벽, 장애물 **non-adult** 비성인(용)의 **push A into B** A를 B로 몰아넣다

구문 [3-4행] <u>Children</u> <u>read</u> <u>children's books</u> (containing
　　　　　　S　　 V　　　　 O　↑─────┘
information (appropriate to a child's level of understanding)).
　　　　　　└───────────┘

현재분사구 containing ~ understanding이 문장의 목적어 children's books를 수식하고, 이 분사구 안에서 형용사구 appropriate to ~ understanding이 containing의 목적어인 information을 수식하고 있다.

2 정답 ② to cost → cost

해설 동사인 are, have와 and로 연결된 병렬구조.

The newest ┌─ **are** five to eighteen inches long,
├─ **have** about ten parts,
├─ *and*
└─ **cost** just hundreds of dollars.

오답풀이 ① 주어가 생략되어 동사 단독으로 쓰이는 명령문. 따라서 동사원형이 적절하다.

③ 로봇들이 '설계된' 것이므로 주어 These robots와 design은 수동관계이다. 따라서 수동태(are designed)가 적절.

④ 주어가 단수명사 The motion이므로 단수동사 mimics는 적절하다.

⑤ fish는 단수와 복수의 형태가 같은 명사임에 주의. Although절의 주어 the latest robotic fish는 주절에서 they로 받았으므로 여기서 복수명사. 따라서 복수동사(are)가 적절.

해석 만(灣)의 바닥에서 파이프라인 망 사이를 헤엄치는 물고기 떼를 상상해 보라. 이 물고기들은 먹이를 찾고 있는 살아 있는 물고기가 아니라 파이프 손상과 오염 물질 누출을 순찰하고 있는 로봇들이다. 로봇 물고기는 잠수부나 잠수함이 들어갈 수 없는 장소에 들어갈 수 있다. 가장 최근의 로봇 물고기는 길이가 5인치에서 18인치이고 약 10개의 기관이 있으며, 가격은 몇백 달러 정도이다. 인조 합성물로 만들어진 이 로봇들은 꼬리는 유연하고 중간 부분은 단단하게 설계되었다. 이 합성물의 동작은 실제 물고기가 헤엄치는 동작과 유사하다. 가장 최근의 로봇 물고기는 거의 첨벙거릴 수 있는 단계까지 왔지만, 아직 호수와 바다에서 수영할 수는 없다. 도망친 로봇 물고기 이야기를 할 날이 오려면 몇 년이 더 걸릴 것이다.

● a school of ~의 떼, 무리 at the bottom of ~의 바닥에 bay 만(灣) search for ~을 찾다 patrol 순찰을 하다, 순회하다 pollutant 오염 물질 leak 누출 fit in (크기가) ~에 들어가기에 맞다 submarine 잠수함 part (동물의) 기관 cost (비용이) ~이다[~이 들다] synthetic 인조의 compound 합성물 flexible 유연한 rigid 단단한, 유연하지 않은 midsection 중간부 material 물질; 재료 mimic 유사하다, 흉내 내다 splash (물속에서) 첨벙거리다; 첨벙 하는 소리 get away 도망치다

구문 [3행] Robofish can fit in places [(where) divers and submarines can't (fit)].

생략된 관계부사 where가 이끄는 절이 places를 수식하고 있는 구조. can't 이후에는 앞에 나온 fit이 생략되었다.

[5-6행] These robots (made of a synthetic compound) are designed to be **flexible** in the tail *and* **rigid** in the midsection.

과거분사구(made ~ compound)가 These robots를 수식하여 주어가 길어졌다. to be에 이어지는 flexible과 rigid가 and로 연결된 병렬구조를 취하고 있다.

3 정답 ④ create → creates

해설 주격 관계대명사 that이 이끄는 절의 선행사는 a system이고, 주격 관계사절 내의 동사의 수는 선행사에 일치시켜야 하므로 단수동사 creates가 적절. 무조건 관계사 바로 앞에 있는 명사(researchers)를 선행사로 착각하지 않도록 주의한다.

오답풀이 ① by의 목적어 역할을 하는 동명사 exploring, determining과 and로 연결된 병렬구조이므로 대등한 형태의 taking은 적절.

② 동명사구 주어(having a robot report news)는 단수 취급하므로 단수동사 is가 적절.

③ 단수명사 Another robot이 주어이므로 단수동사 uses가 적절. 과거분사구 called Stats Monkey는 수식어구이다.

⑤ 분사구문의 의미상 주어는 주절의 주어 the system으로, 그 시스템이 '이용하는' 것이므로 능동관계이며 v-ing 형태가 적절.

해석 일본에서 제작된 한 로봇은 스스로 주변 환경을 탐색하고 관련이 있는지를 판단하여 내장된 카메라로 사진을 찍음으로써 기자의 업무를 수행할 수 있다. 그 로봇은 심지어 주변 사람들을 인터뷰하고, 이해를 높이기 위해 인터넷 검색까지 수행할 수 있다. 그러나 로봇이 뉴스를 보도하게 하는 것이 새로운 아이디어는 아니다. Stats Monkey라고 불리는 또 다른 로봇은 자동으로 통계 자료를 사용하여 스포츠 뉴스를 보도한다. 놀랍게도 그 기사는 마치 기자에 의해 작성된 것처럼 읽힌다. 게다가 호주의 과학자 로스 도슨은 News At Seven의 예시를 드는데, 이것은 노스웨스턴 대학의 연구원들에 의해 개발된, 가상의 뉴스쇼를 자동으로 만들어내는 시스템이다. 웹에서 쓸 수 있는 자료를 이용하면서 그 시스템은 뉴스 기사의 원고를 전개하기 위해 연관된 사진과 그 주제에 관한 언급이 있는 블로그를 검색해온다.

● perform 수행하다, 이행하다 journalist 기자 task 업무, 임무 on one's own 스스로 explore 탐색하다 determine 판단하다, 결정하다 relevant 관련 있는 built-in 내장된 nearby 근처의, 이웃의 improve 향상시키다 automatically 자동으로 statistics 통계 자료, 통계 read (~하게) 읽히다 furthermore 게다가 develop 개발하다; (이야기 등을) 전개하다 virtual 가상의 resource 자료 available 사용할 수 있는 comment 언급, 발언 text 원고

구문 [1-3행] A robot (made in Japan) can perform a
　　　　　　　　　 S　　　　　　　　　　　　　V
journalist's tasks / on its own by **exploring** its environment,
　　　O
determining what is relevant, *and* **taking** pictures with its built-in camera.

SVO의 구조로 이루어진 문장으로, by의 목적어 역할을 하는 동명사 exploring, determining, taking이 and로 연결된 병렬구조.

[6-8행] ~, Australian scientist Ross Dawson gives the example of **News At Seven**, **a system** (developed by Northwestern University researchers) [**that** automatically creates a virtual news show].

News At Seven과 a system 이하는 동격을 이룬다. developed가 이끄는 과거분사구와 주격 관계대명사 that이 이끄는 절 모두 a system을 수식한다.

4 정답 ⓐ be allowed ⓑ (should) let ⓒ have ⓓ submit ⓔ are

해설 ⓐ 사람들에게 '허용되는' 것이므로 주어 they와 allow는 수동관계이다. 따라서 수동태 「be + p.p.」가 적절.

ⓑ that절 앞에 주장을 나타내는 동사 insist가 있고 that절의 내용이 '~해야 한다'라는 당위성을 내포하고 있으므로 「(should +) 동사원형」이 와야 한다. 따라서 (should) let이 적절.

ⓒ 문장의 보어가 되는 that절의 동사 자리로서, that절의 주어인 riders가 복수이므로 have가 적절.

ⓓ would have to에 이어지는 take와 and로 연결된 병렬구조이므로 submit이 적절.

~, a rider would have to **take** an extra driving course *and* **submit** proof of health insurance.

ⓔ 전명구(of this kind)의 수식을 받는 복수명사 requirements가 주어이므로 복수동사 are가 적절.

해설 미국의 여러 주에서 헬멧을 착용하지 않고 오토바이 타는 것을 금하고 있다. 어떤 사람들은 이렇게 묻는다. 만약 사람들이 위험을 감수하고자 한다면, 그들에게 그렇게 하는 것이 허용되어야 하지 않는가? 그들은 정부에서 사람들이 원하는 대로 행동하도록 허용해야 한다고 주장한다. 칼럼니스트 존 티어니는 주(州)가 자유를 유지하는 동시에 안전을 증진시킬 수 있는 방법을 하나 제안했다. 기본적인 아이디어는 헬멧 착용을 원치 않는 오토바이 탑승자들은 특별 면허를 취득해야 한다는 것이다. 그 면허증을 얻으려면 추가 운전 코스를 이수하고 건강 보험 증서를 제출해야 한다. 티어니의 접근법은 머리카락에 바람을 느끼고 싶어 하는 사람들에게 모종의 비용을 부과한다. 그러나 이런 종류의 요건들은 금지 조치보다 개인의 자유를 더 존중하고, 또한 많은 도움이 될지도 모른다.

● ban 금지하다; 금지 **take a risk** 위험을 감수하다[무릅쓰다] **be allowed to-v** v하는 것이 허용되다 **insist** 주장하다 **columnist** 칼럼니스트, 정기 기고가 **promote** 증진시키다 **maintain** 유지하다 **license** 면허증, 자격증 **qualify** 자격(증)을 얻다[획득하다] **submit** 제출하다 **proof** 증명서 **health insurance** 건강 보험 **approach** 접근법 **impose** 부과하다 **requirement** 요건, 필요조건 **liberty** 자유 **do good** 도움이 되다, 이익이 되다 **as well** 또한

구문 [4-5행] The basic idea is that ^Sriders [who do not want to use a helmet] ^Vhave to get ^Oa special license.

동사 is의 보어로 쓰인 that절에서 주어(riders)는 주격 관계대명사 who가 이끄는 절의 수식을 받는다.

[7-8행] Tierney's approach **imposes** some costs on those [who want to feel the wind in their hair].

「impose A on B (A를 B에게 부과하다)」 구문. 주격 관계대명사 who가 이끄는 절이 those를 수식하는 구조.

5 정답 ⓑ sits / sit ⓒ was knowing / was known ⓓ forced / was forced

해설 ⓑ 관계사절 내 동사는 선행사의 수에 일치시켜야 하므로 sit으로 고쳐야 한다.

~ the famous street is lined with cafes and shops [that **sit** dangerously close to ~].
(선행사 / V)

ⓒ 독특한 지역이 '알려진' 것이므로 주어(the unique area)와 동사(know)는 수동관계. 따라서 동사를 was known으로 고쳐야 한다.

ⓓ 기차와 force는 수동관계이므로 수동태 was forced로 고쳐야 한다.

오답풀이 ⓐ 여러 곳이 '망쳐지고 있는' 것이므로 선행사(several places)와 관계사절의 동사(ruin)는 수동관계. 진행형 수동태가 적절히 쓰였다.

ⓔ government와 compel은 능동관계이므로 적절. compel A to-v A가 v하도록 강요[강제]하다

해설 자체적인 온라인 인기에 의해 망쳐지고 있는 곳이 몇 군데 있다. 예를 들어 베트남 하노이 시내의 한 거리는 관광객들이 인스타그램을 위해 사진을 찍는 인기 있는 장소가 되었다. 종종 '열차 거리'라고 불리는 이 유명한 거리에는 위험할 정도로 기차선로에 가까이 붙은 카페와 상점들이 늘어서 있다. 1902년에 지어진 이 독특한 지역은 황폐한 동네로 알려져 있었지만 소셜 미디어는 이 지역을 관광 명소로 바꾸어 놓았다. 사업장들은 셀카를 찍기 위해 철로를 찾은 관광객들로부터 이득을 얻었다. 하지만 2019년 10월 많은 관광객들이 선로에 올라 움직이지 않아 열차가 긴급 정차하는 사고가 발생했다. 이에 따라 하노이 시 정부는 그달 말까지 현지 사업장을 폐쇄할 것을 강요했다.

● ruin 망치다 **popularity** 인기 **construct** 짓다, 건설하다 **run-down** 황폐한 **tourist attraction** 관광 명소 **benefit** 득을 보다 **incident** 사건, 사고 **emergency** 비상 **masses** 많은 **municipal** 지방 자치제의 **compel** 강요하다

구문 [3-4행] Often **called** the "train street," the famous street is lined with cafes and shops ~.

Often called the "train street,"은 being이 생략된 형태의 수동형 분사구문이다.

6 정답 ⓐ been researching → been researched ⓕ was → were

해설 ⓐ 시각화의 효과가 '연구되는' 것이므로 주어(The effectiveness of visualization)와 동사(research)는 수동관계. 따라서 been researched로 고쳐야 한다.

ⓕ 주어는 people이므로 복수동사 were로 고쳐야 한다.

~ people [who visualized scoring goals / before they went to the field] were able to ~.
(S / 수식어 / V)

오답풀이 ⓑ 동명사구(visualizing your dreams)가 주어이므로 단수동사 provides가 적절.

ⓒ 주절에 제안을 나타내는 동사 suggest가 있지만 that절의 내용이 당위성을 담고 있는 게 아니라 사실적인 정보를 전달하는 것이므로 was가 적절.

ⓓ become과 and로 연결되는 것이므로 maintain이 적절.

ⓔ for가 이끄는 시간의 부사구(for many years)와 함께 쓰여 과거부터 현재까지 계속되는 상태를 나타내므로 현재완료가 적절.

해설 시각화의 효과는 아직 완전하고 확실하게 연구되지 않았다. 하지만, 많은 심리학자들은 꿈을 시각화하는 것이 성취감을 느끼는 성공적인 삶을 위한 분명한 초점을 제공한다고 말한다. 그들은 또한 목표를 달성하기 위해 일을 시각화하는 것이 사람들로 하여금 어려운 일을 하게 만들 가능성이 더 높다는 점을 시사했다. 시각화는 사람들에게 동기를 부여하고 그들의 목표를 최우선 순위로 유지하는 데 도움을 줄 수 있다. 실제로 프로 운동선수들은 수년간 성공적인 훈련 방법으로 시각화 기법을 사용해 왔다. 한 연구는 경기장에 가기 전에 골을 득점하는 것을 시각화한 사람들이 그렇지 않은 사람들보다 더 많은 골을 넣을 수 있다는 것을 발견했다. 즉, 우리의 사고방식은 우리의 동기 부여와 성공에 중요하다. 우리가 만든 비전을 믿는다면, 우리의 야망은 성취될 수 있다.

● effectiveness 효과, 유효(성) **visualization** 시각화 **thoroughly** 철저히 **definitively** 명확히 **fulfilled** 성취감을 느끼는 **motivated** 동기가 부여된 **priority** 우선 사항 **technique** 기법, 기술 **mindset** 사고방식, 태도 **motivation** 동기 부여 **ambition** 야망, 포부

UNIT 02 명사/대명사 밑줄

➡ 1 단수 | 2 복수 | 3 (의미상) 주어 | 4 접속사 | 5 가주어[가목적어]

UNIT Exercise

본문 p. 65

01 정답 ✕ / that
해설 밑줄 친 대명사는 앞에 나온 단수명사 temperature의 반복을 피하기 위해 사용된 것이므로 단수형 that이 적절하다.
해석 어떤 상어들은 체온을 주변 환경의 온도보다 몇 도 높게 유지하는 능력을 진화시켰다. ● evolve 진화시키다 maintain 유지하다

02 정답 ✕ / ours
해설 밑줄 친 대명사는 문맥에서 our senses를 대신하여야 하므로 「소유격 + 명사」의 역할을 하는 소유대명사 ours가 적절하다.
해석 고양이들은 변화에 매우 민감하다. 그들(고양이)의 감각은 우리의 것(감각)보다 훨씬 더 발달되어 있어서 집 안에 생긴 아주 작은 차이점도 스트레스를 일으킬 수 있다.
● sensitive 민감한 far 훨씬 stressful 스트레스를 일으키는

03 정답 ✕ / yourself
해설 명령문으로 주어 you가 생략되어 있다. 밑줄 친 대명사는 생략된 주어 you와 같은 대상을 지칭하므로 재귀대명사를 써야 한다.
해석 네 장점을 쓰고 그 재능으로 무엇을 하고 싶은지를 자문하라. 그것은 너를 네 삶의 목적으로 이끌 것이다.
● strength 장점, 강점 talent 재능, 재주 purpose 목적

04 정답 ✕ / whose
해설 ~, rescue workers were able to free the old man, **whose** foot was stuck ~.
=and his
콤마(,) 앞뒤 두 개의 절을 연결하는 접속사 역할을 하면서, 앞에 나온 명사 the old man을 받아 뒤 절에서 소유격을 대신할 수 있는 관계대명사 whose가 올 자리이다.
해석 한 시간 후에 구조대가 그 노인을 빼낼 수 있었는데, 그 노인의 발은 바위 밑에 끼어 꼼짝 못 하고 있었다.
● rescue 구조 free (걸린 데서) 빼내다 stuck (~에 빠져) 꼼짝 못 하는

05 정답 ○
해설 문맥에서 it은 동사 find의 가목적어로 쓰였으며, 진목적어는 to live a normal life이다.
해석 많은 영화배우들이 평범한 삶을 살아가는 것을 어렵다고 여긴다.
● normal 평범한

06 정답 ✕ / another
해설 여러 가지 중 하나는 one, 그 밖의 여러 가지 중 또 다른 하나는 another, 남아 있는 유일한 나머지 하나는 the other로 받는다. 비행기가 바꿀 수 있는 다양한 항로 중 하나를 가리키는 것이 문맥상 자연스러우므로 another가 적절.
해석 비행기가 악천후를 만나면, 비행기는 한 방향 또는 또 다른 방향으로 약간씩 항로를 바꾼다. ● hit (문제 등에) 봉착하다, 부닥치다 rough 거친 slightly 약간 direction 방향

07 정답 ○
해설 a lot of[lots of]는 셀 수 있는 명사와 셀 수 없는 명사를 모두 수식할 수 있다.
해석 소방대의 즉각적인 대응에도 불구하고 그 대형 화재는 마을에 많은 피해를 주었다. ● despite ~에도 불구하고 fire service 소방대 immediate 즉각적인 response 대응; 응답

08 정답 you → yourself
해설 의미상 주어 you와 동사 know의 목적어가 동일한 대상을 가리키므로 재귀대명사가 적절.
해석 자신의 장단점에 대해 스스로에게 솔직한가? 자신에 대해 진정으로 알고 자신의 약점이 무엇인지 배워라.
● strength 강점 weakness 약점; 힘이 없음

09 정답 a little → a few
해설 셀 수 있는 명사의 복수형 bruises and scratches를 수식해야 하므로 a little을 a few로 고쳐야 한다.
해석 코뿔소의 무서운 공격 끝에 동물원 사육사가 몇 군데 멍과 찰과상만 가지고 탈출한 것은 매우 행운이었다.
● escape 탈출하다 bruise 멍, 타박상 scratch 찰과상, 긁힌 상처

10 정답 their → its
해설 The material을 받으므로 대명사 their를 단수형 its로 고쳐야 한다.
해석 그 자재는 사람들에게 암을 유발하는 영향 때문에 많은 나라에서 금지되어 왔다. ● ban 금지시키다

UNIT 02 실력다지기

본문 p. 66

1 정답 ② they → which
해설 콤마(,) 앞뒤 두 개의 절을 연결하는 접속사 역할과 앞에 나온 명사(선행사) responses를 대신하여 뒤 절의 주어 역할을 겸할 수 있는 관계대명사 which가 올 자리이다. 이때 which ~는 선행사 responses를 보충 설명하는 역할을 한다.
오답풀이 ① Everybody는 단수 취급하므로 단수동사 has는 적절.
③ 밑줄 친 it은 가주어로 쓰였고, to have a problem이 진주어이다.
④ 동명사구 주어(admitting to having a problem)는 단수 취급한다.
⑤ 불특정한 problem을 대신하므로 단수부정대명사인 one은 적절.
해석 문제는 괜찮다. 사람들은 모두 문제를 갖고 있다. 인간은 환경 변화 없이는 살 수 없고, 모든 변화는 반응을 필요로 하기 마련인데, 이 반응은 문제 해결을 수반한다. 그래서 문제가 있는 것은 괜찮은 것이다. 그 문제를 해결하기 위해 기꺼이 뭔가를 할 의지와 능력이 있는 한 말이다. 그러나 많은 사람들은 문제가 있다고 인정하는 것이 실패를 인정하는 것이 될까 봐 두려워한다. 사람들은 "모든 것이 괜찮아. 문제없어!"라고 말하기를 좋아한다. 종종 (이렇게 말하는 저변에는) 어떤 변화라도 더 나쁜 쪽으로 갈 것이므로 새로운 문제에 대처하기보다는 이전의 익숙한 문제에 매달리는 것이 더 낫다는 잠재적인 두려움이 있다. 그러므로 여러분은 문제는 드러낼 수 있고 수용될 수 있으며 해결될 수 있다고 믿어야 한다.
● require 필요하다 response 반응; 대답 involve 수반하다 as long as ~하는 한 be willing to-v 기꺼이 v하다 admit 인정하다, 수용하다 admission 인정, 수용 underlying 잠재적인, 근원적인 for the worse 나쁜 쪽으로 hold on to ~에 매달리다 cope with ~에 대처하다, ~을 다루다 surface 드러나다, 나타나다; 표면

구문 [5-7행] Often there is an underlying fear / **that** any

change will be for the worse,

and it's *better* [than] ┌ **to hold on to** an old familiar problem
└ **to have to** cope with a new one.

접속사 that이 이끄는 절(that ~ new one)은 an underlying fear와 동격이다. and 이하는 「비교급 + than」 구문으로, 가주어 it의 진주어 to hold ~ problem과 비교 대상인 to have to ~ one이 than으로 연결된 병렬구조이다.

[7-8행] So you must believe that problems can **surface**, **be**
　　　　　　　　　　　　　　S　　　V　　　　　　O
accepted, [and] **be solved**.

2　**정답** ③ me → mine
해설 밑줄 친 대명사는 문맥상 my choice를 대신하므로 소유대명사 mine이 적절.
오답풀이 ① 동명사인 Succeeding이 이끄는 어구가 주어이므로 단수 동사인 starts가 적절.
② 동사 considered의 목적어가 주어 he와 같은 대상이므로 재귀대명사 himself가 적절.
④ responsibility는 셀 수 없는 명사이므로 a great deal of로 수식하는 것은 적절.
⑤ 문맥상 앞에 나온 employees의 소유격 자리이므로 복수형 their가 적절.
해석 여러분이 회사를 운영하건 우편실에서 편지를 분류하건 문제가 되지 않는다. 여러분이 하는 일에 성공하는 것은 그 업무에 대한 주인 의식을 가짐으로써 시작된다. 예를 들어, 톰 윌리엄스는 애플컴퓨터에서 일을 시작했다. 그 회사와의 관계가 어그러져서 그 회사에서 강제 퇴직당할 수밖에 없었지만, 그는 자기 자신이 원인이라고 생각했다. 그는 "저는 희생자인 체하는 사람들을 보면 참을 수가 없어요. 그렇게 된 것은 누구도 아닌 나의 선택이었어요."라고 말한다. 이제 톰은 한 벤처 자본 회사에서 많은 개인적 책임감을 즐기고 있다. 통계 자료를 보면, 회사의 근로자들이 그들의 업무 성과에 대해 책임감을 느낄 때 업무 만족도가 34퍼센트까지 증가한다고 한다.
● **run** 운영하다, 경영하다　**sort** 분류하다　**succeed in** ~에 성공하다　**ownership** 소유권　**fall apart** 끝나다, 결딴나다　**be forced out** 강제 퇴출되다　**consider A (to be) B** A를 B로 생각하다, 여기다　**stand** 참다　**play** ~인 체하다　**victim** 희생자　**a great deal of** 많은, 다량의　**statistics** 통계 (자료)　**satisfaction** 만족　**employee** 근로자　**work output** 업무 성과
구문 [1-2행] Succeeding in **what** you do ● starts / with
　　　　　　　　　　　　　　　　S　　　　　　　　V
taking ownership of the task.
동명사구 주어(Succeeding ~ do) 안에서 what이 이끄는 관계사절이 전치사 in의 목적어 역할을 한다.
[5행] **None** of this was anybody's choice **but** mine.
「not A but B (A가 아니라 B)」 구문을 적용하여 해석한다. None은 '아무 (것)도 ~ 않다'의 뜻.
[6-8행] Statistics show // **that** satisfaction (with work)
　　　　　　　　　　　　　　　　　　　　S'
improves by 34 percent / when employees (in a company)
　　V'　　　　　　　　　　　　　　　　　　S'
feel responsible / for their work output.
　V'　　C'
접속사 that이 이끄는 절(that ~ output)이 동사 show의 목적어 역할을 하고 있다.

3　**정답** ⑤ it → itself
해설 동사 repeats의 목적어는 주어 The process와 같은 대상이므로 재귀대명사 itself가 적절.
오답풀이 ① 소금이 '뿌려지는' 것으로 주어(Countless tons of salt)와 동사(toss)는 수동관계이므로 be p.p. 형태가 적절.
② 주어 The salt의 동사 dissolves와 and로 연결된 병렬구조.

The salt ┌ **dissolves** into a tiny layer of water
　　　　　│ that covers the icy road
　　　　　│ [and]
　　　　　└ **forms** a saltwater solution.

③ 문맥상 salt를 가리키므로 단수대명사 it은 적절.
④ 주격 관계대명사절의 동사는 선행사에 수일치시킨다. 선행사가 more water이므로 단수동사 allows는 적절.
~, making more water [**that** allows even more salt to
　　　　　　　　　　　　↑　　　　V'
dissolve].
해석 무수히 많은 양의 소금이 겨울마다 빙판길 위에 뿌려지는데, 왜냐하면 소금은 아무리 날씨가 춥다 해도 얼음을 녹일 수 있기 때문이다. 소금은 빙판길을 덮고 있는 얇은 수분층에 녹아 들어가 소금 용액을 형성한다. 소금물은 담수(민물)보다 어는점이 더 낮아서 수면에 있는 소금물은 다시 얼지 않는다. 또한, 소금이 고체에서 액체 용액으로 바뀔 때 소량의 열을 방출한다. 이 열은 아래층에 있는 얼음을 약간 더 녹여서 더 많은 소금을 녹일 수 있는 물을 더 만들어낸다. 그 과정은 스스로 계속 반복되어, 느리지만 확실히 길 위의 모든 얼음을 녹인다.
● **countless** 무수한　**toss** 던지다　**melt** 녹이다　**no matter how** 아무리 ~한다 해도　**dissolve** 녹다, 용해되다; 녹이다　**layer** (표면을 덮는) 층, 막　**icy** 얼음이 뒤덮인　**form** 형성하다, 이루다　**solution** 용액; 해결책　**freezing point** 어는점　**fresh water** 담수, 민물　**solid** 고체　**liquid** 액체　**release** 방출하다
구문 [7-8행] The process repeats itself again and again, /
slowly but surely melting all the ice on the road.
slowly 이하는 분사구문으로, slowly but surely는 분사인 melting을 수식하는 부사구이다.

4　**정답** ① it / them　④ are earned / (have) earned
해설 ① 문맥상 to call의 목적어인 밑줄 친 대명사가 가리키는 것은 문장의 주어인 복수명사 Some teachers이므로 복수대명사 them으로 받아야 한다.
Some teachers will ask you to ˅call ᵒthem by name,
　　　S　　　　　　　V　　　O　　　　　C
④ 바로 앞의 they는 most professors를 가리키고 그들이 권위를 '얻은' 것이므로 능동태가 되어야 한다. 뒤에 by ~가 나온다고 해서 무조건 수동태가 옳은 것으로 판단하지 않도록 주의한다.
Most professors see themselves in a position of professional authority over their students [which they (have) earned ● by many years of study].
which는 목적격 관계대명사로서 a position of professional authority를 선행사로 한다. ●는 원래 선행사의 위치.
오답풀이 ② 주어인 Some colleges와 동사 pride의 목적어가 동일한 대상을 가리키므로 재귀대명사 themselves는 적절.
Some colleges ~ pride themselves on having all their ~.
　　S　　　　　　　　 =　　　　　　O

③「one of + 복수명사」는 단수 취급하므로 단수동사 is는 적절. to upset professors는 수식어구이다.

~ <u>one of the surest ways</u> (to upset professors) <u>is</u> to call ~.
        S   V

⑤ 그들이 '불리는' 것이므로 Most professors를 받는 They와 to call은 수동관계. 따라서 to be called는 적절.

해석 교수를 어떻게 불러야 하는지는 나이, 대학 문화, 그들의 선호도와 같은 많은 요소에 따라 달라진다. 일부 교수들은 특히 그들이 비교적 젊다면 당신에게 그들을 이름으로 부르라고 할 것이다. 그들은 교실 내의 모든 사람이 동등한 레벨이 되었을 때 생겨나는 편안한 분위기를 즐거워한다. 어떤 대학들은 모든 교수단과 학생들이 서로 이름 부르는 사이로 지내는 것을 자랑스럽게 여기고 있다. 그러나 조심해라, 교수들을 언짢게 만드는 가장 확실한 방법 중 하나는 그들(교수들)의 의향을 거스르고 그들을 이름으로 부르는 것이다. 대부분의 교수들은 자신을 학생들에 비해 전문적인 권위의 자리에 있다고 보고 있고 그 권위의 자리는 여러 해 동안의 연구로 그들이 획득한 것이다. 그들이 '존'이나 '마리아'로 불리고 싶어 하지 않는 것은 보통의 의사들이 그렇게 하고 싶어 하지 않는 것과 똑같다.

● **address** (호칭 등을 써서) 부르다 **factor** 요인 **preference** 선호 **relatively** 비교적, 상대적으로 **informal** 편안한, 격식에 얽매이지 않는 **atmosphere** 분위기 **generate** 만들어내다 **faculty** 교수단; (대학의) 학부 **on a first-name basis** 이름을 부르는 가까운 사이인, 절친한 사이인 **beware** 조심하다, 주의하다 **upset** 언짢게 하다 **authority** 권위 **physician** (내과) 의사

구문 [8-9행] They **no more** want to be called "John" or "Maria" **than** does your average physician.
「A no more ... than B ~ (A가 … 아닌 것은 B가 ~ 아닌 것과 같다)」 구문이 쓰였다. 비교급 구문을 이루는 than, as 이하에서 '조동사 + 주어'의 순서로 도치가 일어나는 경우가 종종 있다.

UNIT 03   형용사/부사 밑줄

➡ 1 형용사 | 2 부사 | 3 형용사 | 4 부사 | 5 원급 | 6 명사

UNIT Exercise

본문 p. 69

---

01 **정답** ○

해설 문맥상 '살아 있는 뱀'이란 의미로 명사 snakes를 수식하는 자리에 형용사가 적절히 쓰였다. 참고로 형용사 alive도 '살아 있는'의 의미이지만 보어 역할로만 쓰인다.

해석 시골 지역에 사는 많은 주민들이 자신의 아이들이 노는 뒷마당에서 살아 있는 뱀을 발견했다.

● **resident** 주민 **rural** 시골의, 지방의 **backyard** 뒷마당

02 **정답** ✕ / remarkably

해설 형용사 remarkable이 동사 seem의 보어인 형용사 similar를 수식할 수 없다. 부사(remarkably)가 수식하여 '놀랍도록 유사한 것 같다'라는 의미가 될 때 문맥이 자연스럽다.

해석 외계인에 관한 이야기들을 믿는가? 그 모든 이야기는 놀랍도록 유사한 것 같다. ● **alien** 외계인 **remarkable** 놀라운

03 **정답** ○

해설 It's best to ^V**keep** ^Ograin, (including rice and barley), ^C**dry** ~ .
   S V C   S'(진주어)

「keep + 목적어 + 목적격보어」의 구조이므로 목적격보어 자리에 형용사가 적절히 쓰였다. 우리말 해석상 '건조하게 보관하다'이므로 부사가 어울릴 것 같지만, 부사는 보어 자리에 쓸 수 없다. including ~ barley는 grain에 대한 추가 정보를 주는 삽입구이다.

해석 벌레 문제를 줄이기 위해선 쌀과 보리를 포함하여 곡물은 건조하게 보관하는 게 가장 좋다. ● **grain** 곡물

04 **정답** ✕ / late

해설 '늦게'란 뜻의 부사 late가 들어가는 것이 적절하다. lately는 '최근에'란 뜻의 부사이다.

해석 내가 귀가가 늦을 때마다 부모님은 나를 위해 아래층 불을 켜두곤 하셨다. ● **downstairs** 아래층, 1층

05 **정답** ✕ / big enough

해설 형용사 big을 수식하므로 enough가 부사로 쓰여 형용사 뒤에 위치해야 한다.

해석 서체와 이미지는 반드시 방 뒤쪽에서도 읽을 수 있을 만큼 충분히 크게 해라. ● **font** 서체

06 **정답** enormously → enormous

해설 2문형 동사 look(~하게 보이다)의 보어 자리이므로 형용사가 되어야 한다.

해석 달이 지평선에 있을 때, 우리는 우리가 알고 있는 물체의 크기와 비교하여 달을 본다. 그런 지상의 물체들에 비해, 달은 거대하게 보인다.

● **horizon** 지평선, 수평선 **earthly** 지상의; 세속적인 **enormously** 거대하게

07 **정답** successfully → successful

해설 5문형이 수동태로 바뀐 것으로서 think의 보어는 수동태 문장에 그대로 남아 있어야 하므로 부사 successfully를 형용사 successful로 고쳐야 한다.

해석 가르침은 교사가 효과적인 의사소통 기술을 사용하여 자신의 지식을 학생들에게 전달할 때 성공적인 것으로 생각된다.

08 **정답** high → highly

해설 '매우 존경받는'의 의미로 형용사 respected를 수식하는 부사가 되어야 하므로 형용사 high(높은)를 부사 highly(매우, 대단히)로 고쳐야 한다.

해석 그 극작가는 연극계에서 전문가 동료들로부터 대단히 존경받고 있다.

● **playwright** 극작가 **professional** 전문적인 **peer** 동료

09 **정답** silently → silent

해설 여기서 remain은 '계속 ~이다, ~한 상태를 유지하다'란 뜻으로 형용사를 보어로 취하는 동사이므로 부사 silently를 형용사 silent로 고쳐야 한다.

해석 그들은 일부 독성 성분이 제품 제조에 사용된 사실을 알면서도 침묵을 지켰다. ● **aware** 알고 있는 **poisonous** 독성이 있는 **ingredient** 성분 **manufacture** 제조[생산]하다

10 **정답** using dried cherries will make it taste very sweet

해설 ~, keep in mind / that <u>using dried cherries</u> <u>will make</u>
                                         S'   V'
it ^V**taste** ^C**very sweet**.
O'   C'

that절에서 SVOC 문장의 보어(C)를 이끄는 원형부정사 taste가 다시 보어를 취하고 있는 구조가 되어야 한다. 여기서 taste는 '~한 맛이 나다'란 뜻으로 형용사 보어를 취해야 한다.

- keep in mind 마음에 담아두다, 명심하다 dried 건조된

UNIT 03 실력다지기

본문 p. 70

1 정답 ④ precisely → precise

해설 문맥상 뒤에 나오는 명사 images를 수식하는 자리이므로 형용사인 precise가 적절. 부사 precisely가 바로 뒤의 형용사 visual을 수식한다고 가정하면, '정확하게 시각적인 이미지'란 의미가 되어버리므로 문맥상 부자연스럽다.

오답풀이 ① 동사 differ를 수식하는 부사 자리이므로 '크게, 대단히'라는 뜻의 부사 greatly가 적절.
② 동사 saw를 수식하는 부사 자리이므로 부사 clearly가 적절.
③ 뒤에 나오는 과거분사이자 형용사인 adjusted를 수식하므로 부사 badly가 적절.
⑤ 뒤에 나오는 because 이하의 절을 수식하는 부사 자리이므로 부사 simply가 적절.

해석 사람들은 '머릿속으로 그림을 그리는' 능력이 서로 크게 다르다. 수년 전 영국의 과학자인 프랜시스 골턴 경은 한 무리의 동료들에게 그날 아침 그들이 앉아서 아침을 먹은 아침 식탁을 시각화해볼 것을 요청했다. 그들 중 일부는 그 식탁을 컬러로 또렷하게 보았다. 다른 이들은 오로지 흑백으로만 식탁을 보았다. 그런데 다른 이들은 마치 조정이 잘 안 된 마술 손전등을 통해서 보는 것처럼 불분명한 윤곽을 보았다. 많은 이들은 시각적인 이미지를 전혀 얻을 수 없었다. 과학자들은 대부분의 사람들이 머릿속에 있는 눈으로 과거의 경험에 대한 정확한 시각적 이미지를 모을 수 있는 능력을 가지고 태어난다고 생각한다. 그러나 많은 사람들은 나이가 들면서 이 능력을 잃어버리는데, 단순히 우리가 그것을 연습하지 않기 때문이다.

- colleague 동료 visualize 시각화하다 outline 윤곽; 개요 adjusted 조정[조절]된 lantern 손전등, 랜턴 visual 시각의, (눈으로) 보는 precisely 정확하게

구문 [4-5행] Still others saw an unclear outline, **as if** through a badly adjusted magic lantern.
as if 뒤에는 반복을 피하기 위해 they(= others) saw it이 생략되었다.
[6-7행] Scientists believe // that most people are born with the ability to gather **in the mind's eye** precise visual images of past experiences.
to gather의 목적어인 precise visual images of past experiences의 길이가 길어서, 상대적으로 짧은 부사구인 in the mind's eye가 to gather 바로 뒤에 오고 목적어는 뒤에 위치한 것이다.

2 정답 ③ constantly → constant

해설 동사 remain은 '계속[여전히] ~이다'의 의미로 뒤에 형용사 보어를 취하는 동사이다. 부사는 보어 자리에 올 수 없다.

오답풀이 ① enough가 부사로 쓰여 형용사 enormous를 수식하므로 형용사 뒤에 오는 것이 적절하다.
② 문맥상 '크게 바꿔놓을 것이다'의 의미로 동사 would alter를 수식한다. 동사를 수식하는 것은 부사이므로 적절. 부사는 조동사와 본동사 사이에 위치할 수 있다.

④ '점차 속도가 빨라지지도 모른다'의 의미로 동사 may be speed up을 수식하므로 부사 gradually가 적절.
⑤ 문장의 동사 자리로 '올라가다'라는 의미의 자동사이므로 능동태로 쓰인 것이 적절하다.

해석 그린란드와 남극의 대륙 빙하(육지를 덮고 있는 빙상)에 대해 생각해보자. 그 안에 저장된 물의 양은 지구를 수면 아래로 200피트 이상 잠기게 할 정도로 엄청나다. 그런 일이 곧 일어나지는 않겠지만, 그 대륙 빙하의 범위가 약간, 말하자면 5퍼센트만 줄어도 해안선을 크게 바꿔놓을 것이다. 세계의 해수면은 이미 매년 1센티미터의 1/3가량 상승하고 있으며, 빙하가 지금의 속도로 계속 육지에서 바다로 흘러간다면 적어도 한 세대 안에 18센티미터에서 60센티미터까지 상승할 것이다. 그러나 과학자들은 시간이 지남에 따라 녹는 속도가 점차 빨라질지도 모른다고 생각하고 있다. 만약 그렇다면 해수면은 곧 200센티미터나 오르게 될 것이다. 마이애미의 대부분이 물속에 잠길 것이다.

- Antarctic 남극의 amount 양 store 저장하다 enormous 엄청난, 대단한 drown 잠기게 하다 planet 지구; 행성 reduction 감소 extent 범위 significantly 크게 alter 바꾸다 sea level 해수면 rise 상승하다 at least 적어도 generation 세대 glacier 빙하 flow 흐르다 gradually 점차 over time 시간이 지남에 따라 submerge 잠그다, 물속에 넣다

구문 [1-2행] The amount of water (stored in them) is
                    S   V
enormous / enough to drown the planet / under more
    C
than two hundred feet of water.
과거분사구 stored in them이 주어 The amount of water를 수식하는 구조이다.
[4-7행] The global sea level **is** already **rising** about one-third of a centimeter every year _and_ **will rise** at least eighteen to sixty centimeters higher in just one generation, if the rates [at **which** glaciers now flow from
                                    S' ↑_____
land to ocean] remain constant.
                     V'
주절의 주어 The global sea level의 동사 is rising과 will rise가 and로 연결된 병렬구조이다. if절에서 at which ~ ocean은 if절의 주어 the rates를 수식하고 있다.

3 정답 ⓐ mostly ⓑ completely ⓒ hardly ⓓ extreme ⓔ hard

해설 ⓐ 문맥상 '대부분'이라는 뜻의 부사 mostly가 적절. 참고로 most는 '가장 많은[많이]'의 뜻.
ⓑ SVC의 구조에서 동사 seem의 보어 역할을 하는 형용사 different를 수식하므로 부사 completely가 적절.
ⓒ 동사 could dream of를 수식하므로 부사 hardly가 적절. hardly는 '거의 ~않다'라는 의미의 부정어이다.
ⓓ 명사 weather를 수식하는 자리이므로 형용사 extreme이 적절.
ⓔ SVOC의 구조에서 목적어가 길어 가목적어 it을 쓰고 진목적어를 뒤로 보낸 구조이다. 부사는 보어로 쓰일 수 없으므로 형용사 hard가 와야 한다.
~, but governments are finding it hard to look after the
         S   V   O(가목적어) C O'(진목적어)
increasing number of old people.

해석 200년 전의 삶은 어떠했을지 상상할 수 있는가? 전기는 없었고 밤에는 기름 램프가 사용되었다. 게다가 자동차나 전화가 없어서 여행은 대부분 도보로 했으며, 의사소통은 매우 어려웠다. 오늘날 우리의 삶은 완전히 다른 것 같다. 우리는 제트 비행기, 휴대 전화, 인터넷, 그리고 우리 조상들은 상상할 수

도 없는 삶의 일면들이 훨씬 많다. 그러나 이 모든 발전이 좋은 결과를 가져왔을까? 오염 물질과 화석 연료는 우리에게 지구 온난화를 가져다주었고, 그 결과 극심한 기상을 초래했다. 현대 의학은 우리를 좀 더 오래 살게 했지만, 정부는 증가하고 있는 노인 인구를 돌보는 것이 힘들다는 것을 알고 있다.

● **electricity** 전기 **in addition** 게다가 **on foot** 도보로, 걸어서 **aspect** 일면, 양상 **ancestor** 조상 **hardly** 거의 ~않다 **improvement** 발전, 진보 **pollution** 오염 물질; 오염 **fossil fuel** 화석 연료 **result in** (그 결과로) ~을 야기하다 **extreme** 극심한 **medicine** 의학, 의술 **look after** 돌보다, 보살피다

구문 [4-5행] We have jet planes, cell phones, the Internet,
         S   V   O
and many more aspects of life [**that** our ancestors could
hardly dream of ●].
목적격 관계대명사 that이 이끄는 절이 문장의 목적어의 일부인 many more aspects of life를 수식하는 구조.

[7행] Modern medicine **lets** us live longer, ~.
                        V   O   C
「let + 목적어 + 원형부정사 (목적어가 v하게 하다)」 구문이 쓰였다.

4 정답 ① pleasant / pleasantly ④ deep / deeply

해설 ① 형용사 scented를 수식하는 자리이므로 부사가 와야 한다. 따라서 pleasantly가 적절.
④ 문맥상 '매우 개인적인 문제'로 해석되어 형용사 personal을 수식하므로 부사 deeply가 적절.

오답풀이 ② 동사 carried out을 수식하는 부사 자리이므로 부사 confidently가 적절.
③ 「keep + 목적어 + 목적격보어」 구문이 쓰였다. 보어 자리이므로 형용사 alert가 적절.
~ fragrances (~) can keep people more alert ~.
     S'   V'   O'   C'
⑤ 형용사 effective를 수식하는 자리에 부사 highly가 적절하게 쓰였다. 문맥상 '꽤, 상당히'의 뜻.

해석 향기의 힘은 연구에 연구를 거듭하면서 입증되고 있다. 연구자들은 상쾌하게 향이 나는 장소에서 일하는 사람들은 일을 25퍼센트 더 잘한다는 것을 알아냈다. 그 사람들은 업무를 훨씬 더 자신 있게 수행했다. 신시내티 대학의 실험에서는 방 공기에 더해진 향기가 사람들의 정신을 초롱초롱하게 만들어서 일상적인 업무 수행을 향상시킬 수 있다는 것을 보여준다. 그러면 어떤 향기가 우리를 힘이 나게 할까? 박하와 레몬이 가장 효과적인 듯하지만, 향기는 지극히 개인적인 문제이다. 그러므로 어느 것이 여러분에게 가장 좋은지를 알아내기 위해 몇 가지 (향기를) 가지고 실험해보라. 로즈메리는 처음 시작하기 좋은 향인데, 왜냐하면 그 향은 에너지를 끌어올리고 기억을 강화하는 데 상당히 효과적이기 때문이다. 그러나 로즈메리는 임신한 여성이나 고혈압이 있는 사람들에게 사용되어서는 안 된다.

● **demonstrate** 입증하다 **pleasant** 상쾌한 **scented** 향기가 나는 **carry out** 수행하다 **confidently** 자신 있게 **indicate** 보여주다 **fragrance** 향기, 향 **alert** 정신이 초롱초롱한, 기민한 **routine** 일상적인 **energize** 힘나게 하다 **peppermint** 박하 **effective** 효과적인 **experiment** 실험하다; 실험 **uplift** 들어 올리다, 높이다 **enhance** 강화하다 **pregnant** 임신한 **high blood pressure** 고혈압

구문 [1-2행] Researchers found // that people [**who** work in
                                           S'
pleasantly scented areas] performed 25 percent better.
                                    V'
접속사 that이 이끄는 동사 found의 목적어절에서, 관계대명사 who가 이끄는 절이 people을 수식하는 구조이다.

[3-5행] Tests at the University of Cincinnati indicate // (that)
fragrances (added to the atmosphere of a room) can
                S'   V'₁
keep people more alert and **improve** performance of
                                 V'₂
routine tasks.
생략된 접속사 that이 동사 indicate의 목적어절을 이끌고 있다. that절 안에서는 과거분사구(added ~ a room)가 that절의 주어인 fragrances를 수식하고, 조동사 can에 이어지는 동사 keep과 improve가 and로 연결된 병렬구조를 취하고 있다.

[6-7행] So experiment with several / to see which is best ~.
              V
주어가 생략된 명령문이다. 의문사 which가 이끄는 절이 see의 목적어 역할을 한다.

[8-9행]
                              ┌ by **women** [who are pregnant]
                              │   ↑
However, rosemary   │ or
shouldn't be used   │
                              └ by **anyone** (with high blood
                                pressure).

전치사 by의 목적어인 women ~과 anyone ~이 접속사 or로 연결된 병렬구조이다. women은 관계대명사 who가 이끄는 절의 수식을 받고, anyone은 전명구 with ~ pressure의 수식을 받는다.

UNIT 04 비교구문 밑줄

➡ 1 최상급 | 2 as | 3 비교급 | 4 비교급

UNIT Exercise   본문 p. 73

---

01 정답 ✕ / big

해설 「as + 원급 + as」 구조이므로 형용사의 원급이 와야 한다.
해석 과학자들은 따뜻한 기후가 냉혈 동물의 몸집을 더 커지게 한다고 말한다. 지구 온난화가 계속되면 이구아나가 코모도왕도마뱀만큼 커질까?
● **climate** 기후 **cold-blooded** 냉혈의

02 정답 ✕ / heavier

해설 「비교급 + than」 구조이므로 형용사의 비교급이 와야 한다.
해석 이산화탄소는 공기보다 40% 더 무거워서 바닥에 빠르게 떨어지게 된다. ● **carbon dioxide** 이산화탄소

03 정답 ✕ / largest

해설 「the + 최상급 + (in/of ~)」의 구조로 범위 안에서 가장 우위에 있는 것을 나타내는 형용사의 최상급이 와야 한다.
해석 녹색 아나콘다는 세상에서 가장 큰 뱀이다. 완전히 성장하면, 이 파충류는 길이 8.8 미터에 몸무게가 230킬로그램이 넘을 수 있다.
● **reptile** 파충류 **measure** (길이 등이) ~이다; 치수를 재다 **weigh** (무게가) ~이다; 무게를 달다

04 정답 ✕ / most

해설 둘 간의 비교가 아니라 범위 안(of all)에서 가장 우위에 있는 것을 나타내므로 최상급이 적절하다. 「one of the + 최상급 + 복수명사 + of ~」는 '~ 중에서 가장 …한 것들 중의 하나'란 뜻.

해석 베수비오 산은 기원후 79년에 폼페이 시를 파괴했고, 모든 화산 중에서 가장 위험한 화산 중 하나로 여겨진다.

● **destroy** 파괴하다   **regard A as B** A를 B로 여기다   **volcano** 화산

05 정답 ○

해설 비교되는 대상이 여자의 수명(the life expectancy of women)과 남자의 수명(the life expectancy of men)이므로 than 이하의 the life expectancy를 that으로 받아 that of men이 적절하게 쓰였다.

~, **the life expectancy** of women is higher │*than*│ *that* of
= the life expectancy
men.

해석 일반적인 환경에서는 여자의 수명이 남자의 그것(수명)보다 더 높다.

● **circumstance** 환경, 상황   **life expectancy** 수명

06 정답 ✕ / doing

해설 Empowering someone ~과 병렬구조를 이루며 같은 형태의 비교 대상이어야 하므로 doing이 적절.

Empowering someone ~ / indeed seems better │*than*│
S   V   C
doing it for him.

해설 누군가에게 스스로 무언가를 하도록 권한을 주는 것이 그를 대신해 그 일을 해주는 것보다 사실은 나은 것 같다.

● **empower** 권한을 주다   **indeed** 사실은

07 정답 ✕ / the easier

해설 「the + 비교급 ~, the + 비교급 … (~할수록 더 …한)」의 구조이므로 형용사의 비교급이 적절하다.

해석 계란을 끓는 물에서 꺼낸 뒤에 즉시 찬물에 담가라. 온도 차가 크면 클수록 껍질 벗기기가 더 쉽다.

● **soak** (액체 속에 푹) 담그다   **boiling** 끓는   **peel** (껍질 등을) 벗기다

08 정답 urban workers → that of urban workers

해설 비교되는 대상이 '농촌 근로자의 급여(the salary of rural workers)'와 '도시 근로자의 급여(the salary of urban workers)'이므로 urban workers를 that of urban workers로 고쳐야 한다. 반복을 피하기 위해 the salary를 that으로 받는다.

It is true that *the salary* of rural workers is much lower │*than*│ *that*(= the salary) of urban workers.

해석 농촌 근로자의 급여가 도시 근로자의 급여보다 훨씬 더 낮은 것은 사실이다. ● **salary** 급여   **rural** 시골의   **urban** 도시의

09 정답 most → the most

해설 「one of the + 최상급 + 복수명사 + in ~」의 구조이므로 most를 the most로 고쳐야 한다.

해석 다채로운 색의 추상화로 유명한 앙리 마티스는 현대 미술에서 가장 영향력 있는 인물 중 한 명으로 여겨진다.

● **abstract** 추상적인   **influential** 영향력 있는   **figure** 인물

10 정답 easier → the easier

해설 「the + 비교급 ~, the + 비교급 …」의 구조이므로 easier를 the easier로 고쳐야 한다.

해석 치아의 문제점을 더 빨리 발견할수록 이를 고치는 것이 더 쉽다는 점을 명심해야 한다. ● **detect** 발견하다

1 정답 ② happy → happier

해설 「비교급 + than」의 형태가 되어야 하므로 형용사 happy의 비교급 happier가 적절.

Yet people [who set high goals and reach them] / are no **happier than** people [who set and reach more modest goals].

오답풀이 ① 분사구문을 이끄는 leading의 의미상의 주어 Unhappy people과 목적어가 일치하므로 재귀대명사가 적절.

③ ~ to make things **better,** not perfect.
          V'   O'   C'

'목적'을 뜻하는 to make가 목적어와 목적격보어를 취하고 있는 구조. 뒤에 나오는 perfect와 함께 보어로 쓰일 형용사가 와야 하고 문맥상 '완벽하게가 아니라 좀 더 낫게 만들기 위해'란 의미가 자연스러우므로 비교급 better는 적절.

④ 문장의 주어가 the balance이므로 단수동사 correlates가 적절. 전명구 between people's goals and their resources는 수식어이다.

~, **the balance** (between people's goals and their
      S   수식어(전명구)
resources) strongly **correlates** with happiness.
                                V

⑤ 「the + 비교급 ~, the + 비교급 … (~할수록 점점 더 …하다)」 구문이므로 비교급 more는 적절.

~, **the more** realistic and attainable ~, **the more** likely they are ~.

해석 행복한 사람들은 그들이 원하는 모든 것을 얻는 것은 아니지만, 그들이 얻은 것 대부분을 원한다. 달리 말하면, 그들은 이미 갖고 있는 것을 소중히 여기는 것을 선택함으로써 행복의 가능성을 늘린다. 불행한 사람들은 종종 도달할 수 없는 목표를 세우는데, 그것은 그들 자신을 실패로 이끄는 것이다. 그러나 높은 목표를 정해서 거기에 도달하는 사람들이 좀 더 적당한 목표를 세워 도달한 사람보다 더 행복한 것은 아니다. 세상에서 가장 부유한 사람들에 대한 환상을 갖고 시작하지 마라. 현실에 머물러서 일을 완벽하게가 아니라 좀 더 낫게 만들기 위해 애쓰라. 또한, 사람들의 목표와 역량 사이의 균형은 행복과 매우 밀접하게 연관되어 있다. 달리 말하면, 사람들의 목표가 더 현실적이고 달성 가능하면 할수록 자신에 대해 좋은 감정을 느낄 가능성이 더 커진다.

● **value** 소중히 여기다   **set a goal** 목표를 세우다   **unreachable** 도달할 수 없는   **modest** 적당한, 알맞은   **strive to-v** v하려고 애쓰다, 노력하다   **resource** ((복수형)) 역량; 자원   **correlate with** ~와 연관성이 있다   **realistic** 현실적인   **attainable** 달성 가능한

구문 [1행] Happy people don't get everything [(that) they
           S₁   V₁   O₁
want ●], // but they want most of [what they get ●].
                   S₂   V₂   O₂

생략된 관계대명사 that이 이끄는 절이 앞 절의 목적어인 everything을 수식한다. 뒤 절의 목적어인 「most of + 명사」는 '~의 대부분'이라는 뜻의 명사구로, 관계대명사 what이 전치사 of의 목적어 역할을 하는 명사절을 이끌고 있다.

[2-3행] ~ they improve their chances of happiness / by
            S   V   O
choosing to value things [(that[which]) they already have
●].

전치사 by의 목적어인 동명사 choosing이 목적어로 to value를 취하고 to value가 다시 목적어 things를 취하는 구조. things는 생략된 목적격 관계대명사 that[which]이 이끄는 절의 수식을 받는다.

2 정답 (1) ⓐ more ⓑ more ⓒ much
(2) **is as effective as adding handles to a door**
해설 (1) ⓐ「The + 비교급 ~, the + 비교급」의 구조로서 more가 적절. 원래는 The information will be more likely remembered에서 more likely가 the와 함께 앞으로 나간 것으로 생각하면 된다.
ⓑ「비교급 + than」의 구조이고 문맥상 '더 쉽게' 처리된다는 의미이므로 비교급 more가 적절.
ⓒ 비교급 easier를 수식하는 자리이므로 비교급을 수식하는 부사 much가 적절.
(2) 동명사 주어이므로 단수동사인 is를 써야 하며, be동사의 보어 자리이므로「as 형용사 as」가 적절하고, 비교되는 대상은 동명사 providing이므로 같은 형태의 동명사 adding으로 표현하는 것을 잊지 말아야 한다.
해석 한 단락에서 예시의 수가 많으면 많을수록 그 정보가 기억될 가능성이 더 크다. 왜 예시가 효과가 있는 걸까? 예시는 형태가 부합하는 것에 대한 뇌의 자연적 선호도를 이용하는 것으로 보인다. 정보는 단독으로 제시될 때보다 학습자의 뇌에 이미 존재하는 정보와 바로 연관될 수 있으면 좀 더 쉽게 처리된다. 우리는 새로운 정보를 받아들일 때 유사점과 차이점을 찾으면서 두 개의 입력 정보를 비교한다. 그래서 예시를 제시하는 것은 문에 손잡이를 추가하는 것만큼 효과적이다. 그것은 정보를 훨씬 더 알기 쉽게 해준다.
● **paragraph** 단락 **take advantage of** ~을 이용하다 **preference** 선호(도) **readily** 쉽게 **associate A with B** A를 B와 연관 짓다 **present** 존재하는; 제시하다 **input** 정보, 데이터 **similarity** 유사점 **absorb** (정보를) 받아들이다; 흡수하다
구문 [3-5행] Information is more readily processed // if it can be immediately associated / with information (already present in the learner's brain) / than if it's presented alone.
전치사 with의 목적어 information을 형용사구 already ~ brain이 수식하고 있다. if it ~ the learner's brain과 if it's ~ alone이 than으로 병렬구조를 이룬다.
[7-8행] It(= Providing examples) makes the information
　　　　　　　　　　　　　 S　　　　 V　　　　　 O
much easier to learn.
　　　　　　　C
「make + 목적어 + 목적격보어」 구문.

3 정답 ① most / more ④ most / more
해설 ① 문맥상 (음악을 듣지 않을 때보다) '더 빨리 퍼즐을 맞춘다'라는 의미로 두 대상을 비교하고 있으므로 more가 적절. 무엇과 무엇의 비교인지 명확할 때는「than + 비교 대상」을 생략하는 경우가 많다.
④「비교급 + than」의 형태가 되어야 하므로 more가 적절. 참고로「비교급 than any other ...」는 '다른 어떤 …보다 더 ~한'의 뜻으로, 최상급을 의미한다.
오답풀이 ② 문맥상 '좀 더 쉽게 과제를 수행하다'의 의미이므로 to accomplish를 수식하는 부사 easily는 적절.
③「as + 원급 + as」구조이므로 부사 원급 long은 적절하다.
⑤ 명령문 형태이므로 동사원형 try가 적절하게 쓰였고 주어가 생략되었다.
해석 음악을 들으면서 조각 그림 맞추기를 할 때 왜 더 빨리 퍼즐 조각을 맞출 수 있는지 생각해본 적이 있는가? 그건 음악이 뇌로 하여금 과제를 좀 더

쉽게 수행할 수 있게 하기 때문이다. 음악을 듣는 것이 뇌로 하여금 과제를 수행하도록 준비시켜 주긴 하지만 그 효과는 오래가지 못한다. 능력의 증진은 오직 음악의 길이만큼 지속되기 때문이다. 신경 세포는 클래식 음악에 가장 잘 반응하는데, 클래식 음악이 어떤 다른 종류의 음악보다 더 복잡하기 때문이다. 여러분이 훌륭한 예술 작품을 만들거나 작곡을 하고자 한다면 음악을 듣는 것을 시도해보라. 그러면 여러분의 걸작이 여러분 내면으로부터 나타날 것이다.
● **wonder** 생각하다 **put together** 맞추다, 조립하다 **jigsaw puzzle** 조각 그림 맞추기 **accomplish** 수행하다, 달성하다 **short-lived** 오래가지 못하는 **improvement** 증가 **last** 지속하다 **nerve cell** 신경 세포 **masterful** 훌륭한, 거장다운 **composition** 작곡 **masterpiece** 걸작, 명작 **emerge** 나타나다, 나오다
구문 [2-3행] That's / because music enables the brain to
　　　　　　　　　　　　　　　 S'　　 V'　　 O'
accomplish tasks more easily.
　　　　　 C'
「enable + 목적어 + to-v (목적어가 v할 수 있게 해주다)」 구문이 쓰였다.
[3-4행] Listening to music prepares your brain to do tasks,
　　　　　　 S　　　　　　 V　　　 O　　　　 C
// but the effect is short-lived / because **the improvement**
　　　　　　　　　　　　　　　　　　　　　　　　 S'
(in your ability) lasts only *as long as* the music (lasts).
　　　　　　　 V'
「prepare + 목적어 + to-v (목적어가 v하도록 준비시키다)」 구문이 쓰였다. because 이하 절에서는 the improvement in your ability lasts가 the music (lasts)과 병렬구조를 이룬다.

4 정답 ① good → better ② most → the most
해설 ①「~보다 더 ~한 것은 없다」라는 뜻의「there is no 비교급 + than ~」구문으로서 better가 되어야 하며 의미적으로는 '~이 가장 ~하다'라는 최상급을 나타낸다.
②「one of the + 최상급 + 복수명사」의 구조이므로 most remote를 the most remote로 고쳐야 한다.
오답풀이 ③ 앞의 stretching과 and로 연결된 병렬구조이므로 dividing이 적절.
　　　　　　　　　　┌─ **stretching** through ~
~ an underwater ┤ *and*
mountain chain　└─ **dividing** the South American and ~.
④ 뒤에 완전한 구조가 왔고 '장소'인 Olav Peak를 선행사로 하는 관계부사 where는 적절.
해석 노르웨이의 부베 섬보다 모든 것을 떠나 잠시 쉬기에 더 좋은 곳은 없을 것이다. 이 섬은 남아메리카, 아프리카, 남극 대륙 사이의 남대서양에 위치해 있다. 49평방킬로미터의 이 무인도는 지구상에서 가장 외딴 섬 중 하나이다. 부베 섬은 대서양을 관통하고 남반구에서 남미판과 아프리카판을 나누는 해저 산맥인 대서양 중부 능선의 최남단에 위치해 있다. 섬의 가장 높은 지점인 780m의 올라브 봉우리는 섬 중간에 놓여 있다. 특별히 높은 것은 아니지만, 아무도 그것을 오른 적이 없다는 사실은 이미 각 일곱 개의 대륙에서 가장 높은 산들을 오른 영화 제작자 Jason Rodi에게 영감을 주었다. 2012년 모험가, 영화 제작자, 예술가 등으로 구성된 그의 팀은 섬을 방문해 올라브 봉우리에 올랐고, 그곳에 타임캡슐을 묻었다.
● **get away from it all** 모든 것을 떠나 잠시 쉬다 **Atlantic** 대서양 **continent** 대륙 **Antarctica** 남극 대륙 **uninhabited** 사람이 살지 않는 **southernmost** 최남단의 **ridge** 능선, 산등성이 **hemisphere** (지구의) 반구 **adventurer** 모험가, 탐험가 **bury** 묻다

구문 [5-7행] ~ the Mid-Atlantic Ridge, which is an underwater mountain chain (**stretching** through the Atlantic Ocean and **dividing** the South American and African plates in the southern hemisphere).

stretching, dividing이 이끄는 각각의 현재분사구가 and로 병렬 연결되어 앞에 있는 명사구 an underwater mountain chain을 수식하는 구조이다.

UNIT 05   v-ing / p.p. 밑줄

➡ 1 능동과 수동 | 2 do, does, did | 3 be동사 | 4 등위접속사 |
5 목적어 | 6 능동

UNIT Exercise   본문 p. 77

---

01 정답 ✕ / raised

해설 동물들이 '길러지는' 것이므로 Animals와 raise는 수동관계이다. 따라서 raised(p.p.)가 적절.

Animals (raised on factory farms) suffer terrible cruelty.
    S   V   O

해석 공장식 사육장에서 길러진 동물들은 끔찍한 학대를 당한다. 그것이 육류 섭취를 그만두어야 하는 타당한 이유이다. • **raise** 사육하다 **suffer** (고난 등을) 당하다 **cruelty** 학대; 잔인함 **valid** 타당한

02 정답 ✕ / surprising

해설 가주어 It이 가리키는 진주어 how 이하의 내용이 놀라운 감정을 유발하는 것이므로 surprising(v-ing)이 적절하다.

It is surprising how often history repeats itself and how
S   S'(진주어)
little investors learn ~.

해석 역사가 얼마나 자주 되풀이되는지 그리고 투자자들이 그로부터 배우는 게 얼마나 없는지가 놀랍다. • **investor** 투자자

03 정답 ✕ / telling

해설 '녹음된 메시지가' '알려주는' 것이므로 a recorded message와 tell은 능동관계이다. 따라서 telling(v-ing)이 적절.

해석 자동 응답기는 전화를 건 사람들에게 이름과 전화번호를 남겨달라고 알려주는 녹음된 메시지를 재생한다.

• **answering machine** 자동 응답기 **recorded** 녹음된

04 정답 ✕ / waking

해설 「have trouble v-ing (v하는 데 어려움을 겪다)」 구문에서 have trouble에 이어지는 falling과 and로 연결된 병렬구조이다.

If you have trouble ┌ **falling** asleep at night
                           │ *and*   then ~.
                           └ **waking up** in the morning,

해석 밤에 잠이 들고 아침에 깨어나는 것에 어려움을 겪는다면 가능한 한 많이 햇볕을 쬐어라. • **expose** 드러내다, 노출하다 **daylight** 햇빛, 일광

---

05 정답 ○

해설 「consider v-ing (v하는 것을 고려하다)」 구문이므로 using이 적절.

해석 나무는 오염 물질이 잎에 닿으면 그것을 흡수한다. 그래서 과학자들은 오염을 줄이기 위해 나무를 이용하는 것을 고려해왔다.

• **absorb** 흡수하다 **pollution** 오염 물질; 오염

06 정답 ○

해설 「지각동사(felt) + 목적어(an ant) + 목적격보어(crawling)」의 구조. '개미가' '기어오르는' 것이므로 목적어와 목적격보어는 능동관계. 지각동사의 목적격보어 자리에는 원형부정사와 현재분사가 모두 쓰일 수 있다. 단 현재분사(v-ing)는 진행의 의미를 보다 강조할 때 쓰인다.

해석 나무 아래에 앉아 있는 동안, 나는 개미 한 마리가 내 다리를 기어오르는 것을 느꼈다. • **crawl** (곤충이) 기어가다

07 정답 ○

해설 「spend + 시간[돈] + v-ing (v하는 데 시간[돈]을 쓰다)」 구문이므로 caring이 적절.

해석 옛날에는 사회가 농지를 돌보느라 막대한 시간을 썼다.

• **huge** 막대한, 거대한 **farmland** 농지

08 정답 ✕ / broken

해설 「사역동사(had) + 목적어(his house) + 목적격보어(broken)」의 구조. '집'이 '침입당한' 것이므로 목적어와 목적격보어는 수동관계.

해석 그는 2013년 12월 21일에 자신의 집이 침입당했다. 그 도둑은 부엌문을 통해 들어와서 집을 침입했다.

• **break into** (건물에) 침입하다 **raid** (훔치기 위해 건물 등에) 침입하다

09 정답 ○

해설 문장의 동사는 are based이므로 준동사 자리이다. '연구 결과가' '게재된' 것이므로 The findings와 publish는 수동관계. 따라서 published(p.p.)가 적절.

해석 <과학 저널>에 게재된 연구 결과는 참여자 750명이 참여한 17개 연구의 체계적 검토와 데이터 분석에 바탕을 두고 있다.

• **systematic** 체계적인 **analysis** 분석 **participant** 참가자

10 정답 ✕ / eating[to eat]

해설 동사 can have가 있고, 주어 역할을 할 수 있는 명사구가 되어야 하므로 동명사 eating이나 to부정사 to eat으로 고쳐야 한다.

해석 튀긴 음식은 칼로리가 높고 트랜스 지방이 많은 경향이 있어 많이 먹으면 건강에 좋지 않은 영향을 줄 수 있다.

11 정답 comparing → compared

해설 「be compared to (~와 비교되다)」 구문이므로 comparing을 compared로 고쳐야 한다.

해석 경제가 감당하기에 부채가 너무 많은지 판단하기 위해 정부 총 부채 수준이 국내 총생산(GDP)과 비교된다.

• **gross** 총 **debt** 부채, 빚 **compare** 비교하다 **determine** 판단하다, 결정하다

12 정답 frustrated → frustrating

해설 가주어 It이 가리키는 진주어 to see 이하의 내용이 주인들에게 좌절감을 유발하는 것이므로 frustrating(v-ing)이 적절하다.

It can be frustrating for owners to see that their
S   S'(진주어)
companion animal has misbehaved and ~.

해석 반려동물이 못된 짓을 해서 집 안에 난장판을 만들어 놓은 것을 보면 주인들은 좌절감을 느낄 수 있다.

- companion animal 반려동물　misbehave 못된 짓을 하다　mess 엉망인 상태

13 정답 provided → providing

해설 「with + 목적어 + 분사」 구문으로 목적어인 an administrator와 provide는 능동관계이므로 provided를 providing으로 고쳐야 한다.

해석 신입 직원들은 첫 3개월간 현장 교육을 받으며, 관리자는 그들의 업무 수행에 대한 자세한 피드백을 제공한다.

- on-the-job 직장에서의, 근무 중의　administrator 관리자　detailed 상세한　performance 수행; 성과

14 정답 working → (to) work

해설 「encourage + 목적어 + to-v (목적어가 v하도록 격려하다)」 구문에서 to be와 and로 연결된 병렬구조이므로 working을 work 또는 to work로 고쳐야 한다.

```
                        ┌─ to be persistent
~ can encourage you  │ and
                        └─ (to) work to your full potential.
```

해석 계획을 수행하는 당신의 능력에 대한 믿음은 당신을 끈기 있게 하고 당신의 잠재력을 최대한 발휘하도록 격려할 수 있다.

- carry out 수행하다　persistent 끈질긴, 집요한　potential 잠재력

15 정답 hitting → hit

해설 문장의 동사는 was taken이 있으므로 hitting은 주어를 수식하는 준동사 자리이다. '소년이' '치인' 것으로 The boy와 hit은 수동관계이므로 hitting을 hit으로 고쳐야 한다.

해석 횡단보도를 걷다가 오토바이에 치인 소년은 병원으로 이송됐다.

16 정답 are baked

해설 they는 bagels를 뜻하는데 bake와는 수동관계이므로 are baked가 되어야 한다.

해석 베이글은 쫄깃한 껍질과 살짝 밀도가 높은 속을 만들기 위해 오븐에 굽기 전에 삶는다.

- chewy 쫄깃쫄깃한　crust (빵) 껍질　slightly 약간　dense 밀집한

17 정답 containing

해설 that절의 동사 makes가 있으므로 contain은 준동사의 형태가 되어야 하며, '음료가' '포함하는' 것으로 beverages와 contain은 능동관계이므로 containing이 적절.

해설 불안감이나 수면 장애가 있는 경우 카페인이 함유된 음료를 마시면 문제가 더 나빠진다는 사실을 알게 될 것이다.

- anxiety 불안감　beverage 음료

18 정답 staying

해설 '주민들이' '머무는' 것이므로 Half of the residents와 stay는 능동관계. 따라서 현재분사인 staying이 적절.

해설 보호소에 머물고 있는 주민의 절반은 고령자였고 10% 미만이 어린이였다.　• resident 주민　shelter 대피소

19 정답 The key to smart investing[investment] for retirement is having different strategies

해설 The key to의 to는 전치사이므로 뒤에 investing은 부사구 for retirement를 이끌면서 전치사 to의 목적어가 될 수 있는 동명사가 되어야 한다. 또는 명사형 investment로 쓸 수 있다. 그리고 have도 문장의 보어 역할을 하는 동명사 having으로 고쳐 써야 한다. to부정사도 보어로 사용 가능하지만 주어진 어구에 to가 하나밖에 없으므로 동명사가 적절하다.

20 정답 washing in warm water rather than hot water can keep your body from getting dry

해설 that절의 주어는 동명사 washing이 되도록 고쳐 쓰고 「keep + 목적어 + from v-ing(목적어가 v하는 것을 막다)」의 형태가 되도록 getting으로 고쳐 써야 한다.

UNIT 05 실력다지기

본문 p. 79

1 정답 ⑤ naming → named

해설 '딸이' 수잔이라고 '이름 지어진' 것이므로 a daughter(의미상 주어)와 name은 수동관계. 따라서 과거분사 named가 적절.

오답풀이 ① 내가 '깨워진' 것이므로 수동태 「be + p.p.」가 적절.

② 전치사 before의 목적어 자리이므로 동명사(v-ing) 형태가 와야 한다. 접속사(before)가 생략되지 않은 분사구문으로 The party(의미상 주어)와 rush가 능동관계라서 v-ing형이 왔다고도 볼 수 있다.

③ 우리가 '앉아 있는' 것이므로 진행형 능동태인 「be + v-ing」형이 적절.

④ 문맥상 '전화번호를 잘못 누른 것'은 그 사실을 안 시점보다 먼저 일어난 일이므로 대과거인 과거완료 시제(had p.p.)는 적절.

해설 어느 토요일 늦은 저녁, 나는 전화가 울리고 있어서 잠이 깼다. 졸린 목소리로 "여보세요."라고 말했다. 전화기 너머 상대방은 잠시 멈추었다가 급하게 긴말을 쏟아내기 시작했다. "엄마, 저 수잔이에요. 깨워서 죄송하지만 제가 집에 조금 늦게 갈 것 같아서 전화를 해야 했어요. 극장에 앉아 있는 동안 아빠 차의 타이어가 펑크 났어요." 나는 딸이 없었기 때문에 그 사람이 전화를 잘못 걸었다고 생각했다. "미안하지만 저에게는 수잔이라는 이름을 가진 딸이 없어요."라고 대답했다. "오, 엄마! 저는 엄마가 이렇게 화를 내실 거라고는 생각하지 못했어요."라고 젊은 여자의 목소리가 들렸다.

- awaken (잠에서) 깨다; 깨우다　party (전화의) 상대방　pause 잠깐 멈추다　rush into 급하게 ~하다　go flat 바람이 빠지다　misdial 전화번호를 잘못 누르다

2 정답 ⑤ offering → offered

해설 Such a response를 수식하는 분사구가 주어와 동사 사이에 삽입된 구조. 의미상 주어인 a response가 '표현된' 것이므로 수동을 나타내는 과거분사 offered가 적절.

```
Such a response, (offered to make the complimenter feel
       S        └── 수동관계 ──┘
~ proud), only makes ~.
                 V
```

오답풀이 ① '사람들이' 칭찬을 '받는' 것이므로 분사의 의미상 주어 people과 give는 수동관계. 따라서 과거분사 given이 적절. 분사구문의 의미상 주어가 일반인인 경우는 문장의 주어와 일치하지 않아도 생략할 수 있다.

② '내가' 자화자찬을 '피하는' 것이므로 분사의 의미상 주어인 문장의 주어 I와 avoid는 능동관계. 따라서 현재분사 avoiding이 적절. 접속사 while은 '~하는 한편'의 의미로 대조를 나타내기 위해 생략되지 않았다.

```
"I must thank him for a compliment // while avoiding self-
                                           └── 능동관계 ──┘
praise."
```

③ '칭찬이' 남자로부터 '나오는' 것으로, a compliment와 come은 능동관계. 따라서 현재분사 coming이 적절.

```
Women and men ~ accept a compliment (coming from a
                                       └── 능동관계 ──┘
man than from a woman).
```

④ 「지각동사(hear) + 목적어 + 목적격보어」 구조. 목적어와 목적격보어가 능동관계이므로 원형부정사 downplay가 올 수 있다.

해석 칭찬을 들으면 겨우 몇몇 사람들만 그 말을 말 그대로 받아들인다. 칭찬을 받은 사람은 다음과 같은 딜레마와 마주하게 된다. "자화자찬을 피하면서도 칭찬에 감사해야 해." 남녀 모두 여자보다는 남자로부터의 칭찬을 더 잘 수용하는 것 같다. 남자가 "스카프가 멋지네요."라고 말하면, 여자는 (다음과 같이) 좀 더 긍정적으로 응답할 것이다. "고마워요. 언니가 저를 위해 (실로) 떠주었어요." 그러나 한 여자가 다른 여자에게 "예쁜 스웨터네요."라고 한다면, 당신은 칭찬받은 사람이 (다음과 같이) 그 칭찬을 대단치 않게 만드는 것을 들을 것이다. "월마트에서 세일할 때 샀는데 제가 원했던 색도 없었답니다." 그러한 응답은 칭찬하는 사람으로 하여금 칭찬을 받은 사람이 심하게 자랑스러워하는 것이 아니라는 것을 느끼도록 표현된 것인데, 그것은 오히려 칭찬한 사람을 어색하게 만든다. "고마워요. 이건 제가 가장 좋아하는 거예요."와 같은 관련 있는 말을 하는 것이 더 좋다.

• **compliment** 칭찬 **recipient** 받는 사람 **confront** 대면시키다 **dilemma** 딜레마, 난관 **self-praise** 자화자찬 **positively** 긍정적으로 **knit** 뜨개질을 하다 **offer** 표현하다; 제공하다 **overly** 심하게, 과도하게 **awkward** 어색한 **related** 관련된

구문 [8-9행] Such a response, (offered to ^Vmake ^Othe
⎵S⎵
complimenter ^Cfeel that the recipient isn't overly proud), //
only makes her ^Vfeel ^Cawkward instead.
⎵V⎵ ⎵O⎵ ⎵C⎵

3 **정답** ③ used → using

해설 문장의 동사는 was hired이므로 또 다른 동사는 준동사가 되어야 한다. 이때 '미술가가' 기법을 '사용하는' 것이므로 능동관계. 따라서 v-ing형이 적절하다.

An artist (**using** a technique [that creates the illusion of
⎵S⎵능동관계⎵
three-dimensionality]) was hired / by the town to paint a
⎵V⎵
giant hole in the road.

오답풀이 ① 문맥상 과거에 '차의 속력을 줄였던 것'을 기억해낸 것이므로 v-ing형이 적절하다. 문맥에 따라 「remember v-ing ((과거에) v했던 것을 기억하다)」와 「remember to-v ((미래에) v할 것을 잊지 않고 기억하다)」를 구분하자.
② 전치사 of의 목적어 자리이므로 v-ing형인 creating이 적절.
④ 「see + 목적어(something) + 목적격보어」의 구조. '무언가가' '놓여 있는' 것이므로 능동관계. 이때 지각동사 see는 목적격보어로 원형부정사나 v-ing형 모두 취할 수 있다. v-ing형이 오는 경우는 진행 중임이 좀 더 강조되는 상황이다.

Drivers say you see something lying in the road,
⎵V'⎵ ⎵O'⎵능동관계⎵C'⎵
⑤ 동사 keep은 목적어로 v-ing형을 취한다. 「keep v-ing (계속해서 v하다)」

해석 한 마을에서 사람들이 속도를 늦추게 하는 방법들에 대해 브레인스토밍을 했다. 한 마을 사람은 자신이 로스앤젤레스 시내에서 운전하는 동안 어느 창고에 (그려진) 멋진 벽화를 보았을 때 차의 속도를 늦추었던 것이 기억났다. 이것은 운행하는 차량(의 속도)을 늦추기 위해 독특한 무언가를 만들어내는 아이디어에 영감을 주었다. 3차원적인 착각을 불러일으키는 기법을 사용하는 미술가 한 명이 도로에 큰 구멍을 그리게 하기 위해 마을에 고용되었다. 교차로에 있는 그 3차원의 큰 구멍 그림은 마술처럼 작용하고 있다. 운전자들은 무언가 도로에 놓여 있는 것을 보고 잠시 헷갈려서 무의식적으로 속도를 늦추게 된다고 말한다. 그런 다음 그것이 평평하다는 것을 깨닫고는 운전을 계속한다. 감시 요원들은 차량의 속도가 평균인 시속 25마일까지 떨어졌다고 보고한다.

• **brainstorm** 브레인스토밍을 하다 **slow down** 속도를 늦추다 **spot** 보다, 발견하다 **wall painting** 벽화 **warehouse** 창고 **inspire** 영감을 주다; 고무하다 **unusual** 독특한 **illusion** 착각, 환영 **three-dimensionality** 3차원의 특성 **hire** 고용하다 **intersection** 교차로 **confusion** 혼란 **automatically** 무의식적으로; 자동적으로 **flat** 평평한 **monitor** 감시 요원 **average** 평균

구문 [1-3행] A townsperson remembered slowing down his vehicle // when he spotted a beautiful wall painting [on a warehouse] / while **driving** through downtown Los Angeles.
접속사 when이 이끄는 절의 문장 뒷부분에 현재분사 driving이 이끄는 분사구문이 이어진다. while은 '~하는 동안'을 뜻하는 접속사로 분사구문의 의미를 명확히 하고 있다.

[3-4행] This inspired the idea of creating something
⎵_____=_____⎵
unusual / to slow traffic.
the idea와 creating이 이끄는 명사구는 동격이다.

4 **정답** ⓒ help / helping ⓔ caused / causing

해설 ⓒ 문장의 동사 maintain이 있으므로 관계사나 접속사 없이 또 다른 동사가 들어갈 수 없다. 분사구문을 나타내는 준동사로 바꿔야 하며, 의미상 주어 trees와 help는 능동관계이므로 helping이 적절.
ⓔ 이것(피해를 주는 들불)이 '야기하는' 것으로 분사구문의 의미상 주어인 This와 cause는 능동관계. 현재분사인 causing으로 고쳐야 한다.

오답풀이 ⓐ 'v하는 데 (시간이) 걸리다'라는 뜻의 「it takes + 시간 + to-v」 구문이므로 to cut은 적절.
ⓑ 육지 동식물이 '알려진' 것이므로 land animals and plants와 수식어 known은 수동관계로 적절.
ⓓ dead wood와 result가 능동관계이므로 resulting은 적절.

해석 현재 세계 목재 산업에 의해 연간 150억 그루의 나무가 베이고 있다. 만약 현재의 속도가 계속된다면, 모든 나무를 베는 데 약 200년이 걸릴 것이다. 세상의 알려진 육지 동식물의 80%가 숲에 서식하며 나무 없이는 생존할 수 없다. 게다가, 나무들은 촉촉하고 시원한 땅을 유지하여 물의 순환이 지속되는 것에 도움을 준다. 큰 나무는 매년 150톤의 물을 대기 중으로 방출하고, 이것은 결국 비의 형태로 숲에 다시 떨어진다. 나무가 부족하면 땅이 더 덥고 건조해지고, 죽은 숲은 피해를 주는 들불로 이어질 것이다. 이것은 태양을 차단하는 그을음으로 가득 찬 하늘을 만들고, 수년에 걸친 수확 실패와 전 세계적인 기근을 야기할 것이다.

• **currently** 현재 **billion** 10억 **timber** 목재 **rate** 속도 **approximately** 대략 **reside** 살다 **sustain** 지속시키다 **wildfire** 들불 **block out** 차단하다, 가리다 **harvest** 수확 **famine** 기근

5 **정답** ⓐ allows → allowing ⓑ referring → referred

해설 ⓐ 문장의 동사 is showing이 있으므로 관계사나 접속사 없이 또 다른 동사가 들어갈 수 없다. 분사구문을 나타내는 준동사로 바꿔야 하며, 의미상 주어 the media와 allow는 능동관계이므로 allowing이 적절.
ⓑ '~로 불리다'라는 뜻의 「be referred to as」가 되어야 하므로 referring을 referred로 고쳐야 한다.

오답풀이 ⓒ 사람들이 '주목을 받는' 것이므로 the ones와 수식어 getting은 능동관계로 적절.
ⓓ 숫자가 '증가하는' 것이므로 number와 수식어 increasing은 능동관계로 적절.
ⓔ 전치사 of의 목적어로 쓰인 동명사 creating은 적절.

해석 한 보고서에 따르면, 대중 매체는 리얼리티 텔레비전 프로그램에 점점 더 많은 관심을 보이고 있으며, 리얼리티 텔레비전 프로그램이 전체 텔레비전

프로그램의 50% 이상을 차지하도록 하고 있다. 이러한 유형의 프로그램은 리얼리티 텔레비전 프로그램, 즉 배우 대신 보통 사람들의 삶을 촬영하는 텔레비전 프로그램이라고 불린다. 대표적인 프로그램의 주제로 실제 상황과 자발적인 멜로 장면이 포함된다. 게다가 주목을 받는 사람들은 유명인들이 아니라 일반인들이다. 리얼리티 텔레비전 프로그램의 수가 증가하면서 현실 세계에 심각한 문제를 발생시켜왔다. 리얼리티 텔레비전 프로그램은 대중 매체와 그 문화에서 큰 역할을 하지만, 부정적인 결과도 가지고 있다. 그것은 그 프로그램의 흔한 주제들이 극도로 공격적이고 부적절하며, 인종적 고정 관념을 만들어 내는 정도가 증가해왔기 때문이다.

● take up 차지하다 typical 대표적인, 전형적인 spontaneous 자발적인 melodramatic 멜로드라마 같은 celebrity 유명인 spotlight 주목 consequence 결과 aggressive 공격적인 extent 정도 racial 인종의 stereotype 고정 관념

UNIT 06 부정사 밑줄

➡ 1 원형부정사 | 2 to부정사 | 3 to부정사 | 4 it

UNIT Exercise   본문 p. 83

---

01 정답 X / **to walk**

해설 동사 expect는 목적격보어로 to부정사를 취한다. 「expect + 목적어 + to-v (목적어가 v할 것을 예상하다)」

해석 벤 잭슨은 심각한 장애를 가지고 태어났다. 사람들은 이 어린 소년이 레슬링 선수가 되는 건 고사하고 걸을 것이라고 결코 예상하지 않았다.

● severe 심각한 disability 장애 let alone ~은 고사하고, ~커녕 wrestler 레슬링 선수

02 정답 ○

해설 지각동사 saw(see의 과거형)의 목적격보어가 stand이고 to cheer는 '목적'을 뜻하는 부사적 용법으로서 적절하다. to cheer를 목적격보어로 착각하지 않도록 주의한다.

해석 나는 관객들이 나에게 환호하려고 일어선 것을 보았지만, 아무것도 전혀 들을 수 없었다. ● audience 관객

03 정답 X / **to accept**

해설 동사 refuse의 목적어 자리에는 to부정사가 온다. 「refuse to-v (v할 것을 거부하다)」

해석 우리는 친구들에게 충고를 구할 때 그들이 우리에게 동의하길 정말 원한다. 만일 그들이 우리가 틀린 거라고 말한다면 우리는 놀라움으로 반응하고 그들이 말하는 것을 받아들이기를 거부한다. ● react 반응하다

04 정답 X / **to drink**

해설 ~, **it** is important **to drink lots of water** / **so (that)**
　　　 S　　　　　　　　　 S'(진주어)　　　　　　　　 ~하기 위해서
your liver **can** effectively ~.
문장 뒷부분에 「so (that) + 주어 + can ~ (~하기 위하여)」 구문이 쓰였다.

해석 다이어트를 하고 있다면 간이 체지방을 효과적으로 대사할 수 있도록 물을 많이 마시는 것이 중요하다.

● liver 간 effectively 효과적으로 fat 지방

---

05 정답 X / **to experience**

해설 I found it very valuable **to experience** ~.
　　　 S　V　 O　　　 C　　　　　　 O'(진목적어)

해석 나는 어떤 종류의 직업이 가능한지를 경험하는 것이 아주 귀중하다는 것을 알았다. ● valuable 귀중한, 소중한

06 정답 ○

해설 문맥상 '구하기 위해'의 의미이므로 부사적 역할을 하는 to부정사인 to save가 적절하다.

해석 그 남자는 운전자를 구하기 위해 맨손으로 불타는 차량의 문을 구부렸다.

● bare 맨-, 발가벗은 bend 구부리다 burning 불타는 vehicle 차량

07 정답 X / **to change**

해설 「too ~ to-v (너무 ~해서 v할 수 없다)」 구문이 사용되었다.

해석 우리가 살아 있는 한, 너무 늦어서 변화하고 발전하며 성장할 수 없는 것은 결코 아니다.

08 정답 X / **cancel**

해설 사역동사 let은 목적격보어로 원형부정사를 취한다. 「let + 목적어 + v (목적어가 v하게 하다)」

해석 음식 배달 앱은 음식점이 주문을 접수하기 전에만 주문을 취소하게 해줄 것이다.

09 정답 X / **to adopt**

해설 동사 encourage는 목적격보어로 to부정사를 취한다. 「encourage + 목적어 + to-v (목적어가 v할 것을 권장하다)」

해석 그 단체는 사람들이 지역 보호소나 구조 단체로부터 개와 고양이를 입양하도록 권장하는 것을 목표로 한다. ● shelter 보호소 rescue 구조

10 정답 X / **to see and understand**

해설 learn의 목적어 역할을 할 수 있도록 「how + to-v」의 형태로 써야 한다.

해석 다른 사람의 관점에서 사물을 보고 이해하는 방법을 배우면, 우리는 불필요한 갈등을 피할 수 있을지도 모른다.

● perspective 관점 conflict 갈등, 충돌

11 정답 **(to) stay**

해설 동사 help는 목적격보어로 원형부정사나 to부정사를 취하므로 staying을 stay나 to stay로 고쳐야 한다. 「help + 목적어 + (to-)v (목적어가 v하도록 돕다)」

해석 그녀는 내가 계속 자극을 받고 목표에 집중할 수 있도록 도와주신 훌륭한 선생님이시다. ● motivated 자극을 받은, 동기가 부여된

12 정답 **to avoid**

해설 동사 allow는 목적격보어로 to부정사를 취하므로 avoid를 to avoid로 고쳐야 한다. 「allow + 목적어 + to-v (목적어가 v하는 것을 허락하다)」

해석 바이러스에 감염된 사람들을 찾아 치료하는 능력은 다른 나라들과 달리 이 나라로 하여금 완전한 봉쇄를 피할 수 있게 했다.

● infect 감염시키다 lockdown 봉쇄, 폐쇄

13 정답 **to strengthen**

해설 동사 agree의 목적어 자리에는 to부정사가 와야 하므로 strengthen을 to strengthen으로 고쳐야 한다. 「strengthen to-v (v하는 것을 강화하다)」

해석 양국은 전략적 동반자 관계를 강화하고 추가적인 협력 형태를 발전시켜 가기로 합의했다.

● **strengthen** 강화시키다 **strategic** 전략적인 **partnership** 동반자 관계 **cooperation** 협력

14 정답 **look**

해설 사역동사 make는 목적격보어로 원형부정사를 취하므로 to look을 look으로 고쳐야 한다. 「make + 목적어 + v (목적어가 v하게 하다)」

해석 그는 슈퍼히어로로 복장을 하고 있었는데, 그것이 그를 우스꽝스럽게 보이게 했다. ● **ridiculous** 우스꽝스러운

15 정답 **to blame**

해설 ~, **it**'s easy **to blame others or external circumstances**
　　　　　　　　S　　　　　　　　　　S'(진주어)
for our problem.

해석 우리 자신이 나쁜 상황에 처해 있는 것을 발견했을 때, 우리의 문제를 다른 사람들 또는 외부 환경의 탓으로 돌리기 쉽다.

● **external** 외부의 **circumstance** 환경, 상황

16 정답 (1) **passengers who were about to board the plane**

(2) **heard someone open[opening] a bag of chips in the quiet library**

(3) **you are fortunate enough to enjoy great success**

(4) **can be difficult for parents to set appropriate limits**

해설 (1) 「be about to-v (막 v하려고 하다)」

(2) 지각동사 hear는 목적격보어로 원형부정사나 v-ing 형태를 취하므로 open 또는 opening으로 써야 한다. 「hear + 목적어 + v/v-ing (목적어가 v하는 것을 듣다)」

(3) 「~ enough to-v (v하기에 충분히 ~한)」

(4) **It** can be difficult **for parents to set appropriate limits** ~.
　　　 S　　　　　　　　의미상 주어　　　　　S'(진주어)

UNIT 06 실력다지기　　　　　　　　　본문 p. 85

1 정답 ② **pump → to pump**

해설 「encourage + 목적어 + to-v (목적어가 v하도록 촉진하다)」 구문. 동명사 encouraging의 목적어와 목적격보어인 your lungs, to deliver와 and로 연결된 병렬구조이므로 your heart의 목적격보어가 될 수 있는 to pump가 적절.

These include ^Vencouraging
　　　　　　　　 S　　 V　　　　 O

┌ ^O**your lungs** ^C**to deliver** oxygen
│ *and*
└ ^O**your heart** ^C**to pump out** greater amounts of blood.

오답풀이 ① 문장의 주어는 The demands로 복수명사이고 you make ~ activity는 The demands를 수식. 따라서 복수동사 have가 적절.

③ to carry 이하는 to부정사의 명사적 용법으로 동사 is의 보어로 쓰였다.

④ help는 목적격보어로 원형부정사나 to부정사를 모두 취할 수 있다. 「help + 목적어 + (to-)v (목적어가 v하도록 돕다)」

⑤ 「enable + 목적어 + to-v (목적어가 v할 수 있게 해주다)」 구문. '근육이 산소를 더 잘 사용하도록 해주다'의 의미로 부사 well의 비교급 better가 to부정사를 수식하고 있다.

해석 '에어로빅'은 '산소와 함께'라는 의미이다. 신체가 유산소 활동을 지속

하도록 할 때, 여러분이 그것(신체)에 요구하는 것들은 놀라운 효과를 지닌다. 이런 효과는 폐가 산소를 공급하게 하고 심장이 더 많은 양의 피를 만들어 내도록 촉진시키는 것을 포함한다. 이것의 목적은 운동하고 있는 근육에 산소를 공급하기 위한 것이다. 여러분의 몸은 또한 유산소 효소를 생산하고 저장함으로써 이 도전에 반응한다. 이 효소들은 좀 더 많은 지방을 태우게 돕는데, 이것이 유산소 운동이 여러분의 체지방에 매우 뚜렷한 효과를 보이는 또 다른 이유이다. 이 효과가 유산소 운동을 하는 사람들이 새로운 신진대사와 좀 더 호리호리한 몸매를 갖추게 하는 주된 이유이다. 게다가 유산소 훈련의 또 다른 장점은 장기간에 걸쳐 기능하도록 근육이 산소를 더 잘 사용할 수 있게 만들어준다는 것이다.

● **aerobic** 에어로빅, 유산소의 **oxygen** 산소 **sustain** 지속하다 **lung** 폐 **respond** 반응하다 **fat** 지방 **noticeable** 뚜렷한 **primary** 주된, 주요한 **establish** 만들다, 설립하다 **lean** 호리호리한, 군살이 없는 **benefit** 장점 **enable A to-v** A가 v하게 하다 **function** 기능을 하다 **extended** 길어진, 늘어난

구문 [1-2행] The demands [(that[which])] you make ● on
　　　　　　　 S　　　　　　　　　　　↑
your body / when ^Syou ^Vask ^Oit ^Cto sustain an aerobic
activity] have some surprising effects.
　　　　　 V　　 O

생략된 목적격 관계대명사 that[which]이 이끄는 절이 문장의 주어 The demands를 수식하고 있다.

[7-8행] This effect is the primary reason [**why** people (doing
　　　　 S　 V　　　 C　　 ↑　　 S'
aerobic exercises) establish a new metabolism and a
　　　　　　　　　　 V'　　 O'
leaner body].

관계부사 why가 이끄는 절이 문장의 보어 the primary reason을 수식하는 구조. 이 관계부사절 내에서 주어 people은 현재분사구(doing aerobic exercises)의 수식을 받는다.

2 정답 ① **own → to own**

해설 동사 consider가 가목적어 it을 두고 원래 목적어인 to부정사구가 문장 뒤에 오는 구조. 따라서 to own이 적절. 「consider + it + C + to-v (v가 ~라고 여기다)」

오답풀이 ② 주어는 many groups of people이므로 복수동사 have가 적절.

~, many groups of people, (including ~ disabilities), have
　　 S　　　　　　　　　　　　　　　　　　　　　　 V
been victims of discrimination.

③ learn은 to부정사를 목적어로 취하는 동사이다. 따라서 to criticize는 적절.

④ 「부분표현 of + 명사」에서는 of 뒤의 명사에 수를 일치시킨다. 「All of us」는 복수명사로 취급하므로 복수동사 are는 적절하다.

⑤ 문맥상 '의문을 가질 능력'의 의미로 ability를 수식하는 형용사적 역할의 to부정사가 뒤에 위치하였다. 「ability to-v (v할 능력)」

해석 이백여 년이 넘는 동안 미국에서 대부분의 사람들은 개인 이익을 위해 노예를 소유하는 것을 정당하고 바람직하다고 여겼다. 그것(노예 제도)은 미국의 사회적 관습의 일부였다. 이 관습이 비윤리적이었다는 것에는 어떤 의심도 있을 수 없다. 더욱이 역사를 통틀어, 다양한 인종, 성별, 나이, 장애를 가진 사람들을 포함한 많은 집단의 사람들이 차별 대우의 희생자가 되어왔다. 태어날 때부터 강요되는 사회적인 관습과 금기 사항들을 비판하는 것을 배우지 못한다면 우리는 그런 전통을 '정당한' 것으로 받아들일 것이다. 우리 모두는 지극히 사회적으로 길들여진다. 그러므로 우리는 사회적 관습과 터부들에 의문을 가질 능력을 저절로 개발하지 않는다.

● **justified** 정당한 **desirable** 바람직한 **practice** 관습 **unethical**

비윤리적인 **including** ~을 포함하여 **race** 인종 **gender** 성별 **disability** 장애 **victim** 희생자 **discrimination** 차별 **criticize** 비판하다 **convention** 관습, 관례 **taboo** 금기 사항 **impose** (의견 등을) 강요하다; 부과하다 **tradition** 전통 **conditioned** 길들여진 **naturally** 저절로; 자연스럽게

구문 [2-3행] There can be no question // **that** this practice was unethical.
접속사 that이 이끄는 절은 question과 동격.

[7-7행] Unless we learn to ᵛcriticize ᵒ*the social conventions and taboos* [**that** have been imposed upon us from birth], we will accept those traditions as "right."
동사 learn의 목적어인 to criticize가 다시 목적어로 the social conventions and taboos를 취하고 이 목적어는 주격 관계대명사 that이 이끄는 절의 수식을 받는 구조이다.

3 **정답** ② identify → to identify
해설 부사절의 동사는 could use이므로 다른 동사는 준동사가 되어야 한다. 문맥상 '구별하기 위해'의 의미로 해석되므로 부사적 역할을 하는 to부정사가 오는 것이 적절하다.
오답풀이 ① 동사 want는 목적어로 to부정사를 취한다. 「want to-v (v할 것을 원하다)」
③ 밑줄 친 to understand는 가주어 It의 진주어 역할을 한다.
It is important **to understand** that ~.
ˢ   ˢ'(진주어)
④ 어떤 신체 표시들(they)이 놀라운 감정을 '유발하는' 것이므로 v-ing 형태인 frightening이 적절.
⑤ certain body rites를 가리키는 복수대명사로 them이 적절. 주어인 they(many modern people)와 다른 대상이므로 themselves는 쓸 수 없다.
해석 인간은 사회적 존재이고 한 집단 안의 사회적 존재들은 비슷해 보이고 싶어 한다. 우리가 서로를 구별하기 위해 유명 디자이너 핸드백과 로고가 붙은 셔츠를 사용하기 훨씬 전에, 우리는 인간의 신체를 페인팅, 피어싱, 스트레칭을 위한 캔버스로 사용했다. 신체에 표시하는 것은 종교나 결혼 여부, 사회 계급을 나타낼 수 있다. 어떤 형태의 신체적 표시들은 집단의 정체성을 보여주는 반면에, 외부인들은 그것들에 꽤 다르게 반응할지도 모른다는 것을 이해하는 것이 중요하다. 그러한 신체적 표시의 의미는 그 사회 맥락에서만 의미가 통하기 때문에, 외부인들을 놀라게 할지도 모른다. 비록 많은 현대인들이 더 이상은 어떤 신체 의식을 치르지 않지만, 그것들은 화장과 피어싱 같은 다른 것들로 대체되었다.
● **community** 집단, 지역 공동체 **piercing** 피어싱 (귀·코 등에 장신구를 끼우기 위해 뚫은 구멍) **stretch** 잡아당겨 늘리다 **signify** 나타내다 **religion** 종교 **marital status** 혼인 여부 **communal** 공동체의, 사회의 **identity** 정체성, 신원 **outsider** 외부인; 국외자 **make sense** 의미가 통하다 **context** 맥락, 전후 사정 **frightening** 놀라게 하는, 겁주는 **rite** 의식(儀式), 의례

4 **정답** ⓒ identify / identifying
ⓔ to understand / understand
해설 ⓒ from diagnosing diseases ~ to identifying wanted criminals ~로 이어지는 구조이므로 전치사 to 뒤의 동명사가 되어야 한다.
ⓔ 사역동사 make는 목적어와 목적격보어가 능동관계일 때 목적격보어로 원형부정사를 취한다. 「make + 목적어 + v (목적어가 v하게 하다)」
오답풀이 ⓐ 동사 allow는 목적어와 목적격보어가 능동관계일 때 목적격보

어로 to부정사를 취한다. 「allow + 목적어 + to-v (목적어가 v하도록 허락하다)」
ⓑ 목적을 나타내는 to부정사의 부사적 용법으로 to mimic과 and로 연결된 병렬구조이다. to부정사가 병렬로 연결될 때 뒤에 나오는 to는 생략될 수 있다.
Computers ~ are now being programmed
┌ **to mimic** human reasoning
│ *and*
└ (to) **recognize** patterns.
ⓓ 문맥상 '가야 할 먼 길'로 해석되므로 이때 to부정사는 명사를 수식하는 형용사적 역할로 쓰였다. 「way to-v (v할 길, v할 방법)」
해석 1950년대 이후로 과학자들은 컴퓨터가 단순히 계산하는 것 이상의 작업을 할 수 있게 하는 방법을 개발해오고 있다. '인공 지능(AI)'을 가진 컴퓨터는 현재 인간의 추론을 흉내 내고 패턴을 인식하도록 만들어지고 있다. 이런 발전들은 인상적인 성공을 가져왔고, 이것들은 증상을 가지고 질병을 진단하는 것에서부터 CCTV 영상에서 수배 중인 범인을 찾아내는 것에 이른다. 몇몇 AI 컴퓨터들은 예술 작품을 만들어내고 체스 경기에서 인간 세계 챔피언들을 이기기까지 했다. 그렇다 하더라도, 컴퓨터는 여전히 진정으로 '똑똑하게' 될 때까지 가야 할 길이 멀다. 가장 큰 문제 중 하나는 컴퓨터가 일상적인 언어를 이해하게 만드는 것에 있다.
● **calculation** 계산 **artificial** 인공의 **intelligence** 지능 **mimic** 흉내 내다, 모방하다 **reason** 추론하다 **recognize** 인식하다 **advance** 진보 **impressive** 인상적인 **range from A to B** 범위가 A에서 B에 이르다 **diagnose** 진단하다 **symptom** 증상 **identify** (신원을) 확인하다; 알아보다 **wanted** 수배 중인 **criminal** 범인 **work of art** 예술 작품 **beat** 이기다 **lie in** (문제 등이) ~에 있다, ~에서 발견되다 **ordinary** 일상의
구문 [1-2행] Since the 1950s, scientists have been developing ways of allowing computers to do more than simple calculations.
ways와 allowing ~ calculations는 동격.
[3-5행] These advances have produced some impressive successes, **ranging from** diagnosing diseases from
                                                                              A
symptoms **to** identifying wanted criminals on CCTV
                        B
images.
「range from A to B (범위가 A에서 B에 이르다)」 구문이 사용되었다.

5 **정답** ⓐ they are / it is ⓑ to feel / feel
해설 ⓐ 가주어 it의 역할을 할 수 있도록 it is로 고쳐야 한다.
This is why **it** is important **to celebrate your hard work**
                 S   S'(진주어)
and ~.
ⓑ 사역동사 make는 목적격보어로 원형부정사를 취하므로 to feel을 feel로 고쳐야 한다. 「make + 목적어 + v (목적어가 v하게 하다)」
오답풀이 ⓒ 동사 encourage는 목적격보어로 to부정사를 취한다. 「encourage + 목적어 + to-v (목적어가 v할 것을 권장하다)」
ⓓ 동사 want는 목적어로 to부정사를 취한다. 「want to-v (v할 것을 원하다)」 참고로, motivate는 목적격보어로 to부정사를 취한다. 「motivate + 목적어 + to-v (목적어가 v하도록 동기를 부여하다)」
ⓔ 문맥상 '당신의 목표를 성취하기 위해'가 되어야 하므로 부사적 용법의 to부정사인 to achieve는 적절.

해석 당신이 많은 노력을 기울였지만, 그 대가로 아무것도 얻지 못했다고 상상해 보라. 당신은 아마 불행하거나 인정받지 못한다고 느낄 것이다. 그렇기 때문에 열심히 노력한 것을 기념하고 당신이 들인 노력에 대해 스스로 보상하는 것이 중요한 것이다. 이렇게 하면 뇌에서 도파민이라는 화학 물질이 분비되는데, 이는 보상 동기를 일으키는 행동과 연결돼 기분이 좋아진다. 이것은 여러분이 포기하고 싶을 때조차 어려운 일을 완수하도록 격려한다: 보상을 받는 것은 당신을 목표를 향해 더 가까이 가게 한다. 노력과 보상의 효과적인 연결은 정신적 행복을 증진시킬 뿐만 아니라 계속하기를 원하도록 동기를 부여한다. 그러니 당신의 목표를 이루기 위해 열심히 노력했다면, 당신 자신에게 특별한 것을 주기를 잊지 마라. 당신은 분명히 그것을 얻을 자격이 있다.

- unappreciated (노력·진가 등을) 인정받지 못하는 reward 보상을 주다; 보상 release 분비[배출]하다 chemical 화학 물질 dopamine 도파민 (신경 전달 물질 등의 기능을 하는 체내 유기 화합물) motivate 동기를 부여하다 treat 특별한 것[선물] definitely 확실히 deserve ~을 받을 만하다

구문 [4-5행] When you do this, your brain releases a chemical [called dopamine], **which** is connected to reward-motivated behavior, **making** you feel good.
called dopamine은 앞에 있는 명사 a chemical을 수식하는 과거분사구, which는 a chemical을 보충 설명하는 관계사절이며, making 이하는 부대 상황을 나타내는 분사구문이다.

UNIT 07 전치사 / 접속사 밑줄

➡ 1 전치사 | 2 접속사 | 3 접속사 | 4 ~인지 아닌지

UNIT Exercise

01 정답 ○
해설 주어(I), 동사(explained)를 갖춘 절이 이어지고 문맥상 '비록 ~이지만'의 의미가 어울리므로 접속사 Though는 적절하다.
해석 그는 내게 우리 집에서 2주간 머물 수 있게 해달라고 부탁했다. 비록 내가 나의 상황을 그에게 설명했지만, 그는 요청을 되풀이했다.
- request 요청; 요청하다

02 정답 ○
해설 명사구(times of war and disorder)가 이어지고 문맥상 '~ 동안'이란 의미가 어울리므로 전치사 during이 적절하다.
해석 중국과 그리스 사상가들은 전쟁과 혼란의 시대 동안 철학 사상들을 발전시켰다. - thinker 사상가 develop 발전시키다 philosophy 철학 disorder 혼란

03 정답 ○
해설 문맥상 '~ 때문에'란 의미가 자연스러우므로 접속사 since가 쓰인 것은 적절하다.
It is recommended **to stay** indoors ~ / since mosquitoes
S   V   S'(진주어)
seem to bite mostly ~.
해석 이른 아침이나 초저녁에는 실내에 있는 것이 권장되는데 모기들이 주로 이 시간에 무는 것으로 보이기 때문이다. - recommend 권장하다 indoors 실내에 mosquito 모기 bite (곤충 등이) 물다

04 정답 ○
해설 문맥상 '~ 이후로'의 의미로 해석되므로 전치사 Since가 들어가는 것이 적절하다.
해석 1998년 이후로 그는 14,000피트가 넘는 콜로라도의 산들을 등반해오고 있다.

05 정답 ✕ / like
해설 명사(a lemon) 앞에 쓰였으므로 전치사가 올 자리이고 문맥상 '~처럼'으로 해석되므로 전치사 like가 적절. alike는 형용사 또는 부사로 쓰이고 '비슷한; 비슷하게'란 뜻.
해석 달은 왜 레몬같이 생겼을까? 과학자들은 달의 자전과 지구의 조수 작용이 '레몬 모양의' 위성(달)을 만든 것이라고 한다.
- shape (어떤) 모양으로 만들다 spin 회전 tidal 조수(해수면 높이차를 일으키는 힘)의 satellite 위성

06 정답 ○
해설 주어(pigeons), 동사(can be trained)를 갖춘 절이 이어지고 문맥상 '~인지 아닌지'로 해석하는 것이 자연스러우므로 접속사 if가 적절히 쓰였다. 이때 접속사 if는 to see의 목적어 역할을 하는 명사절을 이끈다.
~ to see if pigeons can be trained / to help find survivors
                       ○
(of accidents at sea).
해석 해안 경비대는 비둘기가 해상 사고의 생존자들을 수색하는 데 도움이 되도록 훈련될 수 있는지 알아보기 위해 테스트하고 있다.
- guard 경비대 conduct (조사 등을) 하다 pigeon 비둘기 survivor 생존자

07 정답 ✕ / but (also)
해설 앞부분에 보이는 not only에 호응하여 but (also)를 쓰는 것이 적절하다. 「not only A but (also) B (A뿐만 아니라 B도)」
해석 그 전쟁은 파괴와 죽음뿐만 아니라 두 공동체간의 수십 년에 걸친 증오를 낳았다. - destruction 파괴 decade 10년 hatred 증오

08 정답 ✕ / Though[Although]
해설 주어(the coaches of professional sports clubs), 동사(have)를 갖춘 절이 이어지고 문맥상 '비록 ~라도'의 의미이므로 전치사 Despite를 접속사 Though나 Although로 고쳐야 한다.
해석 프로 스포츠 구단 감독들은 성적 유지에 대한 부담감이 크지만 낙관적인 자세를 유지하고 선수들을 격려해야 한다.
- pressure 압박감 maintain 유지하다 optimistic 낙관적인

09 정답 because → because of
해설 뒤에 명사(roadworks)가 이어지므로 접속사 because를 전치사 because of로 고쳐야 한다.
해석 이즐링턴의 도로 공사 때문에 2주 동안 모든 버스 운행에 지장이 있을 것이다. - disrupt 지장을 주다

10 정답 alike → like
해설 주어(they), 동사(hate)를 갖춘 절이 이어지고 문맥상 '~처럼'으로 해석되므로 alike를 접속사 like로 고쳐야 한다. alike는 형용사 또는 부사로 쓰이고 '유사한[같게]'이란 뜻.
해석 어떤 사람들은 자신들이 하고 있는 일을 굉장히 싫어하고 그것이 끝날 때까지 기다릴 수 없는 것처럼 보인다. - absolutely 굉장히, 극도로

1 정답 ④ that → if 또는 whether

해설 주어(they), 동사(knew)를 갖춘 절이 이어지고 문맥상 '~인지 아닌지'로 해석하는 것이 자연스러우므로 접속사 if[whether]가 들어가는 것이 적절. 이때 if[whether]는 asked의 목적어 역할을 하는 명사절을 이끈다.

~ asked if[whether] ^{S}they ^{V}knew ^{O}who was shouting encouragement ~.

오답풀이 ① 문맥상 '~ 후에'라는 의미가 어울리므로, 분사구문에서 시간의 의미를 분명히 하기 위해 생략하지 않고 남겨둔 접속사 After가 적절. after는 전치사 역할도 하므로, 명사구(moving to a new city) 앞의 전치사로 볼 수도 있다.
② 뒤에 명사구(one game)가 이어지므로 전치사 자리이고 문맥상 '~ 동안'이란 의미가 어울리므로 전치사 During은 적절.
③ since는 전치사, 접속사 모두 가능한데, 뒤에 「주어(someone) + 동사(knew)」를 갖춘 절이 나오므로 접속사로 쓰였다. 문맥상 '~ 때문에'란 뜻이므로 이유를 나타내는 접속사 since는 적절.
⑤ 뒤에 이어지는 구조가 완전하고 선행사 the reason을 수식하면서 문맥상 '이유'의 의미가 되므로 관계부사 why는 적절.

해석 새로운 도시로 이사를 하고 난 후 나는 회사 야구팀에 합류했다. 가장 나이 많은 선수였기 때문에 나는 외야에서 경기를 해야 했다. 한 시합 도중 나는 실수를 몇 번 했다. 그때 누군가가 계속 다음과 같이 소리치는 것을 들었다. "잘했어요, 그린 씨." 그리고 "할 수 있어요, 그린 씨." 나는 이 낯선 도시에서 누군가가 내 이름을 알고 있었기 때문에 놀랐다. 그 시합이 끝나고 나서 나는 아내와 아들을 만나, 스탠드에서 격려의 말을 외치고 있던 사람을 아는지 물었다. 내 아들은 말했다. "아빠, 그 사람은 저였어요." 나를 그린 씨라고 부른 이유를 물었더니 아들은 다음과 같이 대답했다. "제가 아빠 아들이라는 걸 아무한테도 알리고 싶지 않았거든요."

● amaze 놀라게 하다   encouragement 격려의 말

구문 [2-3행] Then I **kept** ^{V}hearing ^{O}someone ^{C}shouting, ~.

동사 kept의 목적어를 이끄는 동명사 hearing이 다시 목적어와 목적격보어를 취하는 구조.

2 정답 ② while → during

해설 문맥상 '~ 동안'의 뜻으로 해석되지만, 접속사 while 뒤에는 주어, 동사를 갖춘 절이 와야 한다. 뒤에 명사구(her day)가 이어지므로 같은 의미의 전치사 during으로 고쳐야 한다.

~ a woman needs to take time / during her day / to receive the support [(that[which]) she needs ●].

오답풀이 ① 뒤에 명사구(getting what she needs)가 이어지고 문맥상 '~ 대신에'로 해석되므로 구전치사 instead of는 적절.
③ 주절의 주어 자리이므로 동명사 giving은 적절.
④ 뒤에 주어(this), 동사(can result in)를 갖춘 절이 이어지고 문맥상 '비록 ~라도'로 해석되므로 접속사 Though는 적절.
⑤ Unless가 이끄는 조건 부사절에서 현재시제는 미래를 대신하므로 makes는 적절.

해석 여자는 스트레스를 받으면 필요한 것을 얻는 대신 (남에게) 더 많이 주는 실수를 종종 한다. 남자가 힘든 하루를 보낸 후에 휴식을 취하고 회복해야 하듯이, 여자도 하루 중에 자신이 필요로 하는 도움을 받기 위해 시간을 가져야 한다. 여자가 사랑과 도움을 받고 있다고 느낄 때는, (누군가에게 뭔가를) 주는 것은 여자에게 긍정적인 느낌을 갖게 한다. 이것이 긍정적인 성취감이 순환되는 결과를 낳을 수도 있지만, 또한 부정적이 될 수도 있다. 자신이 필요로 하는 것을 얻지 못할 때도 여자의 뇌는 더 많이 베푸는 것이 자신의 기분을 나아지게 함을 기억한다. 의도적으로 노력하지 않으면 여자는 스스로 (도움을) 받게 하는 대신 더 많이 주려고 하는 강박적인 충동을 느낄 것이다.

● recover 회복하다   positive 긍정적인 (↔ negative 부정적인)   result in ~을 야기하다   fulfillment 성취; 만족   deliberate 의도적인, 계획적인   compulsive 강박적인   urge 충동

구문 [3-4행] When a woman feels (that) she is receiving $^{S'}$ $^{V'}$ $^{O'}$ love and support, giving makes her ^{V}feel ^{C}positive. S   V   O   C

생략된 접속사 that이 When절의 동사 feels의 목적어 역할을 하는 명사절을 이끌고, 주절에서는 동사 makes의 목적격보어로 쓰인 feel이 다시 형용사 보어를 취하고 있다.

[5-6행] When she is not getting what she needs, // her S'   V'   O'   S brain remembers / that ^{S}giving more ^{V}makes ^{O}her ^{C}feel V   O better.

접속사 When이 이끄는 절 안에서는 관계대명사 what이 동사 is not getting의 목적어 역할을 하는 명사절을 이끌고, 주절에서는 접속사 that이 동사 remembers의 목적어 역할을 하는 명사절을 이끌고 있다.

[7-8행] Unless she makes a deliberate effort, // she will feel a compulsive urge (to give more) / instead of **allowing** V' herself **to receive**. O'   C

구전치사 instead of의 목적어를 이끄는 동명사 allowing이 목적격보어로 to receive를 취하고 있다. 「allow + 목적어 + to-v (목적어가 v하게 허락하다)」 구조.

3 정답 ⑤ alike → like

해설 뒤에 명사구(a family crest)가 이어지고 문맥상 '~와 같이'란 의미가 어울리므로 전치사 like가 적절. alike는 '비슷한; 비슷하게'라는 의미의 형용사나 부사로 쓰인다.

오답풀이 ① make 뒤에 가목적어 it을 두고 진목적어 that절이 맨 뒤에 오는 구조.
② 뒤에 주어(others), 동사(recognize)를 갖춘 절이 이어지고 문맥상 '~ 때문에'란 의미가 어울리므로 접속사 because는 적절.
③ 뒤에 명사구(the number one ~ America)가 이어지고 문맥상 '~로서'로 해석되므로 전치사 as는 적절. 「establish A as B (A를 B로서 확고히 하다)」
④ 주어(the logo of a polo player), 동사(connects with)를 갖춘 절이 이어지고 문맥상 '~ 때문에'로 해석되므로 접속사 since가 적절.

해석 미국에서 명품을 성공적으로 광고하기 위해서는 회사가 신분을 팔고 있다는 것을 분명히 해야 한다. 제품 이미지 부여 작업은 매우 중요하다. 명품은 그것이 얼마나 호화로운지를 다른 사람들이 인정하기 때문에 가치가 있다. 롤렉스는 독특한 디자인과 롤렉스 시계가 얼마나 가치 있는지를 알리는 지칠 줄 모르는 마케팅 노력으로, 그들의 제품을 미국에서 최고의 호화 시계로 확고히 하는 훌륭한 일을 했다. 비슷하게 랄프 로렌은 폴로의 제품 이미지 부여 작업을 훌륭하게 해왔는데, 왜냐하면 폴로 선수 로고가 (귀족들은 말을 타고 모든 사람들은 걸었던 때인) 중세의 계급 신분에서부터 미국 카우보이 문화에 이르기까지의 모든 것과 연결되기 때문이다. 그리고 소비자들은 그 제품을 심벌처럼 입을 수 있다. 그런 명품을 구매할 능력이 있다는 것을 대부분의 미국인들이 이해할 수 있는 방식으로 알리면서 말이다.

● **market** 광고하다, (상품을) 내놓다 **luxury item** 명품 *cf.* **luxurious** 호화로운 **status** 신분 **branding** 제품 이미지 부여 작업 **tremendously** 매우, 대단히 **recognize** 인정하다 **brilliant** 훌륭한, 눈부신 **establish** 확고히 하다, 확립하다 **distinctive** 독특한 **tireless** 지칠 줄 모르는 **similarly** 비슷하게, 유사하게 **masterful** 훌륭한 **medieval** 중세의 **class** 계급

구문 [1-2행] To successfully market luxury items in America, a company needs to <u>make</u> **it** <u>clear</u> **that** it is selling status.
V　　　O　C　　　　　　O′(진목적어)
가목적어 it이 진목적어인 that절을 대신하고 있다.

[8-9행] And consumers can wear it like a family crest, / announcing their ability (to afford such a luxury item) in a way [**that** most Americans can understand ●].

목적격 관계대명사 that이 이끄는 절이 선행사 a way를 수식하는 구조이다.

4 정답 ⓐ **before** ⓑ **since** ⓒ **although** ⓓ **during**
해설 ⓐ 뒤에 주어(they), 동사(had to take out)를 갖춘 절이 이어지고 문맥상 '~ 전에'라는 뜻이므로 접속사 before가 적절. 참고로 before는 전치사로도 쓸 수 있다.
ⓑ 문맥상 '그때 이후로'라는 의미가 어울리므로 전치사 since가 적절.
ⓒ despite는 '비록 ~이지만'이라는 의미의 전치사로, 뒤에 명사(구) 또는 동명사가 이어져야 한다. 뒤에 주어(they), 동사(won't replace)를 갖춘 절이 이어지므로 같은 의미의 접속사 although가 적절.
ⓓ 뒤에 명사구(outdoor events)가 이어지고 문맥상 '~ 동안'이란 의미가 어울리므로 전치사 during이 적절.
해석 최초의 콘택트렌즈는 1888년 사람들의 시력을 교정하는 데 사용되었다. 렌즈는 유리로 만들어졌고 너무 불편해서 사람들은 다시 렌즈를 빼내야 하기 전에 짧은 시간 동안만 착용할 수 있었다. 그 이후 기술은 크게 발전하여, 1950년대의 단단한 플라스틱 렌즈를 거쳐 1970년대의 소프트렌즈로, 그리고 1990년대의 일회용 렌즈로 진화했다. 자외선을 차단해주는 콘택트렌즈는 1996년에 이용할 수 있게 되었고, 비록 그 렌즈가 선글라스와 모자를 대체하지는 않겠지만, 태양의 해로운 방사선의 상당 부분을 확실히 차단하기는 한다. 자외선 차단 렌즈는 모자나 선글라스를 쉽게 착용할 수 없는 야외 활동 동안에 매우 좋다.

● **contact lens** 콘택트렌즈 **correct** 바로잡다, 정정하다 **eyesight** 시력 **take out** 빼다[제거하다] **come a long way** 크게 발전[진보]하다 **evolve** 진화하다; 발달[진전]하다 **disposable** 일회용의 **UV** 자외선 (= ultraviolet) **protection** 차단 **available** 이용할[구할] 수 있는 **replace** 대체하다 **block** 막다 **damaging** 해로운, 손상을 주는 **radiation** 방사선 (열, 에너지 등의) 복사

구문 [1-2행] They were made of glass and **so uncomfortable that** people could only wear them for a short time ~.
「so 형용사/부사 that ...」은 '매우 ~해서 …하다'라는 의미.

[7-8행] UV-safe lenses are great during <u>outdoor events</u> [**where** hats and glasses can't easily be worn].

관계부사 where가 이끄는 절이 선행사 outdoor events를 수식하는 구조.

UNIT 08 wh- / that 밑줄

➡ 1 whose | 2 완전한 | 3 S + V [주어 + 동사] | 4 콤마(,) |
5 what | 6 완전한 | 7 완전한 | 8 관계대명사

UNIT Exercise

본문 p. 93

01 정답 ✕ / **whose**
해설 문맥상 someone's views란 뜻이므로 소유격 관계대명사 whose가 적절하다.
Everyone wants to be told / they're doing a job well / by **someone** [**whose** views are important].
해석 모든 사람은 견해가 중요한 누군가로부터 자신들이 일을 잘하고 있다고 듣고 싶어 한다. ● **view** 견해; 시야; 보다

02 정답 ○
해설 선행사는 those(사람)이고 이것은 관계사절 안에서 주어 역할을 한다. 사람 선행사일 때 주격 관계대명사는 who가 적절하다.
~, peaches are good for **those** [**who** are recovering from illnesses].
해석 탄수화물과 당이 풍부해서, 복숭아는 질병에서 회복 중인 사람들에게 좋다. ● **illness** 질병

03 정답 ○
해설 뒤에 완전한 구조가 이어지고 선행사(humor rooms)가 장소를 나타내며, 문맥상 '그곳에서'라는 의미이므로 where는 적절하다.
~ "**humor rooms,**" [**where** patients [who are bored with ~ beds] can <u>go</u> and enjoy a good laugh].
　　　　　　　　　　　　　　　　S　　　V₁　　V₂　O₂
해석 미국에서는 많은 병원이 '유머방'을 개설하고 있는데, 그곳에서는 병원 침대에 누워 있는 것에 싫증이 난 환자들이 가서 실컷 웃을 수 있다.
● **set up** 개설하다; 설치하다

04 정답 ✕ / **do** 삭제
해설 why가 이끄는 간접의문문이 to understand의 목적어이므로 「why + S + V」의 어순이 되어야 한다.
해석 직원들을 동기 부여하는 법을 배우기에 앞서, 우리가 왜 직원들을 동기 부여해야 하는지 이해하기 위해 시간을 좀 가지는 것이 중요하다!
● **motivate** 동기를 부여하다 **employee** 직원

05 정답 ○
해설 뒤에 「주어 + 동사 + 전명구」의 완전한 구조가 이어지고 수식할 선행사가 없으므로 접속사 that이 쓰인 것이 적절하다. 여기서 접속사 that은 전체 문장의 목적어 역할을 하는 명사절을 이끈다.
The name "hamburger" <u>implies</u> **that** ^Shamburgers
S　　　　　　　　　V　　　　　　　　O
^Voriginated / from Hamburg in Germany.
해석 '햄버거'라는 이름은 햄버거가 독일의 함부르크에서 유래했음을 암시한다. ● **imply** 암시하다 **originate** 비롯되다, 유래하다

06 정답 ✕ / which

해설 콤마(,) 뒤에서 선행사 rain, snow, or hail을 보충 설명하는 관계사절이므로 which가 적절하다. 관계대명사 that은 선행사를 보충 설명하는 역할로 쓰이지 않는다.

해석 따뜻하고 습기 찬 공기가 차가워져서 비나 눈이나 우박을 만드는데, 이것이 지상에 떨어질 때 공기를 정화한다.

- **moist** 습기 찬　**hail** 우박　**purify** 정화하다

07 정답 ○

해설 ~ and quickly find **articles** [**which** you definitely want to read ●].

뒤에 이어지는 구조가 불완전하고 바로 앞 선행사 articles는 관계사절 내 부정사인 to read의 목적어 역할을 하므로 목적격 관계대명사 which는 적절.

해석 당신을 위한 온라인 뉴스 서비스들이 많이 있다. 그것들은 당신이 당신의 관심사에 초점을 맞추도록 해주며 당신이 분명히 읽고 싶어 하는 기사들을 빠르게 찾게 해준다.

- **focus on** ~에 초점을 맞추다　**definitely** 분명히

08 정답 ○

해설 뒤에 완전한 구조가 이어지므로 접속사 that이 올 자리이다.

해석 연구에 따르면 만성적인 배고픔에 시달리는 아이들은 자신들의 잠재력을 최대한 발휘할 가능성이 적다고 한다.

- **chronic** 만성적인　**potential** 잠재력

09 정답 ✕ / which

해설 뒤에 오는 구조가 「동사(helps) + 전명구(in strengthening ~)」로 불완전하므로 주어 역할을 할 수 있는 주격 관계대명사가 필요하다. 콤마 뒤에서 앞에 나온 절을 부연 설명하는 관계사절이므로 which가 적절. 관계대명사 what은 선행사를 보충 설명하는 역할로 쓰이지 않는다.

해석 두피를 꾸준히 마사지하면 혈액 순환을 증가시킬 수 있으며, 이는 결과적으로 뿌리를 튼튼하게 하고 모발의 성장을 촉진하는 데 도움이 된다.

- **scalp** 두피　**consistently** 지속적으로　**circulation** 순환　**in turn** 결과적으로, 결국　**strengthen** 강화시키다　**promote** 촉진하다

10 정답 ✕ / which[that]

해설 앞에 선행사 the positive feelings가 있으므로 what을 쓸 수 없고, 뒤에는 주어가 빠진 불완전한 구조가 이어지므로 주격 관계대명사 which나 that이 적절.

해석 성공의 경험과 그에 수반되는 긍정적인 감정은 우리 자신의 능력에 대한 자신감과 믿음을 키워준다.

- **accompany** 수반[동반]되다　**confidence** 자신감　**capability** 능력

11 정답 that → what

해설 that 앞에 선행사가 없고 목적어가 빠진 불완전한 구조가 이어진다. 따라서 that이 아니라 자체적으로 선행사를 포함하는 목적격 관계대명사 what이 적절. 여기서 what이 이끄는 절은 전체 문장의 보어가 되는 명사절이다.

해석 우선, 여러분의 지역에서 멸종 위기에 처한 종들에 대해 배우는 것이 그들을 돕기 위해 여러분이 할 수 있는 일이다.

- **endangered** 멸종 위기에 처한

12 정답 what → that

해설 what 뒤에 「주어(every person) + 동사(has) + 목적어(hopes, dreams, desires ~)」의 완전한 구조가 이어지므로 관계대명사나 의문대명사 what이 아니라 접속사 that이 적절하다. 여기서 that절은 the fact를 부연 설명하는 동격의 명사절이다.

해석 우리들 중 많은 사람들은 모든 사람이 자기만의 희망, 꿈, 욕망, 목표를 가지고 있다는 사실을 무시하는 경향이 있다.

- **ignore** 무시하다　**desire** 욕망

13 정답 where → which[that]

해설 where 뒤에 주어가 빠진 불완전한 구조가 이어지므로 관계부사 where가 아닌 주격 관계대명사 which나 that이 필요하다.

해석 근로자 교육에 투자하는 기업은 대개 더 높은 생산성과 더 많은 이윤으로 돌려받게 된다.

- **reward** 보상하다　**productivity** 생산성　**profit** 이익, 이윤

14 정답 which → whose

해설 관계대명사의 선행사는 A new stylish hotel이고 뒤에 「주어(rooms) + 동사(overlook) + 목적어(the beautiful lake)」의 완전한 구조가 오기 때문에 주격이나 목적격 관계대명사 which는 적절하지 않다. 문맥상 '호텔의 방'이란 뜻이므로 소유격 관계대명사 whose가 적절.

해석 방들이 모두 아름다운 호수를 내려다보는 새로운 멋진 호텔이 올여름에 문을 열 것이다. **overlook** 내려다보다, 바라보다

15 정답 who → whom

해설 who 앞에 전치사 to가 있고, 관계사절의 수식을 받는 선행사(a number of filmmakers)가 있으므로 전치사의 목적격이 되는 관계대명사가 되어야 한다. who는 전치사와 나란히 쓸 수 없으므로 whom으로 고쳐야 한다.

해석 마침내 인상적인 영화 데뷔를 하기 전에, 그녀의 대본은 그것을 받은 많은 영화 제작자들에 의해 거절당했다.

- **impressive** 인상적인　**script** 대본　**turn down** 거절하다

16 정답 (1) A, C, F, G

(2) B. what → that / D. that → what / E. which → when

해설 (1) A 앞에 선행사 knowledgeable and experienced professionals가 있고, 뒤에 목적어가 빠진 불완전한 구조가 이어지므로 목적격 관계대명사 whom은 적절.

C 뒤에 「주어 + 동사 + 전명구」의 완전한 구조가 이어지고 문맥상 '어떻게 ~했는지'가 되어야 하므로 관계부사 how는 적절. 앞에 선행사 the way가 생략되었다.

F 앞에 선행사가 없고 뒤에 목적어가 빠진 불완전한 구조가 이어지므로 선행사를 포함하는 목적격 관계대명사 what은 적절.

G 뒤에 gave의 목적어가 빠진 불완전한 구조가 이어지므로 the reason을 선행사로 하는 which는 적절.

The reason [which he gave ●] (for not paying attention ~)
　　　　　　　　S

was not acceptable.
　V

(2) B 뒤에 「주어 + 동사 + 목적어」의 완전한 구조가 이어지고 수식할 선행사가 없으므로 관계대명사 what이 아닌 접속사 that이 필요하다. 여기서 접속사 that은 insisted의 목적어 역할을 하는 명사절을 이끈다.

D 앞에 선행사가 없고 뒤에 목적어가 빠진 불완전한 구조가 이어지므로 that이 아니라 선행사를 포함하는 관계대명사 what이 필요하다. 해석상 what은 의문대명사로 보아도 무방하다.

E 뒤에 「주어 + 동사 + 목적어」의 완전한 구조가 이어지므로 관계대명사 which는 쓸 수 없고, 관계부사가 들어갈 자리이다. 앞에 때를 나타내는 선행사 the day가 있으므로 관계부사 when이 적절.

해석 A 우리 의료진은 여러분이 항상 의지할 수 있는 지식과 경험이 풍부한 전문가들로 구성되어 있다.

● medical staff 의료진 knowledgeable 지식이 많은 experienced 경험이 풍부한 rely on ~에 의지[의존]하다, ~을 믿다[신뢰하다]

B 그녀의 친구들은 그녀가 그 사고와 아무런 관련이 없다고 주장했다.
● connection 관련성, 연관성

C 역사학자들과 고고학자들은 스톤헨지가 어떻게 윌트셔에 지어졌는지에 대해 몇 가지 이론을 가지고 있다. ● archaeologist 고고학자 theory 이론

D 많은 사람들은 종종 자신이 이루고자 하는 것을[것이 무엇인지를] 정확히 알고 있지만, 어떻게 그것에 도달해야 하는지는 전혀 알지 못한다.
● achieve 이루다, 성취하다

E 나는 기계가 인간을 완전히 대체하는 날을 결코 보고 싶지 않다.
● replace 대신[대체]하다

F 내 남편과 나는 보통 우리 아이들이 식사 때 먹고 싶은 것을 고르게 한다.

G 그가 선생님께 집중하지 않는 이유로 그가 댄 것은 받아들일 수 없었다.

UNIT 08 실력다지기

본문 p. 95

1 정답 ⑤ That → What

해설 **What** [∨]exists is found / only in the most sheltered valleys ~.
　　　　　S　　　　　V

앞에 선행사가 없고 주어가 빠진 불완전한 구조가 이어진다. 따라서 자체적으로 선행사를 포함하는 주격 관계대명사 What이 적절. 여기서 What이 이끄는 절은 전체 문장의 주어가 되는 명사절이다.

오답풀이 ① This lake has a surface [**that** is 5,209 meters above sea level].

that은 선행사 a surface를 수식하는 관계사절을 이끌며 관계사절 내 주어 역할을 하는 주격 관계대명사이다.

② 뒤에 주어가 빠진 불완전한 구조가 이어지므로 주격 관계대명사 which는 적절. 앞에 콤마가 있어 이때 which는 선행사 Trivistapa를 보충 설명하고 있다.

③ 뒤에 주어가 빠진 불완전한 구조가 이어지므로 주격 관계대명사 which는 적절. 앞에 콤마가 있어 이때 which는 선행사 a rough ~ plateau를 보충 설명하고 있다.

④ 콤마(,) 앞뒤에 있는 두 개의 절을 이어줄 접속사의 역할과 뒤 절에 빠져 있는 주어를 완성할 관계대명사 which가 올 자리이다. 이때 which가 이끄는 절은 선행사 dozens of lakes를 보충 설명한다.

해석 섬이 있는 가장 높은 호수는 티베트의 오르바코이다. 이 호수는 수면이 해발 5,209미터에 있다. 티베트란 단어는 산스크리트 단어인 트리비스타파에서 유래한 것으로 그것은 천국을 의미한다. 티베트는 또한 '세계의 지붕'으로 알려져 있다. 티베트는 거칠고 건조하고 추운 고원으로, 히말라야 북쪽에 있다. 겨울에는 몹시 춥고 일 년 내내 바람이 분다. 비와 녹은 눈이 몇십 개의 호수로 흘러드는데, 그중 네 개의 호수는 지역 사람들에 의해 신성시된다. 돌이 많은 경관에는 초목이 거의 없다. (초목이) 있는 곳이라고는 가장 비바람이 들이치지 않는 계곡에서만 찾아볼 수 있는데, 크기는 보통 작다. 그러나 이렇게 척박함에도 불구하고 이 땅은 온화할 수 있다. 그곳에 사는 사람들은 호수 근처에서 건강에 좋은 작물을 기른다.

● above sea level 해발 rough 거친 plateau 고원 bitterly 몹시, 매우 all year round 일 년 내내 melt 녹다; 녹이다 sacred 신성한 vegetation 초목, 식물 rocky 돌[바위]투성이의 landscape 풍경 sheltered 비바람이 들이치지 않는 typically 보통, 일반적으로 barrenness 척박함, 불모 crop 작물

2 정답 ③ which → what

해설 전치사 of의 목적어 역할을 하는 명사절이 와야 하고 앞에 선행사가 없다. 따라서 선행사를 포함하고 명사절을 이끄는 관계대명사 what이 적절.

오답풀이 ① 문맥상 '~이든 (아니든)'으로 해석하는 것이 자연스러우므로 부사절을 이끄는 접속사 Whether는 적절. Whether 뒤에는 they are가 생략된 것으로 볼 수 있다.

② 뒤에는 주어가 빠진 불완전한 구조가 이어지므로 what은 적절하다. 이때의 what은 해석상 의문대명사도 가능하고 선행사를 포함하는 관계대명사 what도 가능하다.

④ 앞에 선행사 something else가 있고 뒤에는 주어가 빠진 불완전한 구조가 이어지므로 주격 관계대명사 that은 적절.

~ how to move toward something else [**that** will better serve your purposes ~].
　　　　　　　　　　　　　　　　↑_____|

⑤ 콤마 앞에 선행사 The distinction ~ contribution이 있고 뒤에 주어가 빠진 불완전한 구조가 이어지므로 선행사를 보충 설명하는 절을 이끄는 관계대명사 which는 적절.

해석 표면적으로든 내면적으로든, 많은 대화들이 누가 책임을 져야 하는가에 대한 질문 위주로 돌아간다. 비난은 정말로 무엇이 문제를 야기하는지를 알아내어 [비난은 정말로 문제를 야기하고 있는 것을 알아내어] 그것을 고치기 위해 의미 있는 일을 할 수 있는 능력을 방해한다. 비난을 하고 싶은 충동은 여러분과 다른 사람 사이에서 문제를 야기한 것에 대한 오해와 비난받게 될지도 모른다는 두려움에 근거한 것이다. 무엇이 우리를 비난하도록 유도하는지 그리고 어려운 대화에서 여러분의 의도를 더욱 잘 전달할 다른 무언가로 어떻게 나아갈 것인지를 알아야 비로소 비난을 피할 수 있다. 그 다른 무언가가 바로 원인 제공이라는 개념이다. 이해하기 쉬운 것은 아니지만, 비난과 원인 제공의 구별은 어려운 대화를 잘 다루는 능력을 발전시키는 데 필수적이다.

● revolve around ~ 위주로 돌아가다 blame 비난; 비난하다 cf. be to blame (~에 대한) 책임이 있다 inhibit 방해하다, 저해하다 meaningful 의미 있는 urge 충동, 욕구 be based on ~에 근거하다 misunderstanding 오해, 착오 issue 문제, 사안 concept 개념, 콘셉트 contribution 원인 제공; 기여 distinction 구별; 차이 essential to ~에 필요한 improve 발전시키다, 향상시키다

구문 [2-3행]
Blame inhibits ┌ **to learn** what is really causing a problem
our ability 　 │ *and*
　　　　　　　└ **to do** anything meaningful / to correct it.

our ability를 수식하는 to learn ~과 to do ~가 and로 연결된 병렬구조.

[3-5행]
　　　　　　　　　　┌ **on a misunderstanding** (of what
The urge (to blame) │ caused ~ person),
is based 　　　　　 │ *and*
　　　　　　　　　　└ **on the fear** (of being blamed).

동사 is based에 이어지는 on a misunderstanding ~과 on the fear ~가 and로 연결된 병렬구조이며 관계대명사 what은 전치사 of의 목적어 역할을 하는 명사절을 이끌고 있다.

[5-6행]
You *can't* escape blame ┌ **what** motivates us to blame
until you understand 　│ *and*
　　　　　　　　　　　　└ **how** to move toward ~.

「not A until B (B하고 나서야 비로소 A하다)」 구문이 사용되었다.

3 정답 ③ **what → that**

해설 뒤에 「주어(the name) + 동사(stands for)」의 완전한 구조가 이어지고 수식할 선행사가 없으므로 접속사 that이 적절. that은 동사 stated 의 목적어 역할을 하는 명사절을 이끈다.

~, Hormel stated // that ˢthe name ⱽstood for ~.
           S   V   O

오답풀이 ① 뒤에 주어가 빠진 불완전한 구조가 이어지므로 주격 관계대명사가 올 자리. 따라서 관계대명사 which는 적절히 쓰였다. 문맥상 앞 절 전체를 보충 설명하고 있다.

② 뒤에 명사구(its appearance)가 나오므로 전치사 Despite는 적절.

④ 뒤에 주어가 빠진 불완전한 구조가 이어지고 앞에는 수식할 사람 선행사 (an actor)가 있으므로 주격 관계대명사 who는 적절.

The name itself was suggested by an actor [**who** received

the $100 prize ~].

⑤ 선행사는 the man이고 뒤에 「주어(brother) + 동사(was) + 보어(a Hormel vice president)」의 완전한 구조가 온다는 것에 주의. 문맥상 the man's brother란 뜻이므로 소유격 관계대명사 whose는 적절.

~ he just happened to be the man [**whose** brother was a

Hormel vice president].

해석 스팸은 세계 대공황 말경인 1937년에 발명되었는데, 이는 스팸이 좋은 아이디어처럼 보였던 이유에 대해 부분적으로 설명할 수 있을지도 모른다. 니키타 흐루쇼프의 책에 따르면 스팸은 2차 세계 대전 당시에 배고픈 러시아 군인들에게는 하늘이 준 선물이었다. 그런데 '스팸'은 실제로 무슨 뜻을 나타낼까? 겉모양에도 불구하고, 그것은 '고기를 가장한 어떤 것'을 의미하지 않는다. 제조업체인 호멜은 그것이 '조미된 햄'의 약자라고 주장하지만 그게 항상 사실은 아니다. 과거에 호멜은 그 이름이 '돼지고기의 어깨 살과 넓적다리 살'을 의미한다고 말했다. (스팸이라는) 그 이름 자체는 호멜 이름 짓기 대회에서 100달러의 상금을 받은 한 배우에 의해 제안된 것이었다. 편리한 우연으로 그 배우의 형이 호멜의 부회장이었다. 이 수상한 고기에는 정말 많은 미스터리가 있다.

● **godsend** 하늘이 준 선물 **stand for** 나타내다, 뜻하다 **appearance** 겉모양, 외견 **pose** 가장하다, ~인 체하다 **manufacturer** 제조업체; 생산자 **claim** 주장하다 **be short for** ~의 준말이다 **spiced** 조미된 **state** 말하다 **conveniently** 편리하게(도) **happen to-v** 우연히 v하다 **vice president** 부회장

4 정답 ② **which → where** 또는 **in which**

해설 뒤에 「주어(robins) + 동사(were observed)」의 완전한 구조를 이끌면서 선행사 a series of experiments를 수식하는 관계부사 where 또는 in which가 적절.

오답풀이 ① 뒤에 「주어(American robins) + 동사(locate) + 목적어 (earthworms)」의 완전한 구조가 이어지고 앞에 선행사는 보이지 않으므로 접속사 that은 적절하다. that은 동사 concluded의 목적어 역할을 하는 명사절을 이끈다.

~ Heppner concluded that ˢAmerican robins ⱽlocate
    S   V   O

ᴼearthworms ~.

③ 뒤에 주어가 빠진 불완전한 구조가 이어지므로 주격 관계대명사 that은 적절. 관계대명사 that이 이끄는 절은 선행사 loud noise를 수식한다.

~ even in the presence of loud noise [**that** ⱽwould have

confused ᴼany auditory clues].

④ 동사 suggest의 목적어 역할을 하는 명사절이 와야 하고, 뒤에 「주어 (they) + 동사(might use) + 목적어(other sensory modes)」의 완전한 구조가 이어진다. 따라서 접속사 that은 적절.

Our own field observations ~ suggest / to us // **that** ˢthey
                       S   V   O

ⱽmight also use ᴼother sensory modes ~.

⑤ 「지각동사 watch + 목적어 + 목적격보어」 구조. '울새가' '사냥하는' 문맥이므로 목적어와 목적격보어는 능동관계. 특히 진행 중인 행동은 목적격보어로 v-ing를 사용하므로 hunting은 적절.

해석 울새의 수렵 행동에 대한 한 실험 연구에서 헤프너는 미국 울새가 오로지 시각적인 단서만으로 지렁이의 위치를 찾아낸다고 결론지었다. 이러한 결론은 울새가 자세히 관찰되던 일련의 실험에 기반을 두었다. 울새는 청각적인 단서를 혼란스럽게 했을 큰 소음이 나는 상황에서도 지렁이를 찾을 수 있었다. 우리가 울새를 현지 관찰해본 바에 의하면, 그것들은(울새들은) 지렁이를 찾을 때 다른 감각 유형도 사용하는지 모른다. 울새가 머리를 쫑긋 세우면 듣고 있는 것처럼 보이는데, 이때 울새는 지렁이가 보이기 어려울 정도로 풀의 길이가 긴 잔디밭에서도 성공적으로 사냥하는 것을 우리는 목격했다.

● **experimental** 실험의 **hunting** 수렵 **conclude** 결론짓다, 판단하다 **locate** ~의 위치를 정확하게 찾아내다 **earthworm** 지렁이 **exclusively** 오로지, 독점적으로 **visual** 시각의 **clue** 단서 **a series of** 일련의 **in the presence of** ~이 있을 때 **auditory** 청각의 **field observation** 현지 관찰 **sensory** 감각의 **mode** 유형, 방식 **lawn** 잔디밭

구문 [7-8행] ~, and we have watched robins successfully
                    S   V   O   C

hunting on lawns [**where** the grass was long / enough to

ⱽmake ᴼviewing the earthworms ᶜdifficult].

관계부사 where가 이끄는 절은 장소 선행사 lawns를 수식한다. enough to가 이끄는 부사구 내에 「make + 목적어 + 목적격보어」 구조가 쓰였다.

5 정답 ⓐ **what → which[that]** ⓓ **where → which[that]**

해설 ⓐ 선행사 the most 'painful' experiences가 있고 뒤에 목적어가 빠진 불완전한 구조가 이어지므로 목적격 관계대명사 which나 that이 적절.

ⓓ 선행사 the same neurobiological areas가 있고 뒤에 주어가 빠진 불완전한 구조가 이어지므로 주격 관계대명사 which나 that이 적절.

오답풀이 ⓑ 선행사 situations가 있고 뒤에 주어가 빠진 불완전한 구조가 이어지므로 주격 관계대명사 that은 적절.

ⓒ 뒤에 「주어 + 동사 + 목적어」의 완전한 구조가 이어지고 수식할 선행사가 없으므로 접속사 that은 적절. 여기서 접속사 that은 전체 문장의 목적어 역할을 하는 명사절을 이끈다.

ⓔ 완전한 구조가 이어지므로 「전치사 + 관계대명사」 구조는 적절.

해석 배척, 사회적 거부 또는 상실의 경험은 일반적으로 우리가 맞닥뜨리는 가장 '고통스러운' 경험 중 일부라고 생각된다. 사실, 많은 사람들은 이러한 경험을 유발할 수 있는 상황을 피하기 위해 종종 많은 노력을 기울인다. 왜 이러한 부정적인 사회적 경험들이 우리의 정서적 회복에 그렇게 엄청난 영향을 미칠까? 최근의 연구는 사회적 고통의 경험, 즉 사회적 단절과 관련된 고통은 육체적 고통의 경험을 통제하는 동일한 신경생물학적 영역에 의존한다는 것을 보여준다. 사회적 고통과 육체적 고통이 겹치는 방법을 이해하는 것은 이 두 종류의 경험들 사이의 주목할 만한 관계에 대한 새로운 정보를 드러낼 수 있다.

● **exclusion** 배제, 제외 **rejection** 거부 **encounter** 맞닥뜨리다 **go to great lengths** 많은 애를 쓰다 **profound** 엄청난 **distress** (정신적) 고통, 괴로움 **associate** 연관 짓다, 연상하다 **disconnection** 단절 **neurobiological** 신경생물학적 **comprehend** 이해하다 **overlap** 겹치다 **remarkable** 주목할 만한, 놀라운

Recent research indicates **that** ^Sexperiences
of social pain — the distress associated with social
disconnection — ^Vdepend on ^Osome of the same
neurobiological areas [**that** control experiences of
physical pain].

6 정답 ⓐ **that** ⓑ **that** ⓒ **which** ⓓ **where**

해설 ⓐ 뒤에 「주어 + 동사 + 목적어」의 완전한 구조가 이어지고 수식할
선행사가 없으므로 접속사 that이 적절하다. 여기서 접속사 that은 have
asked의 목적어 역할을 하는 명사절을 이끈다.

ⓑ 뒤에 「주어 + 동사 + 목적어」의 완전한 구조가 이어지고 수식할 선행사가
없으므로 접속사 that이 적절하다. 여기서 접속사 that은 determine의
목적어 역할을 하는 명사절을 이끈다.

ⓒ 콤마(,) 뒤에서 앞에 있는 절 전체를 보충 설명하는 관계사절이므로
which가 적절하다.

ⓓ 뒤에 「주어 + 동사」의 완전한 구조가 나오고 장소를 나타내는 선행사(Parts
of the painting)가 있으므로 관계부사 where가 적절하다.

해석 연구원들은 사람들이 Edvard Munch의 '절규'라는 유명한 표현주
의 그림 앞에서 숨을 쉬지 말 것을 요청했다. 과학자들은 사람의 입김이 이
그림의 상태를 악화시키는 원인이 되어 왔다는 것을 알아낼 수 있었다. 이 상
징적인 예술 작품은 엑스레이 탐침을 이용해 조사됐는데, Munch가 카드뮴
노란색 물감을 실수로 사용한 것을 밝혀냈고, 그것은 숨을 쉴 때와 같이 낮은
습도에 취약한 것이었다. 노란 물감이 사용됐던 그림의 일부분들, 즉 호수, 일
몰, 비명을 지르는 인물의 얼굴 부분 등이 색이 바랬거나 벗겨지기 시작하고
있다.

● **expressionist** 표현주의 **determine** 알아내다, 밝히다 **contribute**
~의 원인이 되다 **iconic** 상징적인 **examine** 조사[검사]하다 **vulnerable**
취약한 **humidity** 습도 **figure** 인물, 모습 **fade** (색깔이) 바래다 **flake**
off 떨어져 나가다

PART III 실전 모의고사

실전 모의고사 01회

본문 p. 100

1 ① 2 ⓐ presented ⓑ using ⓒ dangerous
3 ⑤ adjust → adjusted
4 (1) ⓑ are → do ⓔ lowers → (should) lower
  (2) never know how far you can go

---

1 정답 ①

해설 (A) 문맥상 '나머지 모든 사람'이 아니라 '다른 사람들'이 자연스러우므로 others가 적절.
(B) 「make + 목적어(insecure kids) + 목적격보어(feel)」의 구조로, 사역동사인 make는 목적격보어로 원형부정사를 취하므로 feel이 적절.
(C) not to gossip about의 의미상 주어는 you이고 문맥상 목적어는 people이므로 서로 일치하지 않음. 따라서 them이 적절.

해석 남 얘기를 하는 것, 즉 험담하는 것은 십 대들 사이에서 심각한 문제이다. 그들은 한가롭게 남 얘기를 함으로써 유대감을 형성하는 경향이 있다. 왜 십 대들은 다른 사람들에 대해 그렇게 끔찍한 말을 하는 것일까? 우선 한 가지 이유는 그것이 그들에게 권력 의식, 즉 다른 사람의 평판을 좌지우지할 수 있다는 느낌을 주기 때문이다. 또 다른 한 가지는, 험담하는 것은 자신 없는 아이들이 특권을 가진 무리에 속해 있다는 느낌이 들게 한다. 그러나 험담하는 사람들은 나쁜 사람들이다. 그들이 험담하고 있을 때 멈추게 하는 것은 용기가 필요하지만, 당신이 그렇게 한다면 존경을 받을 것이다. 사람들은 다음번에 당신이 자신들에 대해 험담을 하지 않을 거라고 믿을 수 있다는 것을 알게 될 것이다.

● gossip 남 얘기를 하다 bond 유대감을 형성하다; 접착시키다 horrible 끔찍한; 못된 reputation 평판, 명성 insecure 자신 없는; 불안정한 privileged 특권을 가진 mean 성질이 나쁜, 비열한

구문 [3-4행] For one thing, it gives them a sense of power, a feeling that they can control someone's reputation.

a sense of power = a feeling that ~ reputation (콤마 다음 내용이 동격)

a feeling = that they ~ reputation (that절이 동격)

---

2 정답 ⓐ presented ⓑ using ⓒ dangerous

해설 ⓐ 문장의 동사가 없으므로 주어(The volcanic ash)와 호응하는 동사 자리이다. 문맥상 과거의 사실을 말하고 있으므로 과거형인 presented가 적절하다.
ⓑ 문장의 동사 could determine이 있으므로 앞의 명사이자 의미상 주어인 a satellite를 수식하는 준동사 자리이다. '위성'이 레이저 기술을 '사용하는' 것이므로 a satellite와 use는 능동관계이고 따라서 v-ing 형태가 적절하다.
ⓒ 의문사 how로 시작되는 간접의문문. 「의문사(how) + 형용사/부사 + 주어 + 동사」 구조로, 동사가 could be이므로 how 다음에는 be동사의 보어에 해당하는 형용사가 와야 한다.

~, how dangerous it could be for aircraft to fly through.
　　　 C　S(가주어)　V　　의미상 주어　　S'(진주어)

해석 아이슬란드에서 200년이 넘어 처음으로 화산이 폭발하자 많은 사람이 놀라워했다. 화산재는 대기권으로 높이 폭발한 이후에, 비행기 엔진에 위험을 야기했다. 분출이 잦아든 이후에도 화산재는 대기에 여전히 남아 있었다. 그 당시 많은 전문가에 의하면 레이저 기술을 이용하는 위성이 화산재의 농도를 알아낼 수가 있었다고 한다. 전문가들은 또한 화산재가 비행기 엔진에 얼마나 많은 위험인지도 알아낼 수 있을 것이라고 덧붙였다. 그 위성은 화산재 구름에 광선을 쏘아서 되돌아오는 빛을 받을 수 있었다. 이것으로부터 그들은 화산재가 얼마나 농축되었는지, 따라서 비행기가 그곳을 통과하여 비행하는 것이 얼마나 위험한지 알아낼 수 있을 것이라고 믿었다.

● erupt (화산 등이) 분출하다 cf. eruption 분출 ash 재 blast 폭발하다 present (문제 등을) 야기하다; 증정하다 die down 차츰 잦아들다 determine 알아내다; 결정하다 concentration 농도; 집중 figure out 밝히다 beam 빛줄기 bounce back 되돌아오다

구문 [8-10행] From this they believed // they would be able
　　　　　　　　　　　　　　　　　 S'　　 V'
to determine / how concentrated the ash was and, thus,
　　　　　　　　　　　　　　　　　　　　　 O'₁
how dangerous it could be for aircraft to fly through.
　　　　　　　O'₂

동사 would ~ determine에 이어지는 목적어절 how concentrated ~ was와 how dangerous ~ through가 접속사 and로 연결된 병렬구조.

---

3 정답 ⑤ adjust → adjusted

해설 「with + (대)명사 + 분사 (~이 …한 채로)」 구문. '의자 등받이'는 '조정되는' 것이므로 the chair back과 adjust는 수동관계이다. 따라서 p.p. 형태로 고쳐야 한다.

오답풀이 ① 동명사 sitting을 수식하는 부사 straight를 또 다른 부사인 perfectly가 수식하는 구조이므로 적절.
② 주어는 단수명사 the conventional wisdom이므로 단수동사 was가 적절. 전명구 about ~ chairs는 수식어구이다.

~, the conventional wisdom (about sitting on chairs) was
　　　　　　 S　　　　　　　　　　　　　　　　 V
that ~.

③ 뒤에 「주어(sitting ~ time) + 동사(can trigger) + 목적어 (chronic back pain)」의 완전한 구조가 이어지고 앞에 수식할 선행사가 없으므로 접속사 that이 쓰인 것은 적절하다. 이때 that은 동사 revealed의 목적어 역할을 하는 명사절을 이끈다.
④ that절의 동사인 puts와 and로 연결된 병렬구조.

~ that the once-recommended ~ sitting posture
┌ puts strain on the lower back
│ and, over time,
└ causes pain and damage.

해석 좋은 자세는 중요하다. 그러나 완전히 똑바로 앉는 것과 관련한 보편적 조언은 사실상 척추의 장기적인 건강에 해로울 수 있다. 최근까지만 해도 의자에 앉는 것에 관한 사회적 통념은 허벅지를 바닥과 평행하게 한 채로 허리를 똑바로 펴는 것이었다. 그러나 최근 연구는 오랜 시간 동안 똑바른 자세로 앉는 것이 사실상 만성적 허리 통증을 유발할 수 있음을 밝혔다. 몇 가지 연구는 한때 권장되었던 90도 앉기 자세가 아래쪽 허리에 압력을 주고 시간이 지

정답 및 해설 **49**

나면서 통증과 손상을 유발한다는 것을 알아냈다. 따라서 전문가들은 이제 발은 바닥에 둔 상태에서 의자 등받이를 약간 뒤로 기대어 앉는 것이 가장 좋다고 말하고 있다. 이 자세는 척추의 압박을 줄이고 손상을 최소화한다.

● **posture** 자세 **universal** 보편적인; 전 세계적인 **back** 척추; 등, 허리; 등받이 **long-term** 장기적인 **thigh** 허벅지 **parallel** 평행한 **reveal** 밝히다, 드러내다 **upright** (자세가) 똑바른, 꼿꼿한 **trigger** 촉발하다 **chronic** 만성적인 **strain** 압박, 중압 **adjust** 조정[조절]하다 **reclination** 뒤로 기댐 **rest** ~에 놓이다 **spine** 척추

4 정답 (1) ⓑ **are → do** ⓔ **lowers → (should) lower**
(2) **never know how far you can go**

해설 (1) ⓑ 앞의 일반동사인 manage를 대신하는 자리이므로 do가 적절. ⓔ that절 앞에 제안을 나타내는 동사 suggest가 있고 that절의 내용이 '~해야 한다'라는 당위성을 내포하고 있으므로 「(should +) 동사원형」이 와야 한다.
(2) 의문사 how로 시작하는 간접의문문. 「의문사(how) + 형용사/부사 + 주어 + 동사」 구조가 되어야 한다.

오답풀이 ⓐ 뒤에 「주어(it) + 동사(is) + 보어(attainable)」의 완전한 구조가 이어지고 앞에 선행사가 없으므로 접속사 that은 적절.
ⓒ If절의 동사로 have, possess와 or로 연결되는 병렬구조인데, 주어인 you와 gift는 수동관계이므로 are gifted는 적절.

If you
┌── **have** an interest in politics, ──┐
│   **possess** excellent vision,   │   just go for it.
│   [or]   │
└── **are gifted** with good looks, ──┘

ⓓ 앞의 명사 willingness를 수식하는 형용사적 역할의 to부정사가 온 것은 적절.

해석 당신의 목표는 당신이 있고 싶은 어느 곳에나 있다. 그것을 반드시 달성 가능한 것으로 하라. 어떤 남자나 여자들은 용케 대통령, 제트기 조종사 또는 수영복 모델이 될 수 있는 것이 사실이지만 압도적인 대다수는 그렇지 않다. 하지만 당신이 자신의 강점에서 시작한다면 가능성은 훨씬 더 커진다. 만일 당신이 정치에 관심이 있거나 뛰어난 시력을 가졌거나 훌륭한 외모를 가졌다면 한번 시도해보라. 정부 기관 자리, 비행기 조종사 면허증, 그리고 모델이 될 기회는 기본적인 자격 요건을 갖추고 시간과 노력을 기꺼이 쏟을 마음이 있는 사람에게는 분명히 달성 가능하다. 당신은 당신이 어디까지 갈 수 있는지를 결코 알지 못한다. 이것이 모든 이가 기대를 낮추어야 한다고 제안하는 것이 아니라는 것을 잊지 말라. 기대를 합리적인 한계 내에서 유지하면 된다.

● **objective** 목표 **overwhelming** 압도적인 **majority** 다수 **strength** 장점; 힘 **possess** 보유하다 **vision** 시력; 비전 **good looks** 훌륭한 외모 **go for it** 해보다 **requirement** 필요조건, 요건 **willingness** 기꺼이 하는 마음 **devote** (시간 등을) 쏟다 **expectation** 기대 **reasonable** 합리적인

실전 모의고사 02회

1 정답 ③
해설 (A) yourself는 make의 목적어가 아니라 that절의 주어인 you를 강조하는 재귀대명사이므로 뒤에 목적어가 빠진 불완전한 구조가 이어진 것으로 판단해야 한다. 불완전한 구조를 이끌면서 그 절이 선행사인 a good all-purpose cleaner를 수식하여야 하므로 관계대명사 that이 적절. 관계대명사나 의문대명사 what은 명사절을 이끌므로 부적절하다.

Here's a good all-purpose cleaner [**that** you can make ●
                                              ↑_____|
yourself].
 you를 강조하는 재귀대명사

(B) 문맥상 주어(This)가 '청소하는 데 사용될 수 있다'라는 의미이므로 「be used to-v」가 적절. 「be used to v-ing」는 'v하는 데 익숙하다'라는 의미이므로 적절치 않다.
(C) 문맥상 바로 앞의 a paste를 대신하므로 it이 적절.

해석 많은 사람이 세척 제품에 들어 있는 화학 물질에 알레르기가 있거나, 단순히 집 안에서 그 화학 물질들을 사용하지 않는 것을 선호한다. 어쨌든, 당신은 청소를 위해 화학 물질이 필요치 않다. 여기 당신이 직접 만들 수 있는 뛰어난 만능 세제가 있다. 양동이에 베이킹 소다 한 줌, 뜨거운 물 1리터, 그리고 주방용 세제 몇 방울을 섞어라. 이것은 바닥과 벽에서부터 변기와 욕조까지 모든 것을 청소하는 데 사용될 수 있다. 또한, 슈퍼마켓의 세척 가루나 크림을 사는 대신에 소금과 식초를 반죽에 섞어 그것을 축축한 스펀지에 묻혀 사용하라. 베이킹 소다와 물을 섞은 반죽도 똑같이 효과적이다.

● **allergic to** ~에 알레르기가 있는 **chemical** 화학 물질 **all-purpose** 만능의, 다목적의 **bucket** 양동이 **a handful of** 한 줌의; 소수[약간]의 **toilet bowl** 변기 **bathtub** 욕조 **vinegar** 식초 **paste** 반죽 **damp** 축축한

구문 [1-2행] Many people **are** allergic to the chemicals in cleaning products // [or] simply **prefer** not to use them inside the house.
동사 are와 prefer가 or로 연결된 병렬구조.

2 정답 ⑤
해설 (A) 티켓 분실의 경우와 현금 분실의 경우를 비교하며, 문맥상 후자가 티켓 재구매 가능성이 높다(more likely to buy)는 내용이므로 원급 비교 대신 「비교급 + than」이 적절.
(B) 여기서 동사 is looked at은 'look at (~을 보다)'의 수동태로 (B)는 동사(is looked at)를 수식하는 부사 자리이다. 'look different (달라 보인다)'와 같이 look이 '~해 보이다'의 의미로 형용사 보어를 취할 때와 구별해야 한다.

The same loss is looked at differently from two different perspectives.
= They look at the same loss differently from ~.

(C) 분실한 티켓 비용이 상실된 경험으로 '여겨지는' 것이므로 while절의 주어(the cost of the lost tickets)와 동사(view)는 수동관계이다. 따라서 수동태가 적절.

해석 당신이 백 달러짜리 티켓 두 장을 들고 브로드웨이 연극을 보러 가는 길인데 그 티켓을 잃어버렸다는 걸 알았다고 가정해보라. 당신은 또 다른 백 달러를 더 지불하겠는가? 이번엔 당신이 티켓을 사러 극장에 가는 길이라고 가정해보자. 도착하자마자, 당신은 현금 백 달러를 잃어버렸다는 것을 깨닫는다. 이제 당신은 연극 티켓을 살 것인가? 대부분의 사람은 티켓을 분실했을 때보다 현금을 분실했을 경우에 티켓을 살 가능성이 더 클 것이라고 말한다. 같은 손실이 두 개의 다른 관점에서 (서로) 다르게 보인다. 분실한 티켓의 비용은 '상실된 경험'으로 여겨져 티켓값을 두 번 지불하기가 꺼려지는 반면, 현금 분실은 (아무런) 관련이 없게 느껴지는 것이다.

● a pair of (똑같은 종류의) 2개 **in cash** 현금으로 **be likely to-v** v할 것 같다 **loss** 손실 **perspective** 관점 **unrelated** 관련이 없는 **view** ~으로 여기다; 보다 **missed** 놓친 **reluctant** 꺼리는

구문 [1-2행] Imagine // that you are on the way to a Broadway play with a pair of tickets [**that** cost one hundred dollars], / and you discover / (that) you have lost the tickets.

주격 관계대명사 that이 이끄는 절이 선행사 a pair of tickets를 수식하는 구조. and 이하 절에서는 생략된 접속사 that이 동사 discover의 목적어절을 이끌고 있다.

[5-6행] Most people report that they would be **more** likely
　　　　　　　 S　　　V　　　　O
to buy tickets / **if** they had lost the money **than** **if** they had lost the tickets.

「비교급 + than」 구문. 비교 대상인 두 개의 if절이 than으로 연결되었다. they would be ~는 현재나 미래의 불확실한 일을 가정, 상상하는 가정법 과거이고 if they had lost ~는 과거에 있음직하지 않았던 일을 가정, 상상하는 가정법 과거완료로서 혼합가정법이다.

3 **정답** ③ which → where 또는 in which

해설 뒤에 「주어(my actions) + 동사(produce) + 목적어(negative consequences)」의 완전한 구조가 이어지므로 관계부사 where가 적절. 또는 in which로 쓸 수 있다. 여기서 선행사는 cases인데, case(경우), point(점), situation(상황) 등 추상적 공간의 선행사도 관계부사 where를 쓸 수 있다.

오답풀이 ① 동사 assess의 주어(we)와 목적어가 동일한 대상이므로 재귀대명사 ourselves는 적절.
┌ we **tend** to assess others ~ **but** **tend** to assess
└ ourselves ~?
② 뒤에 목적어가 빠진 불완전한 구조가 이어지고 앞에는 수식할 선행사가 보이지 않으므로 선행사를 포함하는 관계대명사 what은 적절. 이때 what 이하는 be동사의 보어로 쓰였다.
And these are // **what** ˢI ᵛuse ● / as a basis for my
　　　S　　V　　　　 S　 V　　　　　　　C
assessments.
③ 앞 문장의 these intentions(= my own intentions)를 가리키므로 복수대명사 these는 적절.
⑤ 전치사 Without의 목적어인 동명사 sharing과 and로 연결된 병렬 구조.
Without **sharing** our standards **and** **having** a conversation, ~.

해설 우리는 타인을 그들의 행동에 근거해서 평가하지만, 우리 자신은 우리의 의도에 근거해서 평가하는 경향이 있다는 것을 알고 있는가? 나는 당신의 의도에 대해 알 길이 없다. 내가 보는 전부는 당신의 행동들이다. 그리고 이것들이 나의 평가의 근거로서 내가 사용하는 것이다. 한편으로, 나는 나 자신의 의도를 알고 있다. 내 행동이 부정적인 결과를 만들어내는 경우일 때조차도 나는 계속해서 이 의도들을 나를 평가하는 근거로 삼을 수도 있다. 물론 다른 사람들은 이것들(나의 의도)에 접근할 길이 없으므로 그들은 단순히 내 행동에 근거해서 나를 평가한다. 우리는 같은 상황으로부터 매우 다른 평가를 만들어낼 수 있다. 우리의 기준을 공유하고 대화를 나누지 않고서는 이 현상은 우리의 관계와 결과물들을 해칠 수 있다.

● **assess** 평가하다 *cf.* **assessment** 평가 **based on** ~에 근거해서 **intention** 의도, 목적 **have access to** ~에 접근하다 **basis** 근거; 기초 **consequence** 결과 **standard** 기준 **phenomenon** 현상

4 **정답** ⓐ nearly ⓑ brought ⓒ rewarding

해설 ⓐ 문맥상 '거의'를 의미하는 nearly가 되어야 한다. 부사인 nearly는 all, every, everyone 등의 단어 앞에 자주 쓰인다. *cf.* near 혱 가까운 휑 가까이
ⓑ 조동사 have에 연결되는 과거분사 volunteered와 or로 연결된 병렬 구조이므로 과거분사 brought가 되어야 한다.
~ by watching those who have
┌**volunteered** at homeless shelters
│ *or*
└**brought** meals on wheels to seniors.
ⓒ 「not only A but also B (A뿐 아니라 B도)」 구문으로, 형용사 educational과 병렬구조를 이루는 형용사 rewarding이 되어야 한다.
it will almost certainly be *not only* **educational** *but also*
　　　S　　　　　　　　　V
rewarding.

해설 우리가 모두 같은 액수의 돈을 갖고 있진 않더라도 우리는 매일 똑같은 24시간을 확실히 사용할 수 있다. 비록 어떤 사람들은 다른 사람들보다 훨씬 더 적은 자유 시간이 있긴 하지만 거의 모든 사람은 어느 정도 시간을 낼 약간의 기회를 지니고 있다. 시간이란 선물은 때로 돈보다 더 만족스럽고 더 귀중할 수 있다. 이것은 노숙자 쉼터에서 자원봉사하거나 노인들에게 식사 배달 서비스를 제공해 주는 사람들을 보면 알 수 있다. 만일 당신이 자원봉사를 하고자 하면 여러분을 기쁘게 환영해줄 단체들과 프로젝트들은 많다. 당신이 무얼 하든, 그것은 거의 확실히 교육적일 뿐 아니라 보람된 일일 것이다.

● **satisfying** 만족스러운 **volunteer** 자원(봉사)하다 **shelter** 보호소, 쉼터 **be willing to-v** 기꺼이 v하다 **rewarding** 보람 있는

실전 모의고사 03회　　　　　　　본문 p. 104

1 ③　　2 ⓐ typically　ⓑ constructed　ⓒ filled　ⓓ (to) frighten
3 (1) ② makes up → make up
　(2) Try to memorize lines of your favorite poems and see if you can recite them
4 ⓓ has → have　ⓓ wherever → whenever
　ⓔ whose → where 또는 in which

---

1 **정답** ③

해설 (A) 시간 부사구 since the 1970s가 있으므로 현재완료 시제가 적절. 과거 1970년대부터 지금까지 계속되는 상황을 나타낸다.
(B) 뒤에 완전한 구조의 절이 이어지고 있으므로 the old division of labor를 선행사로 할 수 있는 관계부사 where가 적절하다.
(C) 동사 keep은 목적어로 v-ing를 취한다. 「keep v-ing (계속해서 v하다)」

해설 지난 세기 동안 여성이 나가서 일하는 것이 더욱 가능해졌다. 게다가 유급 노동 시장은 더 매력적으로 변했다. 생산성의 성장은 여성의 임금을 꾸준히 증가시켰다. 남성의 근력에 대한 필요가 기계로 대체되면서 1970년대 이후로 그것(생산성의 성장)은 그것(여성의 임금)을 남성의 임금보다 더 빠르게

인상시켜왔다. 따라서 점점 더 많은 어머니가 직업을 가졌다. 이것은 가족에게 강력한 영향을 주었다. 우선 가족 내부의 역할이 바뀌었다. 이젠 더는 남편이 돈 벌어 오고 아내가 집과 가족을 돌보는 구식의 노동력 분배가 존재하지 않았다. 아내들은 이제 주부일 뿐 아니라 임금 노동자가 되었다. 이것은 여러 가지 측면에서 좋은 일이었다. 그러나 대부분의 여성이 계속 집안일을 더 많이 했기 때문에 이러한 변화는 또 다른 부담을 불러일으켰다.

● **inviting** 유혹하는, 솔깃한　**productivity** 생산성　**growth** 성장　**wage** 임금　**steadily** 꾸준히　**machinery** 기계　**division** 분할; 분배　**labor** 노동, 근로　**earn** (일해서 돈을) 벌다, 얻다　**homemaker** 주부　**strain** 부담

2 정답 ⓐ **typically** ⓑ **constructed** ⓒ **filled** ⓓ **(to) frighten**

해설 ⓐ 동사 feature를 수식하는 자리이므로 부사 typically가 적절.
ⓑ 주어인 '각각의 우화들'이 '구성되는' 것이므로 수동태를 이루는 p.p. 형태가 적절.
ⓒ '환상적인 이야기들'이 상상 속의 존재들로 '채워진' 것이므로, fantastic stories와 fill은 수동관계. 따라서 p.p. 형태가 적절.
ⓓ to entertain, (to) excite와 등위접속사 or로 이어진 병렬구조이므로 (to) frighten이 적절. to부정사가 연결되는 병렬구조에서 뒤에 나오는 to는 종종 생략된다.

~; their purpose is rather ┌ **to entertain,**
　　　　　　　　　　　　　 │ **(to) excite,**
　　　　　　　　　　　　　 │ 　[or]
　　　　　　　　　　　　　 └ **(to) frighten** audiences, ~.

해설 이솝은 세계에서 가장 유명한 우화들을 썼는데, 우화란 대개 동물들이 등장인물로 나오고 어떤 특정한 장소나 시간이 설정되어 있지 않은 짧고 교훈적인 이야기이다. 각각의 우화들은 아이들에게 도덕적 교훈을 가르치기 위해 신중하게 구성된다. 동화는 우화와 다르다. 독일의 그림 형제는 수백 개의 유명한 동화를 수집하고 썼는데, 그것들은 도깨비, 거인, 요정, 사악한 마녀, 멋진 왕자님, 잠자는 미녀와 같은 상상 속의 존재들로 가득 채워진 환상적인 이야기들이다. 동화는 교훈적인 것이 드물다. 동화의 목적은 오히려 오늘날 할리우드 영화들의 목적과 매우 비슷하게, 독자들을 즐겁게 하거나 흥분시키거나 놀라게 하는 데 있다.

● **fable** 우화　**instructive** 교훈적인, 유익한　**feature A as B** A를 B로 등장시키다　**construct** 구성하다　**moral** 도덕적인　**fairy tale** 동화　**imaginary** 상상의, 가공의　**wicked** 사악한　**entertain** 즐겁게 해주다　**frighten** 놀라게 하다

3 정답 (1) ② **makes up → make up**
(2) **Try to memorize lines of your favorite poems and see if you can recite them**

해설 (1) 주격 관계대명사절의 동사는 선행사에 일치시킨다. 선행사는 the brain이 아니라 the nerve cells이므로 복수동사가 적절.
~, you reinforce the nerve cells (in the brain) [**that** make up that memory].
（선행사 ↑　↑　V'）

(2) '~하도록 노력하다'이므로 try to memorize ~ 형태가 되어야 하며, Try와 see가 and로 연결되는 병렬구조이므로 see가 되어야 한다. 여기서 if는 see의 목적어가 되는 명사절을 이끈다.

오답풀이 ① 주어인 a memory of a new idea와 form은 수동관계이므로 「be + p.p.」가 적절히 쓰였다.

③ 문맥상 두뇌가 컴퓨터라고 '불리는' 것이므로 수동태 is referred to가 와야 한다. 「refer to A as B (A를 B라고 부르다)」 구문에서 A가 주어로 이동한 것.
④ 동명사구(Reading words) 주어는 단수 취급하므로 단수동사가 적절.
⑤ 문장의 동사 is 다음의 보어 자리에 to부정사가 명사적 용법으로 사용되었다.

해설 이름이나 주소 같은 새로운 개념의 기억이 만들어질 때 수천 개의 신경 세포가 관여된다. 그 기억의 조각을 바로 사용하지 않으면 그것들은 곧 사라지고 말 것이다. 그러나 만일 그것을 사용하고 여러 번 그 기억을 재가동시키면 그 기억을 구성하고 있는 뇌의 신경 세포들을 강화하게 된다. 종종 두뇌는 컴퓨터라 불린다. 그러나 두뇌의 복잡성은 현재 사용하고 있는 어떤 컴퓨터도 훨씬 능가한다. 단어를 읽는 것은 두뇌 속에서 수천 개의 전기 화학 반응을 만들어낸다. 두뇌를 자극하는 한 가지 방법은 기억력을 향상하는 노력을 하는 것이다. 좋아하는 시의 시구를 외우도록 노력하고 다음 7일 동안 암송할 수 있는지 확인하라. 당신의 신경 세포는 당신이 그렇게 하는 것을 좋아할 것이다.

● **form** 만들어내다　**involve** 참여시키다, 관련시키다　**reactivate** 재개하다, 재가동하다　**reinforce** 강화하다　**refer to A as B** A를 B라고 부르다　**complexity** 복잡성　**far beyond** 훨씬 너머　**presently** 현재　**work on** ~에 애쓰다　**memorize** 암기하다　**line** (시의) 시구; 노래 가사　**recite** 암송하다

구문 [4-6행] Often / the brain is referred to / as a computer, / but the complexity of the brain is far beyond any computer [**that** is presently in use].
（S　　　　　　V）

주격 관계대명사 that이 이끄는 절이 선행사 any computer를 수식하는 구조.

4 정답 ⓐ **has → have** ⓓ **wherever → whenever** ⓔ **which → where** 또는 **in which**

해설 ⓐ 부분 표현 The majority of 다음에 나오는 명사 the coffee drinks가 복수이므로 복수동사 have가 와야 한다. 관계대명사 that이 이끄는 절(that ~ the world)은 주어의 수식어이다.

The majority of **the coffee drinks** [**that** we **have** ● around the world] **have** originated from Italy.
（　　　　　　　S　　　　　↑　　　　　V）

ⓓ 문맥상 뒤에 나오는 even late at night가 '시간'을 의미하므로 whenever가 되어야 한다.
ⓔ 뒤에 완전한 구조의 절이 오므로 주격이나 목적격 관계대명사 which는 불가능하며, 선행사가 장소인 Italy이므로 관계부사인 where 또는 in which가 적절하다. 이때 where가 이끄는 절은 콤마(,) 뒤에서 선행사 Italy를 보충 설명하고 있다.

~, will not be accepted in Italy, **where** coffee is only a breakfast drink.
（　　　　　선행사　　　S'　V'　　　C'）

오답풀이 ⓑ 「see + 목적어 + 목적격보어」 구조. '사람들이' 커피를 '마시는' 것이므로 people과 have는 능동관계이고, 따라서 목적격보어에 v-ing 형태가 온 것은 적절하다. 이 자리에 원형부정사가 올 수도 있다. 다만 v-ing 형은 진행 중임이 좀 더 강조될 때 쓰인다.
ⓒ 선행사가 the cappuccino이므로 사물을 받는 관계대명사 which는 적절.

해설 커피는 이탈리아 요리에서 중요한 일부분이다. 전 세계적으로 우리가

이 커피에 우유를 곁들여 마시는 것을 흔히 본다. 그런데 이탈리아 사람들이 카푸치노의 유행을 처음 시작했던 사람들이었고, 이것(카푸치노)은 커피와 우유, 그리고 그 위에 우유 거품을 얹은 것이었다. 서양과 일반적으로 전 세계에서는 당신이 원할 때는 언제든지, 심지어 밤늦게라도 커피 한잔을 하러 갈 수 있다. 그러나 이런 행동은 이탈리아에서는 받아들여지지 않을 것인데, 그곳에서 커피는 단지 아침 식사 때 마시는 음료이다.

● **commonly** 보통, 흔히 **trend** 유행; 동향 **foam** 거품

실전 모의고사 04회
본문 p. 106

1 ①　　　　　　　　　　2 ③ help → helped
3 ③ containing → is contained
4 ④ to watch → watching ⓓ that → what

---

1 **정답** ①

해설 (A) 주어인 everything은 항상 단수 취급한다. on the refrigerator's shelves는 수식어구이다.
(B) 뒤에 동사 can't see의 목적어가 없는 불완전한 절이 이어지고 바로 앞에 수식할 선행사 water가 있으므로 관계대명사 that이 적절. what은 선행사를 포함하는 관계대명사이므로 부적절하다.
(C) 문맥상 공기 중의 H₂O 기체가 '변하게' 만든다는 의미로 「make + 목적어 + 목적격보어 (목적어가 v하게 만들다)」 구문이 사용되었다. make는 목적격보어로 원형부정사를 취하므로 turn이 적절.

해석 차갑고 표면이 마른 탄산음료 캔을 (또는 어떤 다른 음료수라도) 냉장고에서 꺼내면, 왜 캔의 표면에 물방울이 생기는 것일까? 그 이유는 (기체의) 응결 때문이다. 냉장고 선반 위의 모든 것은 섭씨 5도 정도로 차게 식어 있다. 그러나 냉장고 밖 실온은 섭씨 19도 정도일 것이다. 방 안의 공기에는 당신이 볼 수 없는 수분이 있는데 이것은 기체의 형태로 되어 있다. 냉장고에서 캔을 꺼내면, 캔의 차가운 표면은 그것에 닿는 따뜻한 공기를 차갑게 만드는데, 이는 공기 중의 H₂O 기체를 액체로 변하게 하여 캔의 표면에서 응결되도록 한다.

● **refrigerator** 냉장고(= fridge) **bead** (구슬 같은) 방울; 구슬 **chill** 차게 식히다 **Celsius** 섭씨의 **contain** 담고 있다 **condense** (기체가) 응결되다; 액화하다

구문 [6-8행] When you take the can from the fridge, // its
cold surface chills the warm air [**that** it touches ●], //
　　　　S　　　　　　V　　　　O
which makes the H₂O gas (in the air) turn into liquid _and_
　　　　V'　　　　　O'　　　　　　C'₁
condense on the outside of the can.
　　　　　　C'₂
관계사 that이 이끄는 절은 선행사 the warm air를 수식한다. 관계대명사 which가 이끄는 절은 앞의 내용인 its cold surface ~ it touches를 보충 설명한다. which가 이끄는 관계사절 내에서 makes의 목적격보어 turn ~과 condense ~가 and로 연결되어 병렬구조를 이룬다.

2 **정답** ③ help → helped

해설 요구, 제안 등의 동사(insist 등) 뒤에 이어지는 당위성을 내포하는 that절은 「(should +)동사원형」을 사용하나, 사실적인 정보 전달일 경우는

직설법이 온다. ③은 문맥상 당위성의 주장이 아니라 과거의 사실을 이야기하므로 과거시제인 helped가 적절.

오답풀이 ① 조동사 had to 뒤의 동사 know와 and로 연결된 병렬구조이므로 be는 적절.
② 문맥상 '존재했음이 틀림없다'라는 의미로 과거 사실에 대한 강한 추측이므로 「must have p.p.」는 적절.
④ 의문사 how가 이끄는 명사절이 주어이고 밑줄 친 부분은 동사 자리인데 명사절은 단수 취급하므로 is는 적절.
⑤ 「make + 목적어(different messages) + 목적격보어(possible)」의 구조로, 보어 자리이므로 형용사가 적절히 쓰였다. 부사는 보어 자리에 올 수 없다.

해석 사냥이 가능해지기 전에 어떤 사람은 동물들의 습성에 대해 많이 알아야 했고 이 지식을 대대로 다른 사람에게 전해줄 수 있어야 했다. 그러므로 어떤 종류의 말이라는 게 존재했음이 틀림없다. 이것을 설명하기 위해, 전문가들은 두뇌 모양의 변형을 가져온 유전적 선택이 언어의 발달을 도왔다고 주장해왔다. 오스트랄로피테쿠스가 어떻게 의사소통했는지는 알려지지 않았지만 하등한 영장류들조차도 그렇게(의사소통) 하는 방법을 가지고 있다. 아마도 언어를 구성하는 첫 번째 단계는 고함을 재배열이 가능한 특정 소리들로 분절시키는 일이었을 것이다. 이것이 서로 다른 (의미의) 메시지를 가능하게 했을 것이다.

● **habit** (동식물의) 습성 **generation** 세대; 대(약 30년을 단위로 하는 시대 구분) **genetic** 유전적인 **selection** 선택 **organization** 구성, 조직 **call** 외침, 부르는 소리 **particular** 특정한; 특별한 **be capable of** ~할 수 있다 **rearrangement** 재배열

구문 [1-2행] Before hunting could become possible, // someone had **to know** a lot about animals' habits _and_ **to be** able to pass this knowledge on to others ~.
조동사 had에 이어지는 to know와 to be가 and로 연결된 병렬구조.
[6-8행] Perhaps / the first steps (in the organization of language) / would have been the breaking up of calls / into particular sounds [**which** are capable of
rearrangement].
주격 관계대명사 which가 이끄는 절이 선행사 particular sounds를 수식하는 구조.

3 **정답** ③ containing → is contained

해설 that절에 동사가 없으므로 동사 자리인데, 주어인 an important part of a diagnosis와 contain은 수동관계이므로 is contained가 되어야 한다.

오답풀이 ① 주어인 the curriculum이 단수명사이므로 단수동사인 is는 적절.
② 문맥상 학생들이 '훈련을 받고 있는' 것이므로 주어(Students ~ elsewhere)와 train은 수동관계. 따라서 진행형 수동태인 are being trained는 적절.
④ 「spend 시간[돈] v-ing (v하는 데 시간[돈]을 쓰다)」 구문이므로 studying은 적절.
⑤ 관계사절의 주어인 학생들이 입원되고 증상을 전달받는다는 문맥으로 수동태가 쓰였고, 이때 동사 are에 이어지는 checked into와 given이 접속사 and로 연결된 병렬구조이다.

~ second-year students
　　　┌ **checked into** the hospital overnight
are │ _and_
　　　└ **given** a set of symptoms to imitate.

해석 오늘날 미국 의과 대학의 교육과정은 일대에 가장 큰 변화를 겪는 중이다. 컬럼비아 의과 대학과 다른 대학의 학생들은 '이야기 치료'라는 것을 훈련받고 있다. 이것은 컴퓨터가 지원하는 진단의 힘에도 불구하고 진단의 중요한 부분은 환자의 이야기 속에 담겨 있다는 것이 연구 결과로 밝혀졌기 때문이다. 비슷한 이유로 일부 의대생은 환자들의 미묘한 세부 사항들을 잡아내기 위해 그림을 공부하면서 시간을 보내고 있다. UCLA 의과 대학은 '병원 1박 프로그램'을 만들었는데 그 프로그램에서 2학년 학생들은 그 병원에 하룻밤 입원하고 흉내 낼 일련의 증상들을 전달받는다. 이 연극의 목적은? "환자들에 대한 의대생들의 공감 능력을 개발하기 위해서"라고 학교는 말한다.

● **curriculum** 교육과정　**undergo** (변화 등을) 겪다　**narrative** 이야기; 묘사, 서술　**computer-assisted** 컴퓨터의 지원을 받는　**diagnosis** 진단　**subtle** 미묘한　**detail** 세부 사항　**overnight** 하룻밤 동안(의)　**check A into** A를 (병원에) 입원시키다　**symptom** 증상　**imitate** 흉내 내다　**playacting** 연극　**empathy** 감정이입, 공감

구문 [3-5행] This is because research has revealed that despite[in spite of] the power of computer-assisted diagnosis, an important part of a diagnosis is ~.
접속사 that이 동사 has revealed의 목적어인 명사절을 이끌고 있다.

4 **정답** ⓐ to watch → watching　ⓓ that → what
해설 ⓐ 문맥상 그 프로그램들을 '보는 것을 멈출 수 없는' 것이 자연스러우므로 「stop v-ing (v하는 것을 멈추다)」 구문이 적절.
ⓓ 뒤에 목적어가 빠진 불완전한 구조가 이어지고 앞에 수식할 선행사가 없으므로 선행사를 포함하는 관계대명사 what이 적절. 이때 what은 동사 can feel의 목적어 역할을 하는 명사절을 이끈다.

We can feel **what** ˢthey ˅are feeling ● ~.

오답풀이 ⓑ benefits는 셀 수 있는 명사의 복수형이므로 a few는 적절하다. 셀 수 없는 명사를 비슷한 의미로 수식하려면 a little을 쓴다.
ⓒ 주어(we)가 당황스러운 감정을 느끼는 것이므로 p.p. 형태인 embarrassed는 적절.
ⓔ 분사구문의 주어는 문장의 주어와 동일한 we이며, 우리가 '상상하는' 것이므로 능동관계가 성립하여 v-ing 형태는 적절.
해석 리얼리티 TV 프로그램은 티셔츠나 커피 같은 상품들인데 소비자들이 그것들을(리얼리티 TV 프로그램을) 끊을 수는 없는 것 같다. 그런데 왜 소비자들은 그것들을 보는 것을 멈출 수 없는 걸까? 이것은 소비자 행동 연구자들이 답하기 흥미로워하는 한 가지 질문 유형이다. 연구자들은 리얼리티 TV 프로그램이 호기심을 만족하게 해주는 것을 포함하여 소비자들에게 어느 정도 이익을 준다고 한다. "우리는 모두 우리 자신이 당황스러움을 느낄 수도 있는 상황에 사람들이 놓여 있는 걸 보는 것을 즐긴다. 우리는 안전한 거리를 두면서도 그들이 느끼는 걸 느낄 수 있다."라고 매쿼리 대학의 킵 윌리엄스 교수가 말하고 있다. 우리는 또한 그 프로그램의 맥락 속에서 우리가 그와 비슷한 상황에서 어떻게 반응할까 상상하면서 우리 스스로와 역할극을 한다. 연구자들에 의하면 이것은 우리에게 자기 개선을 하도록 가르칠 수 있다고 한다.

● **turn off** (전원 등을) 끄다; 신경을 끄다　**curiosity** 호기심　**role-play** 역할극(을 하다)　**context** 맥락, 전후 사정

구문 [2-3행] This is one type of question [(that) consumer behavior researchers are interested in answering ●].
생략된 관계대명사 that이 이끄는 절이 선행사 one type of question을 수식한다.

[5-6행] We all like to watch people in situations [**in which** we **ourselves** might be embarrassed].
관계부사 역할을 하는 「전치사 + 관계대명사」 형태의 in which가 이끄는 절이 선행사 situations를 수식한다. 재귀대명사 ourselves는 in which 절의 주어인 we를 강조하기 위해 사용되었다.

실전 모의고사 05회　　　　본문 p. 108

1 ⑤ see → seeing
2 ⓐ draw　ⓑ Keeping　ⓒ do　ⓓ Exploring 또는 To explore
3 (1) ③ which → it　(2) much better solution for the Ivory soap makers was to name their new detergent Tide
4 ⓒ men → men's (skin)　ⓔ changes → change

1 **정답** ⑤ see → seeing
해설 「A rather than B (B보다는 A)」 구조로 전치사 on의 목적어인 proving과 병렬구조를 이루므로 see는 seeing으로 고쳐야 한다. 「spend 시간[돈] (on) v-ing (v하는 데 시간[돈]을 쓰다)」 구문으로 유추할 수도 있다.

They spend ~ energy on 　proving their knowledge
　　　　　　　　　rather than
　　　　　　　　　seeing what else there ~.

오답풀이 ① 뒤에 주어가 없는 불완전한 구조의 절이 있고 앞에 선행사가 없으므로 관계대명사 what은 적절.
② 문장의 동사 is가 있으므로 be동사의 보어 역할로 쓰일 수 있는 준동사인 to realize는 적절하다.
③ uninterested는 '흥미[관심]없는, 무관심한'을 의미하고, uninteresting은 '흥미롭지 못한, 재미없는'을 의미한다. 뒤 내용에서 '모든 것을 다 알고 있는 사람'과 대비되는 '호기심이 많은 사람'이 매력적이라고 했으므로, 모든 것을 다 알고 있는 사람은 '매력이 없다', 즉 다른 사람들에게 '흥미롭지 못한, 재미없는' 감정을 불러일으키는 사람들이라는 맥락이 되어야 한다. 그러므로 uninteresting은 적절하다. 모든 것을 다 알고 있는 사람들이 uninterested(무관심한) 감정을 느낀다는 내용은 본문에서 뒷받침되고 있지 않다.
④ 뒤에 완전한 구조의 절이 있고 notice의 목적어절을 이끌면서 문맥상으로는 '어떻게'로 해석될 수 있는 의문부사 how는 적절히 쓰였다.
해석 호기심은 우리가 계속 배우고 적응하도록 몰아가는 것인데 그래서 그것(호기심)은 현대 세상에서 귀중한 자산이다. 그러나 어떻게 호기심을 느끼게 되는 것일까? 시작점은 당신이 모든 것을 다 아는 것은 아님을 깨닫는 것이다. 사실, 모든 것을 다 안다는 것은 당신을 무척 재미없게 만들 것이다. 호기심이 많은 사람은 그들이 어떤 주제에 대해 알면 알수록 알아야 할 게 더 많다는 것을 알고 있다. 이것이 그들을 계속 겸손하고 개방적이게 해주고, 이런 점이 자신이 다 알고 있다고 생각하는 사람들보다 그들을 훨씬 더 매력적으로 만든다. 아는 체하는 사람들이 어떻게 새로운 정보를 들을 여지가 없는지 알아차린 적이 있는가? 그들은 더 배워야 할 그 밖의 무엇인가를 발견하기보다는 그들이 아는 것을 증명하는 데 모든 에너지를 쏟는다.

● **continually** 계속해서　**adapt** ~에 맞추다, 적응하다　**asset** 자산　**humble** 겸손한　**open-minded** 마음이 열린　**know-it-all** 아는 체하는 (사람)　**room** 여지, 기회

구문 [4-5행] Curious people understand // that **the more** they know about a subject, **the more** there is to know.

동사 understand의 목적어 역할을 하는 명사절에 「the + 비교급 ~, the + 비교급 … (~할수록 더 …하다)」 구문이 쓰였다.

[5-6행] This keeps them humble and open-minded, **and**
$\underbrace{\text{keeps}}_{V_1}\ \underbrace{\text{them}}_{O_1}\ \underbrace{\text{humble and open-minded}}_{C_1}$

that makes them much **more** attractive **than** those [**who**
$\underbrace{\text{that}}_{V_2}\ \underbrace{\text{makes}}_{}\ \underbrace{\text{them}}_{O_2}\ \underbrace{\text{much more attractive}}_{C_2}\ \text{than those [who}$

think they know it all].

that은 앞 내용(This ~ open-minded)을 지칭하는 것으로 and that을 관계대명사 which로 바꿔 쓸 수 있다.

「비교급 + than」 구문의 비교 대상 those는 주격 관계대명사 who가 이끄는 절의 수식을 받는다.

---

2 **정답** ⓐ draw ⓑ Keeping ⓒ do
ⓓ Exploring 또는 To explore

해설 ⓐ 문맥상 draw가 들어갈 자리인데 의미상 주어인 목적어 them과 draw는 능동관계이므로 「have + 목적어 + 원형부정사 (목적어가 v하게 시키다)」 형태가 되어야 한다.

ⓑ 문장의 you를 의미상 주어로 하면서 '조건'을 나타내는 분사구문을 이끄는 분사 자리이다. '여러분이' '명심하는' 것이므로 분사의 의미상의 주어 you와 keep은 능동관계. 따라서 v-ing 형태가 적절.

ⓒ 문장에 be동사도 있고 일반동사도 있지만, 문맥상 draw를 대신하는 것이므로 do가 적절.

ⓓ 문장의 동사는 is이므로 주어가 될 수 있는 준동사인 동명사나 to부정사가 적절.

해석 (그림을) 그리는 한 가지의 올바른 방법이란 없다. 내 말이 믿기지 않는가? 방 하나에 100명의 훌륭한 미술가를 모아놓고 그들이 똑같은 의자를 그리게 해보라. 무엇을 얻는가? 100개의 아주 다른 의자 그림들이다. 이것을 염두에 두면 당신에게서 나오는 고유한 작품을 그리며 더 많은 재미를 느낄 수 있을 것이다. 당신은 당신의 방식대로 그릴 수 있는 세상에서 유일한 예술가다. 당신의 고유한 그림 스타일을 탐구하는 것은 중요하다. 당신이 연습함에 따라 어떻게 성장하고 향상해왔는지 주목하라. 당신의 그림에서 당신이 가장 좋아하는 것에 집중해보라.

● keep A in mind A를 염두에 두다

---

3 **정답** (1) ③ which → it (2) **much better solution for the Ivory soap makers was to name their new detergent Tide**

해설 (1) Instead of가 이끄는 부사구 뒤로 문장이 이어져야 하는데, 절을 이끄는 which는 적절하지 않다. 뒤에 이어지는 to부정사(to give ~ new name)가 진주어이므로 가주어로 쓸 수 있는 it이 와야 한다.

(2) 주어는 단수명사인 A much better solution이고 과거 사실을 말하는 것이므로 동사는 was를 써야 하고 뒤에는 보어로 to name ~을 쓰면 된다. 동사 name은 뒤에 목적어와 목적격보어를 취하는 5문형 동사이다.

오답풀이 ① 동사는 is ~ positioned이므로 준동사 자리인데 문맥상 '차지하기 위하여'라는 의미이므로 '목적'을 나타내는 to부정사는 적절히 쓰였다.

② 형용사구 already established(이미 확실히 자리를 잡은)가 명사인 a brand를 뒤에서 수식하는 구조.

④ It still is.는 Ivory still is a brand of soap.을 대신하는 것으로 대명사 It과 대동사 is는 적절히 쓰였다.

⑤ 이 문장의 had는 사역동사가 아니므로 목적격보어 자리가 아니며 목적어를 뒤에서 수식하는 to-v는 적절히 쓰였다.

해설 개별 브랜드는 소비자의 마음속 특정 자리를 차지하기 위해 (시장에서) 고유하게 위치해 있다. 브랜드의 현재 위치를 옮기는 것이 엄청나게 어렵다는 것을 깨달아야 한다. 이미 확실히 자리 잡은 브랜드가 있다면 왜 바꾸려고 하는가? 브랜드의 위치를 바꾸는 것 대신에, 새로운 상품에 완전히 새로운 이름을 부여하는 것이 길게 보면 더 싸고 효과적일지 모른다. 아이보리는 비누 브랜드였다. 지금도 그렇다. 세탁 제가 판매되기 시작했을 때 아마도 (브랜드 이름으로) 아이보리 세제를 도입하자는 압박이 있었을 것이다. 그러나 이것은 소비자들의 마음속에 있는 아이보리의 위치를 변경하는 것을 의미했을 것이다. 아이보리 비누 제조사들에게 훨씬 더 좋은 해결책은 새로운 세제를 타이드라고 명명하는 것이었다. 그리고서 새로운 세제의 콘셉트는 (그에) 걸맞은 새로운 이름을 갖게 되었다. 그리고 타이드는 엄청난 성공을 거두었다.

● uniquely 고유하게 position (특정 위치에) 두다; 《마케팅》 상품이 시장에서 특정한 위치를 차지하게 하다 occupy (공간 등을) 차지하다 enormous 거대한 established 인정받는, 확실히 자리를 잡은 in the long run 장기적으로 보면 laundry 세탁 introduce 도입하다 match 어울리다

---

4 **정답** ⓒ men → men's (skin) ⓔ changes → change

해설 ⓒ 비교구문에서 비교되는 대상은 문법적으로 대등한 형태이어야 한다. '여자의 피부(women's skin)'와 비교되므로 '남자의 것(=피부)'을 의미하는 표현이 적절.

ⓔ 동사 appear와 but으로 연결된 병렬구조이므로 change가 되어야 한다.

오답풀이 ⓐ 형용사 보어인 healthy를 수식해야 하므로 부사 perfectly는 적절하다.

ⓑ 여러 명 중 일부는 some, 또 다른 일부는 others로 받는다. 이때 others는 불특정 다수를 말한다.

ⓓ enough가 형용사(hard)를 수식할 때는 형용사 뒤에 위치한다.

해석 쉽게 멍이 드는 사람들은 자신이 심각한 병에 걸린 것이라고 종종 걱정하지만, 대부분의 경우 그들은 더할 나위 없이 건강하다. 사실상 어떤 사람들은 다른 사람들보다 그저 더 '멍이 잘 드는' 것뿐이다. 예를 들어, 여자는 남자보다 더 쉽게 멍이 든다. 이것은 여자의 피부가 남자의 피부보다 선천적으로 더 얇은데, 피부가 더 두꺼우면 멍드는 것을 더 잘 막아주기 때문이다. 멍은 당신의 몸이 피부 아래의 혈관을 파열시킬 만큼 충분히 단단한 무언가에 부딪혔을 때 생긴다. 피가 파열된 혈관에서 나와 주변 조직들로 들어간다. 나온 피가 더 많을수록 멍이 더 크고 진하다. 처음에 멍은 검붉어 보이지만, 이내 모두가 멍을 연상하는 전형적인 '시퍼런' 색으로 변한다.

● occasionally 때때로 smash into ~에 부딪치다[충돌하다]
(blood) vessel 혈관 escape (기체, 액체 등이) 새어 나가다; 탈출하다 surrounding 주변의 tissue (세포) 조직 initially 처음에 classic 전형적인 associate A with B A로 B를 연상하다

구문 [1-2행] People [**who** bruise easily] occasionally $\underset{V}{\underline{\text{worry}}}$
$\underset{S}{\underline{\text{People}}}$ [**who** bruise easily] occasionally worry
// **that** they are seriously ill, ~.
$\underline{\text{that they are seriously ill}}_{O}$, ~.

관계대명사 who가 이끄는 절이 문장의 주어 People을 수식하고, 접속사 that이 이끄는 절이 문장의 목적어 역할을 하는 명사절을 이끌고 있다.

[8-9행] Initially, / bruises **appear** dark red // *but* quickly **change** to the classic "black-and-blue" color [**that** everyone associates ● with bruising].

동사 appear와 change가 but으로 연결되어 병렬구조를 이루고, 목적격 관계대명사 that이 이끄는 절이 선행사 the classic "black-and-blue" color를 수식하는 구조.

실전 모의고사 06회

본문 p. 110

1 ③ 2 ④ which → that
3 ⓒ what → that ⓓ bringing → brought
4 ⓐ producing ⓑ is ⓒ animated ⓓ reading

---

1 **정답** ③

해설 (A) 시간 부사구 for decades가 쓰였고 문맥상 과거부터 현재까지 계속되는 상태를 나타내므로 현재완료시제가 적절하다.

(B) 문맥상 '마가린이 무엇으로 불렸어야 했을까?'라는 의미로 과거 사실에 대한 유감을 나타내므로 「should have p.p.」가 적절하다. 「might have p.p.」는 과거 사실에 대한 불확실한 추측을 나타낸다.

(C) 형용사 wrong을 수식하는 자리이므로 부사가 적절하다.

해석 기술이 새롭고 개선된 제품들을 계속 만들어내고 있다. 그러나 신제품들은 종종 이류의, 모조품 같은 이름 때문에 출시될 때부터 상처받는다. 마가린을 예로 들어보자. 비록 이 제품은 수십 년간 존재해왔지만, 여전히 버터의 모조품으로 여겨지고 있다. 처음부터 더 나은 이름이 선택되었다면 도움이 되었을 것이다. 마가린은 무엇으로 불렸어야 했을까? '콩버터'는 '땅콩버터' 같은 이름의 전통(비슷한 유형의 이름)을 이어가기 때문에 한 가지 좋은 선택이다. '마가린' 같은 이름의 심리적인 문제점은 그것이 오해의 소지가 있다는 사실이다. 그것이 제품의 원료를 숨긴다는 것이다. 모든 사람이 버터는 우유에서 만들어진다는 걸 알고 있다. 그런데 마가린은 무엇으로 만들어지는가? 제품의 원료가 감춰져 있기 때문에 소비자들은 마가린에 뭔가가 근본적으로 잘못된 게 있는 것이 틀림없다고 추측한다.

● **at birth** 출생 시에 **second-class** 이류의 **imitation** 모방; 모조품 **for decades** 수십 년간 **soy** 콩 **psychological** 심리적인 **misleading** 오해의 소지가 있는 **assume** 추측하다 **basically** 근본적으로

구문 [4행] *A better choice* of name at the beginning **would have helped.**

주어에 '조건'의 의미가 함축된 것으로서 과거 사실을 반대로 가정, 상상하는 가정법 과거완료 구문이다.

[6-7행] The psychological problem (with a name like
<u>S</u>
"margarine") is that it is misleading.
<u>V</u>   <u>C</u>

전명구(with ~ "margarine")의 수식으로 주어가 길어졌다. that이 이끄는 절은 문장의 보어 역할을 하는 명사절이다.

---

2 **정답** ④ which → that

해설 뒤에 완전한 구조의 절이 왔고 내용상 announcement와 동격이므로, 동격절을 이끄는 접속사 that이 적절하다.

오답풀이 ① When이 이끄는 절의 동사는 released이므로 앞의 2006 statistics를 수식하는 준동사 자리이다. '통계 자료'는 암 발생률을 '보여주는' 것이므로 statistics와 show는 능동관계. 따라서 v-ing형은 적절.

② 문장의 동사는 turned이므로 앞의 an article을 수식하는 준동사 자리인데, '기사'와 headline((기사에) 표제[헤드라인]를 달다)은 수동관계이므로 p.p.형은 적절.

③ Only가 포함된 부사구가 앞으로 나갔으므로 뒤에는 「조동사 do/does/did + 주어 + 동사」의 구조가 되어야 한다. 과거 사실을 말하고 있는 것이므로 did가 적절.

⑤ 'a large number of (많은)'는 셀 수 있는 명사 elderly Canadians를 수식.

해설 미국 암학회가 전반적인 암 발생률이 감소했다는 것을 보여주는 2006년 통계 자료를 내놨을 때 한 신문사가 사실을 왜곡했다. 그 신문사는 '암 경고'라는 헤드라인이 달린 기사에서 이 좋은 소식을 나쁜 소식으로 바꿔 놓았다. "올해 대략 87,000명이 암으로 진단받았고 35,600명이 사망했다"라고 첫 문장은 쓰여 있었다. 세 번째 문단의 한 문장에서만 그 신문사는 정작 중요한 통계 수치인 암 발생률이 감소했음을 인정했다. 또 다른 신문사도 캐나다 남성의 평균 수명이 80살에 이르렀다는 캐나다 통계청 발표에다 유사한 짓을 했다. 이 역사에 남을 만한 발전을 말하는 한 문장 바로 뒤에 기자는 이렇게 적었다. "나쁜 소식은 수많은 캐나다 노인들이 우리의 의료 시스템을 박살 낼 수도 있다는 것이다."

● **statistic** 통계 자료, 통계 **overall** 전반적인 **decline** 감소하다 **twist** 비틀다; 왜곡하다 **headline** (기사에) 표제[헤드라인]를 달다 **be diagnosed with** ~으로 진단받다 **paragraph** 단락 **acknowledge** 인정하다 **matter** 문제가 되다, 중요하다 **announcement** 안내, 발표 **life span** 수명 **crash** 충돌하다, 들이받다

구문 [4-6행] Only in a single sentence of the third paragraph
                                  부사구(준부정어 only 포함)
did the news agency acknowledge // that the cancer rate,
<u>조동사</u>   <u>S</u>   <u>V</u>   <u>S'</u>
the statistic [that really matters], had declined.
                                 <u>V'</u>

---

3 **정답** ⓒ what → that ⓓ bringing → brought

해설 ⓒ 앞에 선행사(명사)가 없지만, 뒤에 「주어(men) + 동사(had to leave) + 목적어(their homeland)」의 완전한 구조가 이어지고 있으므로 접속사 that이 적절.

ⓓ 주어(enormous wealth)와 동사(bring)는 수동관계이므로 수동태인 「be + p.p.」 형태가 적절.

오답풀이 ⓐ Whether가 이끄는 명사절의 동사 자리로서 made는 적절.
Whether a woman **was** a slave [or] **came** from a wealthier
                                    <u>S</u>
class made a difference.
       <u>V</u>

ⓑ difference는 셀 수 없는 명사로 쓰였으므로 a great deal of의 수식을 받는 것은 적절.

ⓔ 「allow + 목적어 + 목적격보어」의 구조로 middle- and upper-class women과 run은 능동관계. allow는 목적격보어로 to부정사를 취하므로 to run은 적절하다.

해석 로마 여성에 대해 일반적으로 말할 때, 상황은 시대와 계급으로 나뉜다. 여성이 노예인지 더 부유한 계층 출신인지에 따라 달라진다. 또한, 어느 시기를 말하는지에 따라 큰 차이가 난다. 로마의 정복은 남자들이 종종 자신의 고국을 긴 시간 동안 떠나야 했고 아예 돌아오지 않을 수도 있다는 걸 의미했다. 여자들은 남겨져서 모든 것을 도맡아 했다. 정복이 끝나자 이탈리아로 엄청난 부가 돌아왔다. 그것은 중상류층 여자들이 좀 더 독립적으로 더 많은 힘을 가지고 일들을 처리하게 해주었다.

● **in general** 일반적으로 **things** 상황, 형편 **break down** 나누어지다 **conquest** 정복 **homeland** 고국, 조국 **in charge of** ~을 맡아서, 담당해서 **wealth** 부, 재산 **independence** 독립

구문 [3행] **It** also makes a great deal of difference **which**
    <u>S(가주어)</u>
period you're talking about.
          <u>S'(진주어)</u>
가주어 It이 진주어인 which period ~ about을 대신하고 있다.

---

4 정답 ⓐ **producing** ⓑ **is** ⓒ **animated** ⓓ **reading**

해설 ⓐ 각색한 영화를 '제작한다'는 문맥이 되어야 하므로 produce가 알맞은데 주어인 Filmmakers와 produce는 능동관계이므로 producing이 적절하다.

ⓑ that절에서 동명사구 주어인 adapting ~의 동사이면서 difficult를 보어로 하는 be동사가 알맞다. 제안을 나타내는 동사 suggest 뒤에 당위성을 내포하는 that절은 「(should +)동사원형」을 사용하나, suggest가 '시사하다, 암시하다'라는 뜻이고 that절의 내용이 당위성이 아니라 사실적 정보 전달이므로 is가 와야 한다.

ⓒ 문맥상 글로 즐긴 것들이 '영화화된' 것을 보는 것, 즉 이야기들이 '생기가 불어넣어진' 것도 좋아하게 될 것이라는 내용이 되어야 한다. 「지각동사 see + 목적어 + 목적격보어」 구조로서 those stories와 animate는 수동관계. 따라서 목적격보어는 p.p.가 적절.

ⓓ 동사 enjoy는 v-ing를 목적어로 취한다.

해설 영화 제작자들은 영화가 발명된 것과 거의 같은 때부터 인기 있는 소설이나 다른 단편 소설들을 각색한 영화를 제작해오고 있다. 시나리오 작가들은 영화를 위해 책을 각색하는 것이 종종 어렵다는 점을 암시하는데, 책은 등장인물의 머릿속에서 진행되는 일들을 매우 세세하게 묘사할 수 있지만, 영화는 그것에 대해 그저 힌트를 줄 수 있을 뿐이라는 것이 그 주된 이유이다. 그럼에도, 뛰어난 각색물이 많이 있었는데, 몇 개만 예를 들자면, 《대부》, 《잉글리시 페이션트》, 《위대한 유산》이다. 당신이 독서를 좋아한다면 아마도 그런 이야기들이 큰 스크린 상에서 생기가 불어넣어지는 것을 보는 것 또한 즐길 것이다. 그러나 당신은 새로운 책이 영화화된 것을 (먼저) 본 후에 그것을 읽는 것을 좋아하는가? 나는 그렇지 않다. 그것은 내게서 독서의 즐거움을 일부 빼앗아 가는데, 그 즐거움의 일부란 (소설의) 상황들이 어떻게 보이고 들리고 느껴지는지를 마음대로 상상할 수 있다는 것이다.

● animate 생명을[생기를] 불어넣다 adaptation 각색(물); 적응 *cf.* adapt 각색하다; 적응하다 screenwriter 시나리오 작가 suggest 제안하다; 암시하다 in detail 상세하게 nevertheless 그럼에도 불구하고 rob A of B A에게서 B를 빼앗아가다

구문 [6-7행] If you like reading, // you probably also like
ᵛseeing ᴼthose stories ᶜanimated on the big screen.

동명사구 seeing ~ screen이 동사 like의 목적어로 쓰였고, 이 동명사구는 「see + 목적어 + 목적격보어」의 구조이다.

실전 모의고사 07회
본문 p. 112

1 ③   2 ③ are → do   3 ③ to feel → feeling
4 ⓐ ridden   ⓑ rapidly   ⓒ highly   ⓓ are warned

1 정답 ③

해설 (A) '내가' '말을 듣는' 것이므로 의미상의 주어인 I와 to tell은 수동관계이다. 따라서 to be p.p. 형태인 to be told가 적절.
(B) 문장에서 주어 역할을 하는 명사절을 이끌며 문맥상 '좋아했는지 아닌지'의 의미이므로 접속사 Whether가 적절하다.

Whether I actually liked living in a messy room or not was
         S   V
another subject altogether.

(C) 문맥상 '이익에 대해 생각해보려고 멈춰본 적이 없다'로 해석되므로 '목적'을 나타내는 부사적 용법의 to-v가 적절하다. 「stop v-ing」는 'v하는 것을 멈추다'라는 의미로 전후 문맥과 맞지 않는다.

해설 내가 어린 소녀였을 때 내 방은 언제나 엉망이었다. 엄마는 "가서 방 좀 치워라!"라고 하시면서 언제나 나로 하여금 그 방을 정리정돈하게 하고자 애쓰셨다. 나는 매번 엄마에게 반항했다. 나는 무엇을 하라는 말을 듣는 것을 싫어했다. 나는 내 방은 내 방식대로 하기로 결심했다. 내가 실제로 지저분한 방에서 생활하는 것을 좋아했는지 아닌지는 완전히 다른 문제였다. 나는 깨끗한 방을 가지는 것에 대한 이익에 대해서는 한순간도 멈춰서 생각해본 적이 없었다. 나에게는 내 방식대로 하는 것이 더 중요했다. 대부분의 다른 부모님들처럼 엄마는 나 스스로 그 이익에 대해 깨닫게 하지 않으셨다. 대신 엄마는 잔소리하기로 하신 것이었다.

● mess 엉망(인 상태) *cf.* messy 엉망인   straighten up 정리정돈하다 be determined to-v v하기로 단단히 결심하다   subject 주제, 문제 altogether 완전히, 전적으로   get one's (own) way 마음대로 하다 lecture 잔소리(하다); 강의(하다)

2 정답 ③ are → do

해설 「so + V + S (S도 역시 그렇다)」의 구조. 주어는 복수형 activities이고 동사는 앞에 있는 현재시제 일반동사 involve를 대신하므로 be동사가 아니라 현재시제이면서 복수동사인 do로 받는 것이 적절하다.

오답풀이 ① 주절에 제안을 나타내는 동사 recommend가 있고 that절의 내용이 '~해야 한다'라는 당위성을 내포하고 있으므로 「(should +) 동사원형」은 적절.
② 문장에 동사가 없으므로 명령문을 이끄는 동사원형이 적절하며 문맥상으로도 알맞다.
④ 부부 중 한 배우자를 one spouse라고 앞서 표현했으므로 남은 한 배우자는 the other가 적절.
⑤ 「there + V + S」 구문으로서 주어는 복수명사인 labels이므로 복수동사 are는 적절.

해설 혼자 있는 것이 반드시 외로운 것을 의미하지는 않는다. 정신과 의사들은 사람은 때때로 혼자 있는 것을 즐겨야 한다고 권고한다. 열대 우림에서 연구하는 동식물 연구가, 장시간의 연습 기간을 거치는 피아니스트, 혹은 자신의 방에서 소설을 쓰는 작가를 생각해 보라. 기도와 명상도 장기간의 고독함을 수반하며 대부분의 예술이나 과학 활동도 마찬가지다. '자신만을 위한 시간'이 충분치 않다는 것은 오늘날의 결혼 생활의 가장 큰 불만 중 하나인데, 이 결혼 생활에서는 배우자 한쪽은 회사에서 오랜 시간 일을 하는 반면 다른 한 명은 아이들과 함께 집에 있다. 사실, 사람들은 고독을 참지 못하는 이들을 불안정하다고 판단하는 경우가 많다. 따라서 외로움에 관한 한 쉽게 붙일 수 있는 꼬리표란 없다.

● necessarily 반드시 psychiatrist 정신과 의사 naturalist 동식물 연구가 rain forest 열대 우림 marathon 장시간에 걸친; 마라톤(같은) 일 session (특정 활동을 하는) 시간 prayer 기도 meditation 명상 complaint 불만 spouse 배우자 tolerate 인내하다 unstable 불안정한 accordingly 따라서 assign 부여하다, 배정하다 as far as A be concerned A에 관한 한

구문 [2-4행]

Think of {
   a naturalist (doing research in the rainforest),
   a pianist (in a marathon practice session),
   or
   a writer (writing a novel in his room).
}

명령문의 동사 Think of의 목적어인 세 개의 명사가 or로 연결된 병렬구조.

[5-7행] Not enough "time for myself" is one of the greatest

S V C

complaints in today's marriages, **where** one spouse may be working long hours at the office **while** the other stays home with the kids.

계속적 용법의 관계부사 where가 이끄는 절은 today's marriages를 보충 설명하며, 이 where가 이끄는 절에서 while은 '반면에'라는 뜻으로 대조를 나타내는 접속사이다.

3 | 정답 ③ to feel → feeling

해설 문맥상 '(과거에) 안도감을 느꼈던 것을 기억하다'이므로 동사 Remember의 목적어는 v-ing형이 적절하다. 「remember to-v」는 '(미래에) v할 것을 기억하다[잊지 않고 v하다]'의 의미로 문맥에 맞지 않는다.

오답풀이 ① 앞에 나온 셀 수 없는 명사 luggage를 가리키므로 단수 대명사 it은 적절하다.

② 문맥상 '물건을 꾸렸던' 것은 과거의 후회한(regretted) 시점보다 앞서므로 대과거(had p.p.)는 알맞게 쓰였다.

④ 동사 imagine은 v-ing를 목적어로 취한다. 「imagine v-ing (v하는 것을 상상하다)」

Imagine **letting** go of the burden [(that[which]) they

V O

represent ●].

⑤ 뒤에 주어가 빠져 있는 불완전한 구조이며 선행사가 사람(a few people)이므로 주격 관계대명사 who는 적절.

해석 당신이 마지막으로 여행하며 짐을 너무 많이 꾸렸던 때를 생각해보고 그 짐을 공항까지 가져가느라 얼마나 힘들었는지 기억해보라. 당신이 꾸렸던 물건의 양을 얼마나 후회했는지 생각해보라. 목적지에 도착해서 더는 그 짐들을 옮기지 않아도 되었을 때 안심했던 것을 떠올려보라. 용서의 문제도 이와 똑같다. 인생에 있어 그것들을(용서의 문제들을) 당신 옆에 갖고 다니는 것을 의식도 못 할 수 있다. 그러나 그것들은 똑같이 당신을 무겁게 짓누르고 있다. 그것들에 해당하는 짐을 놓아버렸다고 상상해보라. 당신의 인생 여정은 (당신이) 걸려넘어지는 사람들만 없다면 훨씬 더 쉬울 것이다. 우리 각자는 인생에서 사소한 불편함 이상인 사람들이 몇몇씩 있다. 그들은 장애물일 뿐만 아니라 우리가 옆에 끌고 다니는 무거운 여행 가방들이다.

● **luggage** 짐 **recall** 기억해내다 **stuff** 물건 **relieved** 안심하는 **destination** 목적지 **forgiveness** 용서 **be conscious of** ~을 의식하다 **alongside** 옆에, 나란히 **weigh down** 무겁게 누르다 **let go of** ~을 놓아주다 **burden** 무게, 부담 **represent** (~에) 해당하다 **trip over** ~에 발이 걸려 넘어지다 **inconvenience** 불편 **obstacle** 장애(물) **suitcase** 여행 가방 **drag** (힘들게) 끌고 가다

구문 [7-8행] Every single one of us has a few people in our

S V

life [**who** are more than minor inconveniences].

[8-9행] They are **not only** obstacles **but** (also) heavy suitcases [(that[which]) we drag ● alongside us].

「not only A but (also) B (A뿐 아니라 B도)」 구문. 생략된 목적격 관계대명사 that[which]이 이끄는 절이 heavy suitcases를 수식하고 있다.

4 | 정답 ⓐ ridden ⓑ rapidly ⓒ highly ⓓ are warned

해설 ⓐ 「see + 목적어 + 목적격보어」 구조. (사람이) '타조'를 '탄' 것이므로 ostriches와 ride는 수동관계이다. 따라서 p.p. 형태를 써야 한다.

ⓑ 원급 비교를 나타내는 두 개의 as를 떼어 보면 '빠르게 달릴 수 있다'란 의미로 동사 run을 수식하는 부사 자리이므로 rapidly가 적절.

ⓒ 형용사 entertaining을 수식하는 부사 자리로, 문맥상 '매우 즐거움을 준다'란 뜻이므로 '상당히, 꽤'라는 뜻의 부사 highly가 적절.

ⓓ 문장의 주어가 Riders이고 다른 곳에 동사가 없으므로 밑줄 부분이 문장의 동사이다. '타는 사람들'이 '경고를 받는' 것이므로 주어(Riders)와 동사(warn)는 수동관계. 따라서 동사는 「be + p.p.」 형태여야 하며 문맥상 현재시제가 적절.

해석 타조가 경주에서 (사람을) 태운 것을 본 적 있는가? 일부 나라에서는 사람들이 타조의 등에 타고 서로 경주를 벌이고, 타조는 시속 70킬로미터만큼 빠르게 달릴 수 있다. 타조를 타고 있는 사람들의 동영상이 인터넷에 많이 있다. 타조가 자신의 등에 사람들을 태우는 것을 즐기는지 알긴 어렵지만, 그 경주는 관중들을 상당히 즐겁게 해준다. 켄터키 주에서 있었던 한 경주에서 타조를 타본 후, 한 남자는 마치 자신이 거의 조종할 수 없는 날아다니는 축구공 위에 있는 것 같았다고 말했다. 타조를 타는 사람들은 만일 경주 동안 (타조에서) 떨어진다면 가능한 한 빨리 달아나라고 경고를 받는데, 타조의 강한 다리와 날카로운 발톱이 중상을 입힐 수 있기 때문이다.

● **ride(-rode-ridden)** (동물을) 타다 **rapidly** 빨리, 신속히 **entertaining** 재미있는, 즐거움을 주는 **spectator** 관중 **barely** 거의 ~ 아니게 **get away** 멀리 달아나다 **fall off** (~에서) 떨어지다 **claw** (동물, 새의) 발톱 **do damage** 해를 가하다

구문 [5-7행] After riding an ostrich in a race in Kentucky, // one man said / **that** it felt like being on a flying football [**that** you can barely control ●].

접속사 that이 동사 said의 목적어 역할을 하는 명사절을 이끌고 있고, 이 명사절 안에서 목적격 관계대명사 that이 이끄는 절이 선행사 a flying football을 수식하고 있다.

실전 모의고사 08회

본문 p. 114

1 ②   2 ② lie → lies   3 ④ do → does
4 ⓑ was → were   ⓔ launching → launched

1 | 정답 ②

해설 (A) 문장의 동사는 need가 따로 있으므로 (A)는 준동사 형태인 To perform이 적절하다. 여기서 To perform은 '목적'을 나타내는 to부정사의 부사적 용법으로 쓰였다.

(B) 뒤에 주어가 빠진 불완전한 구조가 이어지고 선행사 the forces and influences를 수식하므로 주격 관계대명사 that이 적절하다. 선행사가 있으므로 선행사를 포함하는 관계대명사 what은 적절치 않다.

~ understand the forces and influences [**that** have shaped

V'

your character ~].

O'

(C) when이 이끄는 절에서 주어 you와 동사 understand, accept의 목적어가 같은 대상을 가리키므로 재귀대명사 yourself가 적절.

해석 성공의 가장 중요한 요소 중의 하나는 자기 이해, 즉 자기 인식이다. 역사를 통틀어 자기 이해는 내면의 행복, 그리고 외적인 성취와 관련되어 왔다. "너 자신을 알라"라는 충고는 고대 그리스까지 거슬러 올라간다. 당신이 가진 최상의 능력으로 일을 해내기 위해서는, 당신이 누구인지 그리고 왜 당신이 행하는 방식으로 생각하고 느끼는지를 알 필요가 있다. 어릴 적부터 당신의 성격을 형성해온 힘과 영향을 이해해야 한다. 당신이 왜 주변 사람들과 상황들에 당신이 행하는 방식으로 반응하고 대응하는가를 알 필요가 있다. 당신 자신을 이해하고 받아들일 때에야 비로소 삶의 다른 영역에서 앞으로 나아가기 시작할 수 있다.

● **ingredient** 구성 요소; (요리 등의) 재료 **self-knowledge** 자기 이해 **self-awareness** 자기 인식 **go hand in hand with** ~와 관련되다; 함께 일어나다 **inner** 내적인 **outer** 외면적인 **achievement** 업적, 성취 **react** 반응하다

구문 [7-9행] **It is** only when you understand and accept yourself **that** you can begin moving forward in the other areas of your life.
「It is ~ that ... (…하는 것은 바로 ~이다)」 강조 구문이 쓰였다. 강조하는 것은 부사절인 only when ~ yourself이다.

2 정답 ② lie → lies

해설 주어는 단수명사 The major difference이므로 단수동사 lies로 받아야 한다. between ~ explorers는 수식어구이다.

The major difference (between Mr. Boone and the majority
　　　　S　　　　　　　　　　　　　　　수식어구(전명구)
~ explorers) lies in skill.
　　　　　　　　　V

오답풀이 ① When절의 주어 Daniel Boone이 '질문을 받은' 것이므로 「be + p.p.」 형태의 수동태 was asked는 적절.
③ 조동사 could에 이어지는 동사 hunt, trap, find, make와 and로 연결되는 병렬구조이므로 동사 find는 적절하다.
Mr. Boone could always **hunt**, **trap**, **find** water, **make** a boat, *and* gradually **find** his way out of most wilderness problems.
④ 전치사 before의 목적어 자리이므로 v-ing 형태가 적절하다. before는 전치사와 접속사 모두 가능하므로 뒤에 명사(구)와 절 모두 올 수 있다.
⑤ '정보가' '사용되는' 것이므로 information과 use는 수동관계이다. 따라서 p.p. 형태는 적절하다.

해석 오지 탐험 전문가 대니엘 분이 길을 잃어본 적이 있었느냐는 질문을 받았을 때, 그의 답변은 이랬다. "하루 이틀 동안 방향 감각을 잃어본 적은 있었던 것 같네요. 길을 잃은 적은 없었죠." 분 씨와 대다수의 주말 오지 탐험가들 간의 중요한 차이점은 기술에 있다. 분 씨는 항상 사냥하고 덫을 놓아 동물을 잡고 물을 찾고 배를 만들어서 대부분의 오지에서 생기는 문제들을 점차 해결할 수 있었다. 그러나 평균적인 사람들은 자급자족해서 살아남을 수 있는 습득된 오지의 기술을 갖고 있지 못하다. 그러므로 대자연으로 나아가기 전에 누구나 길을 잃을 수 있음을 깨달아야 한다. 대부분의 사람을 야외에서 방향 감각을 잃게 하는 것은 그저 짙은 안개, 숲 속에서 몇 번 예기치 않게 방향을 전환한 것, 혹은 해가 지는 것 등이다. 본능적인 '방향 감각'이란 그 감각을 만들기 위해 사용되는 정보만큼만 유용한 것이다.

● **wilderness** 황야, 황무지 **exploration** 탐사, 탐험 *cf.* **explorer** 탐험가 **disoriented** 방향 감각을 잃은 *cf.* **disorient** 갈피를 못 잡게 하다 **majority** 대다수 **lie in** (이유 등이) ~에 있다 **trap** (동물을) 덫으로 잡다 **find one's way out** (문제 등을) 해결하다 **acquired** 습득한 **venture** (위험을 무릅쓰고) 가다 **take** 필요로 하다 **dense** 자욱한; 빽빽한 **mist** (옅은) 안개 **nightfall** 해 질 녘 **instinctive** 본능적인, 직감에 따른

구문 [1-2행] When Daniel Boone, an expert in wilderness
　　　　　　　　　　　　　S'　　　└──=──┘
exploration, was asked whether he was ever lost, his
　　　　　　　　V'　　　　　　O'
reply was, "Disoriented for a couple of days, maybe. Lost, never."
「ask A B (A에게 B를 질문하다)」 구문의 수동태 문장으로, Daniel Boone과 an expert ~ exploration은 동격.

[7-8행] All [(that) ˢit ⱽtakes ● / to disorient most people
　　　　　　　　　　　　　　S
outdoors] / is a dense mist, a few unplanned turns in the
　　　　V　　　　　　　　　　　C
woods, or nightfall.
생략된 목적격 관계대명사 that이 이끄는 절이 All을 수식하여 주어의 길이가 길어졌다.

3 정답 ④ do → does

해설 부정어 No longer가 문장 앞에 놓이면 주어와 동사가 도치된다. 주어는 단수명사 the logic ~ selling이므로 도치된 do를 수일치시켜 does가 와야 한다.

오답풀이 ① 과거부터 현재까지를 나타내는 시간 부사구 Over the past few decades와 함께 쓰여 계속된 상태를 나타내므로 현재완료 시제가 적절.
② 주어는 단수명사인 No other mechanism이고 과거 사실을 말하고 있으므로 was는 적절.
③ 「with + (대)명사 + 현재분사(v-ing)」 구문. '점점 더 많은 국가들이' 시장 메커니즘을 '채택하는' 것이므로 growing numbers of countries(의미상 주어)와 adopt는 능동관계. 따라서 adopting이 적절. around the world는 수식어구이다.
⑤ to reconsider의 목적어 역할을 하는 명사절을 이끄는 접속사 자리이고 문맥상 '살고 싶은지 아닌지'의 의미이므로 접속사 whether는 적절.
~ to reconsider **whether** ˢwe ⱽwant to live this way or not.
　　　　　　　　　　　　　　　O'

해석 우리는 거의 모든 것이 사고 팔릴 수 있는 시대에 살고 있다. 지난 수십 년간 시장과 시장 가치는 이전의 어느 때보다 우리의 삶을 지배해오게 되었다. 이것은 의도적인 선택은 아니었다. 재화의 생산과 분배를 체계화하는 그 어떤 다른 방법도 부와 번영을 만들어내는 데 성공적이지 못했던 것이다. 점점 더 많은 전 세계 국가들이 시장 메커니즘을 자국의 경제를 운영하는 데 채택하면서 시장 가치는 사회생활에 있어 점점 더 큰 역할을 하게 되고 있다. 사고파는 논리는 더는 유형 재화 하나에만 적용되는 것이 아니라 점점 더 삶 전체에 적용된다. (이제는) 우리가 이대로 살고 싶은지 아닌지를 재고해야 할 때이다.

● **govern** 지배하다 **deliberate** 의도적인 **mechanism** 방법, 구조[기제] **production** 생산 **distribution** 분배; 유통 **prosperity** 번영 **adopt** 채택하다 **operation** 운영 **apply to** ~에 적용되다 **material** 물질적인; 재료 **reconsider** 재고하다

4 **정답** ⓑ was → were ⓔ launching → launched

해설 ⓑ 부분 표현 most of 다음에 나오는 명사 its key advances가 복수이므로 복수동사 were가 되어야 한다.

ⓔ '위성이' '발사된' 것이므로 the satellite와 launch는 수동관계이다. 따라서 launched가 적절.

오답풀이 ⓐ 문맥상 '거의 모든'을 의미하므로, 형용사 every를 수식하는 부사 nearly는 적절.

ⓒ 문맥상 '비록 ~이지만'의 의미가 어울리고 뒤에 주어(the Internet), 동사(is), 보어(central)가 오는 완전한 구조이므로 접속사 Although는 적절.

ⓓ 뒤에 명사구(part of the U.S. reaction ~ into space)가 이어지므로 전치사 자리이고 문맥상 '~로서'의 의미이므로 as는 적절하다.

해석 인터넷은 정보의 민주화에 큰 역할을 했다. 어느 한 사람이 인터넷을 소유하지 않고, 누구도 인터넷을 끊어버릴 수 없으며, 인터넷은 전 세계 거의 모든 가정에 이를 수 있다. 또한, 인터넷 기술의 주요 발전의 대부분은 네트워크를 통해 함께 일하면서 자기의 아이디어를 공짜로 내놓았던 개인들 간 협력으로 달성되었다. 인터넷이 우리의 생활에 중심적인 역할을 하고 있지만, 인터넷이 어떻게 진화해왔는지 실제로 아는 이는 거의 없다. 이것은 대단히 흥미로운 이야기다. 인터넷은 사실 소련이 위성을 우주로 쏘아 올린 데 대한 미국의 반응의 일부로서 탄생했다. 184파운드밖에 안 되는 무게에 대략 농구공 크기로, 소련 로켓에 실려 발사된 위성은 우주 시대를 열었을 뿐만 아니라 사이버 우주의 시대도 연 것이다.

• **democratization** 민주화 **collaboration** 협업 **contribute** 기부[기증]하다; 공헌하다 **for free** 공짜로 **central** 중심적인, 가장 중요한 **evolve** 진화하다 **fascinating** 대단히 흥미로운, 매력적인 **launch** 발사(하다) **weigh** 무게가 ~이다 **roughly** 대략 **on board** 탑재된, 승선한 **initiate** 시작하다

실전 모의고사 09회

본문 p. 116

1 ⑤ 2 ④ are → is 3 ④ experienced → experiencing
4 ⓐ using ⓑ Studying 또는 To study ⓒ explained
ⓓ use ⓔ struggling

1 **정답** ⑤

해설 (A) 주어인 Monkeys와 to protect의 목적어는 동일한 대상이므로 themselves가 적절.

(B) 문맥상 '(과거에) 사교성을 선택했음이 틀림없다'란 의미이므로 과거 사실에 대한 강한 추측을 나타내는 「must have p.p. (~했음이 틀림없다)」가 적절. when our ancestors ~ survive라는 부사절이 과거 사실임을 보여주는 단서가 된다.

(C) which가 이끄는 절의 동사 자리이므로 meant가 적절.

해석 동물은 서로의 시야 안에 계속 있으면 훨씬 더 잘 생존한다. 예를 들어, 원숭이는 표범과 하이에나로부터 자신들을 보호하기 위해 동료들의 도움이 필요한데, 무리를 떠나면 성년이 될 때까지 생존할 가능성이 거의 없다. 이와 동일한 상황은 우리 조상들이 생존하려고 고군분투했을 때 생존적 특성으로서 사교성을 선택하게 했음이 틀림없다. 그리고 사람들은 생존을 위해서 본능 대신 지식에 더 의존하게 되면 될수록, 그 지식을 서로 공유함으로써 더 이득을 보았다. 다시 말해 혼자 있는 사람은 '바보'가 되었는데, 이것은 원래 그리스어로 '개인적인 사람', 즉 '다른 사람들로부터 배울 수 없는 사람'을 의미했다.

• **constantly** 끊임없이, 계속 **sight** 시야 **peer** 동료, 친구 **leopard** 표범 **adulthood** 성년 **sociability** 친목, 사교성 **survival** 생존 **trait** 특색, 특성 **ancestor** 조상 **struggle** 싸우다, 분투하다 **instinct** 본능 **benefit** 득을 보다 **mutually** 서로, 상호 간에 **solitary** 혼자 있는

구문 [1-3행] Monkeys(S), for example, **who** need help from peers / to protect themselves against the leopards and hyenas, have(V) little chance of reaching adulthood(O) // if they leave their group.

주격 관계대명사 who가 이끄는 절은 주어 Monkeys를 보충 설명하고 있다.

[5-8행] And **the more** people came to depend on knowledge for survival instead of instinct, **the more** they benefited from sharing their learning mutually; ~.

「the + 비교급 ~, the + 비교급 ... (~하면 할수록 더욱 …하다)」 구문이 사용되었다.

2 **정답** ④ are → is

해설 주어는 a society이므로 단수동사 is로 고쳐야 한다. 관계대명사가 이끄는 절(that ~ hands)은 수식어이다.

~, a society(S) [**that** tolerates people working with different hands] **is**(V) also likely to ~.

오답풀이 ① 문맥상 '그들(왼손잡이들)의 요구를 외면하는 것을 멈추는' 것이므로 avoiding은 적절. stop to-v는 'v하기 위해 멈추다'란 뜻이므로 문맥에 적절치 않다.

② 'become(~해지다)'은 보어가 필요한 SVC 문형의 대표적인 동사. 형용사는 보어가 될 수 있으므로 tolerant는 적절.

③ 동사 'seems(~인 것 같다)'를 수식하는 부사로 'hardly(거의 ~않는)'는 문맥상 적절.

⑤ 주절의 동사가 「조동사 과거형 + 동사원형(wouldn't want)」이고 문맥상 현재나 미래에 있을 법하지 않은 일을 가정하는 가정법 과거 구문이다. 따라서 if절에는 동사의 과거형인 didn't encourage가 적절.

해석 이제 왼손잡이가 수적으로 증가하고 있다. 그리고 얼마 가지 않아 마케터들은 제품들에 더욱 융통성 있는 손잡이들을 포함함으로써 그들의 요구를 외면하는 것을 중단할 것이다. 왼손잡이의 증가는 학교와 직장에 더 많은 왼손잡이가 생길 거라는 것을 의미할 뿐 아니라 또한 사회가 더 관대해져 가고 있음을 의미한다. 왼손잡이인 사람들의 비율은 좀처럼 중요한 사항처럼 보이지 않는다. 그러나 사실상 다른 손으로 일하는 사람들을 관용하는 사회는 다른 많은 자유도 관용할 가능성이 크다. 다른 말로 하자면 한 사회에서의 왼손잡이의 비율은 사실상 그 사회가 개방적인가 폐쇄적인가를 나타내는 최고의 지표 중 하나일 수 있다. 만약 한 사회가 모든 형태의 한쪽 손 사용을 권장하지 않는다면 나는 그 사회에서 살고 싶지 않을 것이다.

• **flexible** 융통성 있는 **workplace** 직장 **tolerant** 참을성 있는, 관대한 **significant** 중요한 **indicator** 지표

3 **정답** ④ experienced → experiencing

해설 문장의 주어 An experiment와 호응하는 동사 was conducted가 있으므로 또 다른 동사는 준동사가 되어야 한다. 문맥상 밑줄 부분이 women을 수식하는 구조인데 '여자가' 낮은 삶의 만족도를 '경험하고' 있던 것이므로 women과 experience는 능동관계. 따라서 v-ing형이 적절하다.

오답풀이 ① 문맥상 '우리의 문제들을 타인과 상의하는 데 익숙하다'라는 뜻으로 「be used to v-ing (v하는 데 익숙하다)」 구문이 쓰였으며, 이때의 to는 전치사이므로 뒤에 반드시 명사 상당어구가 와야 한다. 따라서 동명사 discussing은 적절. 「be used to-v (v하는 데 사용되다)」와의 구별에 주의한다.

② be동사의 보어 자리이므로 형용사 alone은 적절하다. alone은 '홀로'의 의미이므로 문맥과도 맞는다. 참고로 alone은 서술형용사이므로 보어 자리에만 쓸 수 있고 명사를 앞에서 수식할 수 없다.

③ 뒤에 목적어가 빠진 불완전한 구조가 이어지고 앞에 수식할 선행사 solutions가 있으므로 목적격 관계대명사 that은 적절.

⑤ 뒤에 주어(those ~ own), 동사(showed), 목적어(no improvement)가 있는 완전한 구조가 이어지고, 문맥상 앞의 내용과 대조되므로 '반면에'라는 뜻의 접속사 while은 적절.

해석 문제들은 해결 불가능해 보일 수 있다. 우리는 우리 문제들을 타인과 상의하는 데 익숙한 사회적 동물이다. 그들은 우리를 가장 사랑하는 사람일 수도 있고 우리가 가진 똑같은 문제들을 직면했던 사람들일 수도 있다. 우리가 혼자 있으면 문제들은 악화되기 쉽다. (문제를) 공유함으로써 우리는 (다른) 시각을 얻고 혼자서는 떠올릴 수 없었던 해결책을 찾을 수 있다. 낮은 삶의 만족도를 경험했던 여성 그룹과 한 실험이 행해졌다. 그 여성들 중 몇몇은 그들의 처지를 공유한 타인들에게 소개되었고 또 몇몇의 여성들은 자신들의 고민을 처리하도록 혼자 남겨졌다. 타인들과 교류한 사람들은 시간이 지나면서 걱정이 55퍼센트 감소한 반면, 홀로 남겨진 사람들은 개선을 보이지 않았다.

● **unsolvable** 해결 불가능한 **face** (상황 등에) 직면하다 **perspective** 관점, 시각 **conduct** (특정 활동을) 하다 **satisfaction** 만족(감) **deal with** (문제 등을) 처리하다 **concern** 걱정; 관심사 **interact** 상호 작용하다, 소통하다 **reduction** 감소 **improvement** 개선

구문 [8-9행] Those [**who** interacted with others] saw a 55 percent reduction in their concerns over time, // **while** those [**who** were left on their own] showed no improvement.

두 개의 절이 접속사 while로 연결되었으며 두 개의 those는 각각 주격 관계대명사 who가 이끄는 절의 수식을 받고 있다.

4 **정답** ⓐ **using** ⓑ **Studying** 또는 **To study** ⓒ **explained** ⓓ **use** ⓔ **struggling**

해설 ⓐ 문맥상 '한번(시험 삼아) 사용해보다'란 뜻이 자연스러우므로 「try v-ing (시험 삼아 v해보다)」가 적절.

ⓑ is의 주어가 되는 동명사나 to부정사가 적절.

ⓒ things가 '설명되는' 것이므로 things와 explain은 수동관계. 따라서 과거분사가 적절.

ⓓ 바로 앞의 reading이 아니라 record와 and로 연결된 병렬관계이므로 use가 적절.

ⓔ keep은 목적어로 v-ing를 취하며 '계속해서 v하다'란 뜻.

해석 당신은 시험 전날 밤 열심히 공부하고 나서 다음 날이면 모든 것을 잊어버리는가? 아마도 당신은 시험 삼아 음성 녹음기를 사용해 볼 수도 있다. 음성 녹음기로 소리 내어 학습하는 것은 스스로를 테스트하고 기억력을 더 높이는 데 좋은 기법이다. 자신의 목소리로 설명된 것을 듣는 것은 당신이 더 잘 기억하도록 도와줄 수 있다. 이것은 당신의 귀가 눈이 읽었고 머리가 생각한 것을 강화해주기 때문이다. 만약 책에 모의시험 문제가 있다면, 당신이 그 문제들

을 읽는 것을 녹음하고 '시험 대비 연습'으로 그 녹음 내용을 이용할 수 있다. 그리고 당신이 계속해서 어려운 개념이나 외우기 어려운 사실들의 긴 목록과 씨름한다면, 단지 크게 읽고 녹음한 내용을 재생하는 것만으로도 도움이 많이 될 수 있다.

● **voice recorder** 음성 녹음기 **as well** (~뿐만 아니라) …도 **out loud** 소리 내어(= aloud) **technique** 기술, 기법 **reinforce** 강화하다; 보강하다 **rehearsal** 예행연습, 리허설 **concept** 개념 **replay** 재생하다

구문 [5-6행] ~ because your ears reinforce // what ˢyour eyes ⱽhave read ● ‍ and‍ ˢyour brain ⱽhas thought ●.

뒤에 목적어가 빠진 불완전한 구조가 이어지고 있고 앞에는 수식할 선행사가 보이지 않는다. 따라서 자체적으로 선행사를 포함하는 관계대명사 what이 왔다. 이때 관계대명사 what은 동사 reinforce의 목적어절을 이끈다.

실전 모의고사 10회
 본문 p. 118

1 ③   2 ① what → that 또는 which
3 ⓒ prevented → to prevent   ⓔ how → which 또는 that
4 (1) ⓐ is ⓑ listing ⓒ keeping ⓓ to find
  (2) To have a text message erased from your cell phone

1 **정답** ③

해설 (A) 주어가 단수(The learning)이므로 단수동사 has가 적절하다. of songs in birds는 수식어구.

(B) 뒤에 완전한 구조가 이어지므로 접속사 that이 적절. 여기서 that은 evidence를 보충 설명하는 동격절을 이끈다. 뒤에 불완전한 구조가 오는 관계대명사 which는 적절치 않다.

(C) '유아가' '무시하는' 것이므로 the infant와 ignore는 능동관계. 동사 allows의 목적격보어 자리이므로 to-v형이 적절하다. 「allow + 목적어 + to-v (목적어가 v하도록 허락하다)」 구조.

해석 새들에게 있어 노래 배우기란 인간에게 있어 말 배우는 것과 많은 유사점이 있다. 어떤 새들에게 노래 배우기는 그 종만 사용하는 특정 음성 요소를 인식하는 것을 의미한다. 인간의 유아들은 인간 언어의 특징인 20개 이상의 자음을 인식할 수 있다는 증거가 오늘날 많이 있다. 이런 소리들을 알아들을 수 있는 능력은 몇 가지 장점이 있다. 즉, 유아들이 대부분의 중요하지 않은 소리들을 무시하게 해주고, 아이가 말의 의미를 이해하도록 도와주며, 말소리를 만드는 데 있어 길잡이로 쓰일 수 있다.

● **recognition** 인식 **element** 요소 **infant** 유아 **consonant** 자음 **characteristic** 특징인 **ignore** 무시하다 **serve as** ~로 쓰일 수 있다, ~로 적합하다

구문 [3-5행] There is now a great amount of evidence // that ˢhuman infants ⱽcan recognize ᴼmore than twenty consonant sounds [**which** are characteristic of human speech].

동격의 that절 안에서 주격 관계대명사 which가 이끄는 절이 동사 can recognize의 목적어(more than ~ sounds)를 수식하고 있다.

2 정답 ① what → that 또는 which

해설 뒤에 주어가 빠진 불완전한 구조가 이어지고 선행사 an admission of guilt를 수식하는 구조이므로 주격 관계대명사 that 또는 which가 적절하다. 관계대명사 what은 선행사를 포함하므로 부적절하다.

~, an apology is an admission of guilt [that[which] puts the speaker / in an inferior position].

오답풀이 ② 주절에 주장을 나타내는 동사 insist가 있지만 뒤의 that절 내용이 '~해야 한다'라는 당위성을 담고 있는 것이 아니라 문맥상 사실적인 정보를 전달하므로 직설법인 are는 적절.

③ 「consider + 목적어 + 목적격보어」 구조. 보어 자리에는 형용사가 올 수 있으므로 unfriendly는 적절하다. unfriendly는 -ly가 붙어 있어 부사로 착각하기 쉬우나 '불친절한'이란 의미의 형용사이다.

④ avoid는 v-ing를 목적어로 취하는 동사이므로 being은 적절.

⑤ 준부정어인 부사 only(단지)가 문두로 나가면서 주어와 조동사가 도치된 구조. 「부사절(Only ~ not,") + 조동사(can) + 주어(you)」의 어순이므로 적절.

해설 일본인들에게 있어 사과란 호의의 표현이다. 미국인들에게 사과는 화자를 열등한 자리에 두게 되는 잘못의 인정이다. 일본인들은 미국인들을 무례하다고 여기기가 쉽고 미국인들은 일본인들이 수동적이고 자신 없다고 여기기 쉽다. 많은 서구인들은 한국인들이 매우 격식을 차린다고 주장하는데, 한국인들은 아랫사람에게 말하는지, 손윗사람에게 말하는지에 따라 다른 단어를 고르기 때문이다. 서구인들은 종종 한국인들이 불친절하다고 여기는 반면 한국인들은 서구인들이 예의가 없다고 생각한다. 아랍인이 차에 태워주겠다는 당신의 제의에 "고맙지만 사양할게요."라고 답할 때 사실 그는 '글쎄요, 한 번 더 물어봐 줘요.'를 의미하고 있는지도 모른다. 아랍인들은 말을 할 때 너무 직접적이기를 피하는 경향이 있다. 그가 "아뇨, 절대 아니죠."라고 말할 때만 그가 정말로 "아니."라는 것을 의미한다고 확신할 수 있다.

● apology 사과 goodwill 호의 admission 시인, 인정 guilt (잘못한 일에 대한) 책임; 죄책감 inferior 아랫사람; 열등한 (↔ superior 윗사람; 우월한) passive 수동적인 insecure 자신이 없는 formal 격식을 차린 impolite 예의 없는 ride (차 등에) 타고 가기 absolutely 전적으로

구문 [2-4행]

It's easy ⎡for Japanese people **to think** // that Americans ~
and
       ⎣for Americans **to think** // that Japanese people ~.

3 정답 ⓒ prevented → to prevent
ⓔ how → which 또는 that

해설 ⓒ 「주어 + 동사」를 갖춘 완전한 구조의 두 개의 절이 and로 연결된 병렬구조로서 prevented ~는 부사구가 되어야 한다. 문맥상 '~하기 위해'를 의미하는 to부정사 자리이다.

The parents found the couple together on a beach one
  S₁   V₁
day, and / **to prevent** them from being together, / **one**

of the families moved to the mountains, separating the
            S₂   V₂
young couple forever.

ⓔ 앞의 선행사(a legend)를 수식하면서 뒤에 목적어가 없는 불완전한 구조의 절을 이끌어야 하므로 목적격 관계대명사 which 또는 that이 적절.

오답풀이 ⓓ 의문부사 how가 동사 explains의 목적어가 되는 완전한 구조의 명사절을 이끌고 있다.

ⓑ that절의 주어는 the marriage이므로 단수동사는 적절하다. of two young lovers는 수식어이다.

ⓓ 문맥상 하나의 꽃이 나누어져 생긴 반쪽짜리 두 개 중에서 앞에 언급된 하나(one)를 제외한 '나머지 한쪽'을 나타내므로 the other는 적절.

해설 원주민들은 그들의 환경에 있는 특이한 현상을 설명하기 위해 전설을 만들어낸다. 카우아이라는 하와이섬에서 전해 내려오는 전설은 나우파카 꽃이 어떻게 그 특이한 형태를 지니게 되었는지를 설명해준다. 그 꽃은 작은 데이지 꽃의 반쪽처럼 보인다. 전설에 따르면 두 젊은 연인의 결혼이 양가 부모들의 반대에 부딪혔다. 부모들은 어느 날 이 한 쌍이 해변에 있는 것을 발견했고, 그들이 같이 있는 것을 막기 위해 한쪽 가족이 산으로 이사를 가서 이 젊은 연인을 영원히 떼어놓았다. 결국 나우파카 꽃은 두 개의 반쪽으로 나뉘었는데, (둘 중) 하나는 산으로 갔고 다른 하나는 해변 가까이에 머물게 되었다. 이 이야기는 원주민들이 그들을 둘러싼 세상을 이해하기 위해 만들어낸 전설의 좋은 표본이다.

● native 원주민의, 토박이의 legend 전설 oppose 반대하다 separate 떼어놓다 invent 만들어내다 make sense of ~을 이해하다

구문 [8-9행] This story is a good example of a legend
              S   V   C
[which[that] native people invented ● / to make sense of the world around them].

목적격 관계대명사 which[that]가 이끄는 절이 문장의 보어인 a legend를 수식하는 구조이다.

4 정답 (1) ⓐ is ⓑ listing ⓒ keeping ⓓ to find
(2) **To have a text message erased from your cell phone**

해설 (1) ⓐ '모든 문자 메시지 하나하나'가 '저장된다'는 문맥으로서 Every는 항상 단수 취급하므로 단수동사인 is가 적절.

Every single text message [(that) you send ● or receive
                                S
●] **is stored** on your phone's ~.
    V

ⓑ '문자를 나열하는 것을 멈추다'라는 의미가 되어야 하므로 「stop + v-ing」 구조를 만드는 listing이 적절.

ⓒ 당신의 휴대전화가 문자 메시지를 '보관하고 있는' 것이므로 주어(your phone)와 동사(keep)는 능동관계이다. 따라서 진행형 능동태인 keeping이 적절.

ⓓ 「make + 가목적어(it) + 목적격보어(possible) + 진목적어(to find ~ a computer screen)」의 구조. 따라서 동사원형 find를 진목적어 역할을 할 수 있는 to find로 바꿔야 한다.

(2) '문자 메시지가' '지워지게' 하기 위해 '삭제' 버튼을 선택한다는 문맥이므로 a text message와 erase는 수동관계이다. 따라서 목적격보어로 p.p. 형태인 erased가 적절.

해설 당신의 휴대전화에서 문자 메시지가 지워지게 하기 위해서 당신은 그냥 '삭제' 버튼을 선택한다. 그러한가? 잘못됐다. 당신이 보내거나 받는 모든 문자 메시지 하나하나는 휴대전화의 심(SIM) 카드에 자료로 저장된다. 삭제 버튼을 누르는 것은 그저 당신의 휴대전화가 당신이 볼 수 있는 폴더 안에 그 문자를 나열하는 것을 멈추도록 지시하는 것이다. 그렇게 하고 나서 당신이 그 문자를 찾을 수 없는지는 영향을 주지 않는다. 사실, 당신의 휴대전화는 여전히 기억 장치 어딘가에 그것(문자)을 보관하고 있는 것이다. 지워진 문자 메시지를 당신이 직접 복구할 수는 없지만, 복구할 수 있는 소프트웨어 프로그램들이 많이 있다. 그런 프로그램들은 심(SIM) 카드에서 모든 것을 찾아

컴퓨터 모니터 상에 다시 그것을 모두 되살리는 것을 가능하게 할 것이다. 그러니 문자로 보내는 것을 조심하라!

● **text** 문자 메시지(= text message); (휴대전화로) 문자를 보내다 **delete** 삭제하다 **store** 저장[기억]하다 **data** 데이터, 자료 **instruct A to-v** A가 v하도록 지시[명령]하다 **bring A back to life** A를 되살리다 **list** 열거하다, 목록을 작성하다

구문 [3-4행] Pressing the delete key simply **instructs** your

S　　　　　　　　　　　　　　V　　　　O

phone **to stop** listing that text / in the folders [**that** you

can see ●].

「instruct + A + to-v (A가 v하도록 지시하다)」의 구조를 취하고 있다.

실전 모의고사 11회
본문 p. 120

1 ⑤　　　　　2 ④ carried out → were carried out
3 (1) ⓐ has revealed → has been revealed
　ⓒ identify → identifying　ⓓ which → that
　(2) The more advanced the disease was, the better
　detection was
4 ⓓ to live → live　ⓔ interested → interesting

1 정답 ⑤

해설 (A) '단백질'이 혈액 속 산소를 운반하는 데 '필요하게 되는' 것이므로, a protein과 need는 수동관계. 따라서 p.p. 형태가 적절.
(B) 문맥상 바로 앞의 may hinder가 아니라 전치사 by의 목적어인 동명사 reducing과 and로 연결된 병렬구조이므로 consuming이 적절.
(C) 권고를 나타내는 동사 recommend 뒤에 당위성을 내포하는 that절이 이어지므로 「(should +)동사원형」이 적절.

해설 철은 혈액 속의 산소를 운반하는 데 필요한 단백질인 헤모글로빈의 적절한 기능을 위해 필수적인 미네랄이다. 철분을 충분히 섭취하지 않으면 철분 결핍증을 겪을 수도 있다. 철분 보충제는 도움이 될 수 있지만, 철분 흡수를 방해할 수 있는 요인을 줄이고 철분이 풍부한 음식을 섭취해 식단에서 철분을 충분히 섭취하는 것이 더 효과적이다. 철분 결핍은 운동선수들, 특히 젊은 여성 운동선수들 사이에서 더 흔하다. 일부 전문가들은 여성 운동선수들이 철분 섭취를 위해 현재 일일 권장량에 하루에 10mg의 철분을 추가해야 한다고 권고한다. 운동선수들의 철분 결핍은 운동 능력에 부정적인 영향을 미치고 면역력 약화의 원인이 된다.

● **proper** 적절한 **function** 기능 **protein** 단백질 **transport** 운반[이동]시키다 **oxygen** 산소 **deficiency** 결핍(증) **factor** 요인 **hinder** 방해하다 **absorption** 흡수 **consume** 먹다, 섭취하다 **athlete** 운동선수 **additional** 추가적인 **current** 현재의 **intake** 섭취(량) **contribute to** ~의 원인이 되다 **immune** 면역성이 있는

구문 [3-5행] Although iron supplements can be helpful, // it is more effective to have enough iron in your diet / by
가주어　　　　　　　　　진주어

reducing factors [**that** ● may hinder iron absorption] and

consuming iron-rich foods.

2 정답 ④ carried out → were carried out

해설 '이런 연구'가 '수행된' 것이므로 these studies와 carry out은 수동관계. 따라서 동사는 수동형인 were carried out이 되어야 한다.

오답풀이 ① 동명사구 주어(Opening the windows)는 단수 취급하므로 동사 is는 적절.
② cause는 목적격보어로 to부정사를 취하는 동사이므로 to build는 적절.
③ 동사 remove를 강조하기 위해 사용된 조동사 do는 적절.
⑤ will improve를 수식하는 부사 much(많이)는 적절. 원급 비교를 나타내는 「as + 원급 + as」 앞에 부정어 not을 쓴 구조이다.

해설 신선한 공기를 원한다면 창문을 여는 것이 당신이 해야 하는 가장 중요한 일이다. 하루 종일 창문을 닫아 두면 화학 물질과 알레르기 유발 물질이 내부에 쌓이게 된다. 오염된 지역에 살더라도 환기를 시키기 위해 틈틈이 창문을 열어야 한다. 집먼지진드기는 쿠션이나 매트리스와 같은 부드러운 것에 유인되기 때문에 카펫이 아닌 나무 바닥이 공기 질을 개선할 수 있다. 그들이 만들어내는 화학 물질은 알레르기 같은 증상을 일으킬 수 있다. 1980년대 나사의 연구는 식물이 공기 중의 유독성 오염 물질을 제거한다는 것을 발견했다. 그러나 이러한 연구는 우주의 조건과 닮은 폐쇄적인 환경에서 수행되었다. 지구로 돌아와 보면, 식물은 공기 질을 향상시킬 것이지만, 여러분이 생각하는 만큼은 아니다. 만약 집 안에 열대 정글이 있는 것이 아니라면 그 효과는 미미할 것이다.

● **chemical** 화학 물질 **polluted** 오염된 **attract** 유인하다 **generate** 만들어 내다 **symptom** 증상 **toxic** 유독성의 **pollutant** 오염 물질 **tropical** 열대의 **insignificant** 사소한

3 정답 (1) ⓐ has revealed → has been revealed
ⓒ identify → identifying　ⓓ what → that
(2) The more advanced the disease was, the better detection was

해설 (1) ⓐ '새로운 혈액 검사'가 '밝혀진' 것이므로 A new blood test와 동사인 reveal은 수동관계. 따라서 has been revealed가 적절.
ⓒ 「when it comes to v-ing」는 '~에 관해서'라는 뜻으로 전치사 to 뒤에 동명사 형태를 써야 하므로 identifying이 적절.
ⓓ detected의 목적어 역할을 하는 완전한 구조의 명사절을 이끄는 접속사가 필요하므로 what을 that으로 고쳐야 한다.
(2) 「The + 비교급, the + 비교급」 구문을 사용할 때 The more와 advanced처럼 의미 관계가 긴밀할 때는 같이 문장 앞으로 보내야 한다.

오답풀이 ⓑ 뒤에 주어와 동사가 있는 절이 이어지고 있고 문맥상 '~인지 아닌지'라는 의미의 접속사 whether는 적절.

해설 50종 이상의 암을 발견할 수 있는 새로운 혈액 검사가 최근 연구에서 밝혀졌는데, 이는 암을 조기에 찾아내는 데 도움이 될 수 있다. 이 검사는 종양에서 떨어져 나와 혈액을 통해 이동하는 DNA를 기반으로 한다. 연구원들은 이 검사가 어떤 사람이 암에 걸렸는지 여부를 판별할 수 있을 뿐만 아니라 그들이 가진 암의 종류도 판별할 수 있다고 말한다. 이 검사는 일종의 인공 지능인 알고리즘을 습득하는 기계를 사용하여 개발되었다. 암을 가진 사람들을 식별하는 것과 관련해서 연구팀은 50개 이상의 다른 종류의 암에 대해, 그 시스템이 검사 시에 그 질병의 존재를 44%로 정확하게 감지했다는 것을 발견했다. 병이 진전될수록 감지는 더 좋아졌다. 전반적으로 1기 암인 사람들 중 18%에서 암이 확인되었으나 4기인 사람들의 93%에서 확인되었다.

● **detect** 알아내다, 감지하다 **reveal** 드러내다, 밝히다 **identify** 찾다, 발견하다 **determine** 알아내다, 밝히다 **artificial** 인공적인 **intelligence** 지능 **overall** 전반적[전체적]으로

구문 [1-2행] A new blood test [**that** ● can detect more than 50 types of cancer] has been revealed in a recent study, // **which** may help to identify cancer early on.
관계대명사 which가 이끄는 절은 앞의 내용인 A new blood test ~ recent study를 보충 설명한다.

4 **정답** ⓓ to live → live ⓔ interested → interesting
해설 ⓓ 「let + 목적어(an otter family) + 목적격보어(live)」의 구조로, 사역동사인 let은 목적격보어로 원형부정사를 취하므로 live가 적절.
ⓔ '환경'이 '흥미로운' 감정을 불러일으키는 것이므로 v-ing형이 적절.
오답풀이 ⓐ 완전한 구조의 절을 이끄는 「전치사 + 관계대명사」 형태는 적절. 선행사인 Animals such as orangutans를 보충 설명한다.
ⓑ 주어가 the keepers로 복수형이므로 복수동사 have는 적절.
ⓒ 부대상황을 나타내는 분사구문을 이끄는 분사 자리인데 의미상 주어인 they와 use는 능동관계이므로 using은 적절.
해석 오랑우탄과 같은 동물들은 인간과 DNA의 97퍼센트가 같고, 끊임없는 즐길 거리와 신체적, 정신적, 정서적 자극을 필요로 한다. 이를 위해 벨기에의 Pairi Daiza 동물원의 사육사들은 오랑우탄을 위한 매우 강력한 강화 프로그램을 가지고 있다. 동물원에서, 그들은 퍼즐이나 수수께끼 같은 게임을 사용하여 매일 오랑우탄과 함께 논다. 그것이 그들이 오랑우탄의 영역을 통과하여 흐르는 강에 수달 가족을 살게 선택한 이유이다. 그것은 두 동물 종에게 더 재미있고 흥미로운 환경을 만들어준다. 수달들은 오랑우탄 섬에 있는 물 밖으로 나와 그들의 크고 털이 많은 친구들과 노는 것을 정말 즐긴다. 사육사들은 이 프로그램을 다른 종들에게 확대하기로 결정했다. 고릴라는 콜로부스 원숭이와 함께 살고 있고 캥거루와 펠리컨은 함께 거처를 제공받는다.
● **share** 공통적으로 갖다, 같은 ~을 갖다 **constant** 끊임없는 **entertainment** 오락, 즐길 거리 **stimulation** 자극 **enrichment** 강화 **riddle** 수수께끼 **otter** 수달 **territory** 영역, 구역 **furry** 털로 덮인 **house** 살 곳을 주다, 거처를 제공하다

실전 모의고사 12회

1 ④   2 ③ survived → surviving
3 ⓐ enough large → large enough
  ⓓ which → where 또는 in which
4 ⓐ to ensure   ⓑ are   ⓒ be given   ⓓ to visit

1 **정답** ④
해설 (A) '최근에'라는 의미가 되어야 하므로 부사 lately가 적절. late는 '늦게'라는 의미이다.
(B) '우리의 뇌'가 기억과 정보를 '처리하는' 것이므로 our brain과 deal은 능동관계로서 dealing이 적절.
Some experts say that our dreams are a result of our brain (**dealing** with memories and information (**gathered** from the day)).
현재분사 dealing과 과거분사 gathered가 이끄는 구가 각각 앞에 있는 our brain과 memories and information을 수식.
(C) 전치사 to의 목적어 역할을 해야 하므로 동명사 spending이 적절.

해석 최근에 꿈이 이상했다면 걱정하지 마라. 그것은 아마도 일상생활의 스트레스 때문일 것이다. 어떤 전문가들은 우리의 꿈이 그날 수집된 기억과 정보를 처리하는 우리의 뇌의 결과라고 말한다. 예를 들어 꿈속에서 당신이 누군가에게 쫓기고 있다고 하자. 뇌가 당신의 생명이 위협받고 있다는 것을 인지할 때, 싸우거나 도망치는 반응이 시작된다. 그것은 스트레스 호르몬의 생성을 유발하고, 그로 인해 과도하게 각성된 상태를 유지하게 된다. 스트레스 호르몬은 눈을 감은 후에도 뇌를 통해 흐른다. 스트레스가 숙면을 방해할 때, 우리는 깊은 잠에서 더 많은 시간을 보내는 것과 반대로 꿈이 일어나는 더 얕은 수면에서 더 많은 시간을 보낸다.
● **perceive** 인지하다 **threat** 위협 **disrupt** 방해하다 **as opposed to** ~와는 반대로

2 **정답** ③ survived → surviving
해설 '산호초가' '살아남는' 것이므로 corals와 survive는 능동관계. 따라서 v-ing형인 surviving으로 고쳐야 한다.
오답풀이 ① them은 앞에 나온 복수명사인 corals를 받으므로 적절. 절의 주어인 which의 선행사는 앞 절 전체를 받는 것이고 서로 일치하지 않으므로 themselves는 적절하지 않다.
② 「make + 목적어 + 목적격보어(원형부정사)」의 구조로서 drive는 적절.
④ 뒤에 있는 동사 depend는 목적어를 취하려면 전치사 on이 필요하고, 전치사가 관계대명사 앞으로 이동하여 「전치사 + 관계대명사」의 형태로 쓸 수 있으므로 on which는 적절. 여기서 which의 선행사는 coral reef ecosystems이다.
⑤ 두 개의 절을 연결할 접속사 역할과 앞에 나온 명사구 marine species를 대신 받을 대명사 역할을 겸할 수 있는 관계대명사가 필요한 자리로, 전치사 of가 앞에 있으므로 whom은 적절.
해석 바다 환경이 변하면 산호초는 자신들의 조직에 사는 형형색색의 조류를 방출하고, 이것은 산호초가 흰색으로 변하는 것을 야기한다. 화씨 2도만큼의 적은 수온 변화가 산호초로 하여금 조류를 방출하게 만들 수 있다. 기온이 높게 유지되면 산호가 조류를 되돌아오게 하지 못하고 산호초는 죽게 된다. 일단 이 산호초들이 죽고 나면, 거의 다시 되살아나지 않는다. 산호초가 거의 살아남지 못하면서 그들은 매우 낮은 속도로 번식한다. 그것은 사람과 야생동물이 의존하는 산호초 생태계를 악화시키는 결과를 초래한다. 수천 마리의 해양 동물들은 생존을 위해 산호초에 의존하고 있으며, 산호초는 포식자로부터 보호처를 제공한다. 그들은 또한 바다 먹이 사슬의 기초에 있는 유기체들을 지원한다. 산호초 생태계 전체의 붕괴는 해양 종들을 위협하고 있으며, 그들 중 일부는 멸종 위기에 처해 있다.
● **coral** 산호초 **release** 방출하다 **tissue** 조직 **temperature** 기온, 온도 **Fahrenheit** 화씨 **reproduce** 번식하다 **ecosystem** 생태계 **marine** 해양의 **predator** 포식자 **organism** 유기체 **collapse** 붕괴 **threaten** 위협하다 **at risk of** ~의 위험에 처한 **extinction** 멸종
구문 [3-4행] If the temperature **remains** high, the coral won't allow the algae back, and the coral will die.
조건의 접속사가 이끄는 부사절에서는 현재시제가 미래시제를 대신한다.

3 **정답** ⓐ enough large → large enough
ⓓ which → where 또는 in which
해설 ⓐ enough가 형용사(large)를 수식할 때는 형용사 뒤에 위치해야 한다.
ⓓ 뒤에 「주어(their kennel) + 동사(won't be) + 부사구(in the way)」의 완전한 구조가 이어지므로 관계대명사 which를 관계부사 where로 고쳐야 한다.

64   **PART III** 실전 모의고사

오답풀이 ⓑ The kennel can also prevent your dog from **playing** out their destructive fantasies *and* **chewing** on personal items such as shoes.

「prevent + 목적어 + from + v-ing (목적어가 v하는 것을 막다)」의 구문에서 전치사 from의 목적어로 쓰인 동명사 playing과 chewing이 접속사 and로 연결된 병렬구조로서 chewing은 적절.

ⓒ 전치사 despite의 목적어로는 동명사가 와야 하므로 being은 적절.

ⓔ 「the + 비교급 ~, the + 비교급 … (~할수록 더 …하다)」 구문이 적절하게 쓰였다.

해석 개를 수의사에게 데려갈 때나 당신의 여행에 개를 데려올 때를 포함하여 여러분의 개가 켄넬 안에서 편안하게 있도록 훈련시키는 것은 유익할 수 있다. 켄넬은 당신의 개가 편안하게 눕고, 방향을 바꾸고, 일어날 수 있을 만큼 충분히 커야 한다. 켄넬은 또한 당신의 개가 파괴적인 환상을 가지고 놀고 신발과 같은 개인적인 물건들을 씹는 것을 막을 수 있다. 개에게 켄넬을 처음 소개할 때, 여러분은 그들이 제한된 공간 안에 있음에도 불구하고 가족의 일부로 남아 있다는 것을 느끼기를 원한다. 이것은 집 안에서 그들의 켄넬이 방해되지 않고 좋은 경치를 제공하는 장소를 찾는 것을 의미한다. 당신은 또한 개 장난감과 물, 그리고 부드러운 담요를 켄넬 안에 넣어야 한다. 더 유혹적일수록, 당신의 개는 그 안에서 더 많은 시간을 보내고 싶어 할 것이다.

● **beneficial** 유익한, 이로운 **destructive** 파괴적인 **confined** 제한된 **blanket** 담요

---

4 **정답** ⓐ to ensure ⓑ are ⓒ be given ⓓ to visit

해설 ⓐ 문맥상 '~를 확실히 하기 위해'를 의미하는 부사적 용법의 to부정사 자리.

ⓑ 주어가 People로 복수형이고 '현재'를 말하는 것이므로 are가 적절.

ⓒ '여러분이' 시간대를 '받는' 것이므로 you와 give는 수동관계. 동사를 수동형인 will be given으로 고쳐야 한다.

ⓓ advise는 목적격보어로 to부정사를 취하는 동사이므로 to visit이 적절.

해석 사람들이 집에서 양질의 의료 서비스에 접근할 수 있는 것을 확실히 하기 위해 Scranton Clinic이 원거리 상담 서비스를 시작했다고 발표하게 되어 기쁩니다. 우리의 새로운 상담 서비스는 사람들이 집에서 자격을 갖춘 전문 의사와 상담할 수 있게 해 줍니다. 만성 질환자, 특히 정기적인 사후 관리가 필요한 사람들은 이 서비스를 통해 큰 혜택을 받게 될 것입니다. 전문가와의 원격 상담을 예약하려면 Scranton Clinic(01-065-3280)으로 전화하거나 저희의 웹 사이트를 방문하십시오. 신청이 완료되면 의사에게 화상 상담을 받을 수 있는 시간대를 받게 될 것입니다. 만약 당신이 추가 검사를 받을 필요가 있다면, 의사가 병원을 방문하라고 조언할 것입니다. 이제, 더 이상 당신의 건강을 돌보기 위해 집을 떠날 필요가 없습니다. 그냥 집에 머물면서 안전하게 계십시오.

● **launch** 시작하다 **distant** 먼, (멀리) 떨어져 있는 **consultation** 상담, 진찰 **ensure** 반드시 ~하게 하다, 보장하다 **access** 접근하다 **qualified** 자격을 갖춘 **follow-up** 후속 조치 **remote** 먼, (멀리) 떨어져 있는 **application** 신청

실전 모의고사 13회

본문 p. 124

1 ④   2 ⑤ to crack → crack 또는 cracking
3 ⓑ is → are   ⓒ made → making
4 ⓑ them → it   ⓔ is → does

---

1 **정답** ④

해설 (A) '방법이' '사용되는' 것이므로 a method와 use는 수동관계. 따라서 used가 적절.

(B) 전치사 by의 목적어인 동명사 sending과 and로 연결된 병렬구조이므로 releasing이 적절.

(C) 뒤에 목적어가 빠진 불완전한 구조가 이어지고 앞에는 수식할 선행사가 보이지 않으므로 선행사를 포함하는 관계대명사 what이 적절.

해석 구름 씨 뿌리기는 드라이아이스와 같은 물질을 구름 속에 흩뿌려 강우를 활발하게 하기 위해 사용되는 방법이다. 이 방법은 아랍에미리트와 같이 건조하고 먼지가 많은 대기가 있는 국가에서 일상적 필요에 따라 더 많은 물을 생산하기 위해 자주 사용된다. 2018년 아랍에미리트는 187회 구름 씨 뿌리기를 사용했으며, 이는 아랍에미리트 연간 강우량의 최대 15퍼센트에 이르는 기여를 했다. 그 과정은 강우량을 증가시키는 데 도움을 주는 인위적인 방법이다. 이것은 보통 구름의 위치 근처에 소형 항공기를 보내고 물질을 방출함으로써 이루어진다. 일단 구름 속으로 들어가면, 이 물질들은 얼음 결정체를 만드는 것을 돕는데, 이것이 바로 비로 내리는 것이다. 구름이 씨앗을 가지면 비가 오는 데 한 시간도 채 걸리지 않을 수 있다. 구름 씨 뿌리기는 또한 강우 지속 시간을 30분까지 증가시킬 수 있다.

● **stimulate** 활발하게 하다 **rainfall** 강우(량) **substance** 물질 **dusty** 먼지투성이인 **atmosphere** 대기 **annual** 연간의 **boost** 신장시키다, 북돋우다 **aircraft** 항공기 **aid** 돕다 **duration** 지속

---

2 **정답** ⑤ to crack → crack 또는 cracking

해설 「지각동사(hear) + 목적어 + 목적격보어」의 구조로 목적격보어로는 원형부정사나 v-ing 형태가 와야 한다.

오답풀이 ① 동사 remain은 보어로 형용사를 취하므로 unknown(알려지지 않은)은 적절.

② 문맥상 이유를 말하는 '명사구'가 뒤따르므로 because of는 적절.

③ 전치사 for의 목적어로 쓰인 재귀대명사 herself는 적절.

④ '피스타치오의 갈라짐'이 '(~으로) 여겨진' 것이므로 The cracking of pistachio nuts와 consider는 수동관계. 따라서 수동태 was considered는 적절. 여기서 a good omen은 원래 능동태 5형식의 보어이던 것이 수동태 문장에서 그대로 남아 있는 것이다.

해석 피스타치오 나무는 수천 년 동안 중동에서 자랐다. 이후 로마 황제 티베리우스의 통치하(서기 1세기)에 이탈리아와 스페인에도 전해진 반면에, 알프스 북쪽에는 오랫동안 알려지지 않은 상태로 있었다. 중부 유럽에 닿자마자, 그것은 이탈리아의 판매 경로에서 알프스 고개를 넘어 소개되어 '라틴 페니 너트'라고 불렸다. 피스타치오는 시바 여왕의 총애를 받는다고 했다. 전설에 따르면, 그녀는 자기 자신과 궁정을 위해 모든 토지에 생산을 요구했다. 피스타치오가 갈라지는 것은 특히 남녀의 연애 관계에 좋은 징조로 여겨졌다. 이 때문에 연인들은 성공적이고 행복한 관계를 보장하기 위해 피스타치오 나무 아래에서 만나 견과가 갈라지는 소리를 듣곤 했다.

● **rule** 통치, 지배 **emperor** 황제 **legend** 전설 **court** 궁중 **crack** 갈라지다, 금이 가다 **omen** 징조, 조짐

3 정답 ⓑ is → are ⓒ made → making

해설 ⓑ 부분 표현 A vast majority of 다음에 나오는 명사 these captive tigers가 복수이므로 복수동사 are가 되어야 한다.
ⓒ 분사구문의 생략된 주어는 앞에 있는 절의 Many of these private tiger owners로, 이들이 동물들을 취약하게 '만드는' 것이므로 능동을 나타내는 v-ing형인 making으로 고쳐야 한다.

오답풀이 ⓐ '대략 3,900마리가' '남아 있는' 것이므로 the approximately 3,900와 remain은 능동관계이다. 따라서 현재분사 remaining은 적절.
ⓓ 부정을 나타내는 Not only가 문두에 나와 주어(the welfare of these tigers)와 동사(is)가 도치된 형태.
ⓔ 「be required to-v (v하도록 요구되다)」 구문이 사용되었고 앞에 있는 to prevent와 and로 연결된 병렬구조이므로 to ensure는 적절.

해석 미국에는 약 5,000마리의 포획된 호랑이가 있는 것으로 추정되는데, 이는 야생에 남아 있는 3,900마리보다 많은 것이다. 이 포획된 호랑이의 대부분은 개인 소유로 사람들의 뒷마당과 개인 사육 시설에서 살고 있다. 이 사설 호랑이 주인들 중 많은 사람들은 제대로 훈련을 받지 않아, 동물들이 학대와 착취에 취약하게 된다. 종종 이러한 시설들은 방문객들이 사진 촬영 기회와 새끼 호랑이들과 노는 시간을 포함하여 호랑이들과 가까이 접촉할 수 있게 해줄 것이다. 이런 호랑이들의 건강이 위협받을 뿐만 아니라, 사람들이 호랑이들과 교류할 때 공중 보건과 안전도 위험에 처한다. 어느 정부 기관도 호랑이들의 위치나 주인을 감시하고 추적하지 않는다. 불법 거래를 방지하고 개별 동물의 적절한 건강과 공공 안전을 보장하기 위해 더 엄격한 감독이 필요하다.

● estimate 추정[추산]하다 captive 사로잡힌, 포획된 approximately 거의, 대략 breeding 사육 facility 시설 vulnerable 취약한 mistreatment 학대 exploitation 착취, 이용 cub (동물의) 새끼 interact 소통하다 monitor 감시하다 track 추적하다 oversight 관리, 감독 adequate 충분한

4 정답 ⓑ them → it ⓔ is → does

해설 ⓑ maturity를 받는 대명사 자리이므로 it이 되어야 한다.
ⓔ 앞의 일반동사 comes를 받으므로 does가 되어야 한다.

오답풀이 ⓐ 구나 절이 주어일 경우 단수 취급한다. How가 이끄는 의문사절 (How someone considers ~ growing old)이 주어이므로 단수동사 depends는 적절하게 쓰였다.
ⓒ 비교급을 수식하는 부사 much는 적절.
ⓓ the elderly는 '노인들'이란 뜻으로서 「the + 형용사」가 '~한 사람들'을 뜻하는 경우이므로 복수동사 are는 적절.

해석 누군가가 나이를 먹는다는 가능성을 어떻게 생각하는지는 그 사람의 성격에 달려 있다. 어떤 이들은 영원히 젊음을 유지하고 싶어 하는 반면, 다른 이들은 성숙함과 그에 수반되는 모든 것을 받아들인다. 여러분이 노후를 어떻게 상상하든 간에, 최근의 연구는 사람들이 나이가 들면 좋은 것을 발견할 것이라는 것을 보여주었다. 이 연구는 노인들이 마음 챙김을 실천해 그것의 침착하고 긍정적인 효과를 얻는 데 훨씬 더 능숙하다는 것을 밝혀냈다. 연구원들은 노인들이 젊은 사람들보다 더 현명하고 마음 챙김을 실천할 수 있는 더 많은 자유 시간을 가지고 있기 때문이라고 믿는다. 이 연구는 현재의 순간에 감사하고 산만함을 차단하는 능력은 노년층에게 아주 자연스럽게 나오며, 확실히 젊은이들보다 쉽게 된다는 것을 보여준다. 마음 챙김에 대한 원칙적인 가르침은 모든 스트레스를 받는 상황, 부정적인 생각, 그리고 나쁜 기분은 결국 지나갈 것이라고 말한다.

● prospect 가망, 예상 maturity 성숙함 skillful 능숙한 mindfulness 마음가짐 block out 차단하다 distraction 산만함

실전 모의고사 14회
본문 p. 126

1 ④ 2 ④ waste → wasteful
3 ⓑ which → where 또는 in which ⓒ is → are
  ⓓ heat → to heat
4 ⓑ anxiously → anxious ⓓ confront → confronting

1 정답 ④

해설 (A) 형용사 respected를 수식하는 부사로 '매우'라는 의미가 되어야 하므로 highly가 적절.
(B) '그것(사진)이' '알려진' 것이므로 분사구문의 주어 it과 know는 수동관계. p.p. 형태인 Known이 적절.
(C) 문맥상 '허용됐을지도 모른다'라는 과거의 추측을 나타내는 표현이 되어야 하므로 may가 적절.

해설 네스호의 괴물은 스코틀랜드에서 가장 오래 지속되어 온 신화 중 하나이다. 괴물에 대한 이야기는 아일랜드 선교사인 성 Columba가 서기 565년 네스 강에서 야수를 만났다고 했던 1,500년 전으로 거슬러 올라갈 수 있다. 1934년, 영국의 매우 존경받는 외과 의사였던 Robert Wilson 대령은 네스호의 북쪽 해안을 따라 운전하면서 이 괴물을 촬영했다고 주장했다. '외과 의사의 사진'으로 알려진 이 사진은 60년 후 거짓임이 확인되었다. 카메라에 잡힌 '괴물'은 분명히 장난감 가게에서 구입한 장난감 잠수함으로, 나무로 된 머리를 갖고 있었다. 과거의 또 다른 설명은 그것이 수영하는 서커스 코끼리 중 하나였다는 것을 암시한다. 이동해 다니던 서커스단이 동물들에게 휴식을 주기 위해 멈추었을 때 코끼리들은 호수에서 수영하는 것이 허용되었을지도 모른다.

● trace 추적하다 missionary 선교사 encounter 맞닥뜨리다 surgeon 외과 의사 colonel 대령 submarine 잠수함

2 정답 ④ waste → wasteful

해설 will become의 보어인 efficient, productive에 연결되는 형용사 자리이므로 wasteful이 되어야 한다.

오답풀이 ① 앞의 동사 are connected와 and로 연결되는 병렬구조이므로 복수동사 communicate는 적절. connected와 연결되는 것으로 착각하지 않도록 주의.
② 주어가 A combination으로 단수이므로 단수동사 makes는 적절.

A combination (of cyber-physical systems, ~) makes
‾‾‾‾‾‾‾‾S‾‾‾‾   V
┌ºIndustry 4.0 ᶜpossible
│ _and_
└ºthe smart factory ᶜa reality.

③ 동사 keep은 동명사를 목적어로 취하는 동사이므로 getting은 적절.
⑤ 뒤에 주어가 빠진 불완전한 구조가 이어지고 선행사인 information을 수식하는 구조이므로 관계대명사 that은 적절.

~ produce and share information [**that ●** results in the true
                                ‾‾‾‾‾‾‾‾‾↑‾‾‾‾‾‾‾‾
power of Industry 4.0].

해설 인더스트리 3.0에서 컴퓨터의 도입은 완전히 새로운 기술이 추가되어 혁신적이었다. 이제, 그리고 인더스트리 4.0이 전개되는 미래에서, 컴퓨터는 서로 연결되어 있고 서로 의사소통하여 궁극적으로 인간의 개입이 필요 없는 결정을 내린다. 가상 물리 시스템, 사물 인터넷, 시스템 인터넷의 결합은 인더스트리 4.0을 가능하게 하고 스마트 공장을 현실로 만든다. 더 많은 데이터에 접근할수록 더 똑똑해지는 스마트 기계의 도움으로, 우리 공장들은 훨씬 더 효율적이고 생산적이며 낭비가 덜하게 될 것이다. 결국, 그것은 이 기계들이

어떻게 서로 연결되어 있는지, 그리고 그것들이 인더스트리 4.0의 진정한 힘을 가져오는 정보를 어떻게 생산하고 공유하는지에 대한 것이다.

● **unfold** 펼쳐지다, 펼치다 **ultimately** 궁극적으로, 결국 **involvement** 관여, 개입 **assistance** 도움, 원조 **wasteful** 낭비하는

3 정답 ⓑ which → where 또는 in which ⓒ is → are ⓓ heat → to heat

해설 ⓑ 뒤에 「주어(new stars) + 동사(are beginning) + 목적어(to form)」의 완전한 구조가 이어지므로 관계대명사 which를 관계부사 where로 고쳐야 한다. 또는 in which로 고쳐 쓸 수도 있다.
ⓒ 주어가 복수명사인 The dust and gases이므로 are로 고쳐야 한다.
ⓓ force는 목적격보어로 to부정사를 취하는 동사이므로 to heat으로 고쳐야 한다.

오답풀이 ⓐ '가스와 먼지가' '분출되는' 것이므로 the gas and dust와 throw out은 수동관계. 따라서 thrown은 적절.
ⓔ 뒤에 주어가 빠진 불완전한 구조가 왔고 선행사인 the Helix Nebula를 보충 설명하므로 which는 적절.

해석 성운은 우주에 있는 먼지와 가스의 거대한 구름으로 이루어져 있다. 어떤 성운은 초신성처럼 죽어가는 별이 폭발할 때 분출되는 가스와 먼지에서 나온다. 다른 성운은 새로운 별들이 형성되기 시작하는 지역이다. 성운의 먼지와 가스는 매우 널리 퍼져 있지만, 중력은 먼지와 가스를 천천히 함께 몰아갈 수 있다. 이것들이 점점 더 커짐에 따라, 그들의 중력은 점점 더 강해진다. 결국 먼지와 가스의 덩어리가 너무 커져서 자신의 중력으로부터 무너진다. 붕괴는 구름의 중심에 있는 물질로 하여금 열을 가하게 하고, 이 뜨거운 핵은 별의 시작이 된다. 성운은 별 사이의 공간에서 발견된다. 지구와 가장 가까운 것으로 알려진 성운은 헬릭스 성운이라고 불리며, 이 성운은 지구로부터 약 700광년 떨어져 있다.

● **explode** 터지다, 폭발하다 **gravity** 중력 **collapse** 무너지다; 붕괴

4 정답 ⓑ anxiously → anxious ⓓ confront → confronting

해설 ⓑ appear는 형용사를 보어로 취하는 동사이므로 부사 anxiously를 형용사 anxious로 고쳐야 한다.
ⓓ 부사절의 주어가 주절의 주어와 일치할 경우 「주어 + be동사」는 생략 가능하다. 이때 they가 '(~을) 직면하는' 것이므로 they와 confront는 능동관계, 즉 when they are confronting에서 they are가 생략된 것임을 알 수 있다. 따라서 confronting이 적절.

오답풀이 ⓐ 전치사 of의 목적어로 동명사가 쓰여야 하고, 판단을 당하는 수동의 의미가 되어야 하므로 being judged는 적절.
ⓒ 주어가 Many people로 복수이므로 복수동사 experience는 적절.
ⓔ 뒤에 절이 이어지므로 접속사 Although는 적절.

해석 사회 불안 장애는 사회적 또는 수행 상황에서 비판을 당하거나, 부정적으로 평가되거나 거절당하는 것에 대한 극심한 불안감이나 공포감이 특징이다. 사회 불안 장애를 가진 사람들은 불안해 보이는 것(예: 얼굴을 붉히거나 말을 더듬는 것)이나 멍청하거나 재미없거나 어색해 보이는 것에 대해 걱정할 수 있다. 그 결과 그들은 사회적 또는 수행 상황을 자주 피하고, 상황을 피할 수 없을 때는 상당한 불안과 괴로움을 겪게 된다. 사회 불안 장애를 가진 많은 사람들은 또한 땀을 흘리고, 심장이 뛰고, 속이 뒤집히는 등 강한 신체 증상을 경험한다. 그들은 두려운 상황에 직면했을 때 극단적인 공격을 경험할 수 있다. 비록 자신의 두려움이 과도하고 불합리하다는 것을 깨닫지만, 사회 불안 장애를 가진 사람들은 자신의 불안을 통제할 수 없다고 느끼는 경우가 많다.

● **disorder** 장애 **intense** 강렬한, 극심한 **evaluate** 평가하다 **blush** 얼굴이 빨개지다 **stumble** 더듬거리다 **distress** 고통, 괴로움 **race** 바쁘게[정신없이] 돌아가다 **confront** (문제나 곤란한 상황에) 맞서다 **excessive** 지나친, 과도한

구문 [1-2행] Social anxiety disorder is characterized by intense anxiety or fear of **being judged**, (being) negatively **evaluated**, or (being) **rejected** in a social or performance situation.
전치사 of의 목적어인 동명사의 수동태 형태가 or로 연결된 병렬구조. 반복되는 being은 생략되었다.

실전 모의고사 15회
본문 p. 128

1 ③   2 ④ them → it
3 ⓑ which → that   ⓒ more → the more
4 ⓐ hop   ⓑ to catch   ⓒ be understood   ⓓ describing

1 정답 ③

해설 (A) 허블이 '서비스를 받아 온' 것이므로 현재완료 수동태 has been serviced가 적절.
(B) 뒤에 목적어가 빠진 불완전한 구조가 이어지고 선행사인 a whole series of lessons를 수식하는 구조이므로 관계대명사 that이 적절. 관계대명사 what은 선행사를 포함하므로 부적절.
~, Hubble taught us a whole series of lessons [**that** we weren't anticipating ●].
(C) 「help + 목적어 + 목적격보어」 구조. help는 목적격보어로 원형부정사나 to부정사를 쓸 수 있으므로 estimate가 적절.

해석 허블 우주 망원경은 1990년 4월 24일 NASA에 의해 발사되었고, 그 이후로 허블은 우주를 관찰하느라 바빴다. 결함을 시정하고, 탑재된 장비를 수리 및 교체하고, 개선된 기기를 설치하기 위해 그것의 수명 동안 네 차례 서비스를 받아 왔다. 그러면서 허블은 우리가 예상하지 못했던 일련의 교훈을 우리에게 가르쳐 주었다. 허블 덕분에, 우리는 이제 우리 은하가 우주에 있는 수천억 개의 은하 중 하나에 불과하다는 것을 알게 되었다. 허블은 이처럼 먼 은하계를 연구할 수 있기 때문에 우주가 팽창하고 있으며 팽창이 가속화되고 있다는 사실을 과학자들에게 알려왔다. 이 은하들을 연구함으로써 과학자들이 우주의 대략적인 나이인 약 138억 년을 추정하는 데에도 도움을 주었다. 허블은 또한 우리에게 은하계가 우주의 시간에 걸쳐 어떻게 커지고 진화했는지를 가르쳐 주었다.

● **anticipate** 기대하다; 예상하다 **galaxy** 은하계 **accelerate** 가속화되다 **evolve** 진화하다 **cosmic** 우주의

2 정답 ④ them → it

해설 「make + 가목적어(it) + 목적격보어(possible) + 진목적어(to sail~ debris)」의 구조. 따라서 them을 it으로 바꿔야 한다.

오답풀이 ① 뒤에 「주어(litter, ~ debris) + 동사(collect)」의 완전한 구조가 이어지고, 앞에 장소를 나타내는 선행사 large areas of the ocean이 있으므로 관계부사 where는 적절.

② 콤마(,) 뒤에서 앞 절을 보충 설명하는 관계사 자리이고, 관계사절 안에서 주어 역할을 해야 하므로 주격 관계대명사 which는 적절.

③ 두 개의 절을 연결할 접속사 역할과 앞에 나온 명사 trash를 대신 받을 대명사 역할을 겸할 수 있는 관계대명사가 필요한 자리로, which는 적절.

⑤ 주절에 동사 can prevent가 있으므로 준동사로 쓰인 to create는 적절. 앞의 명사구 enough sunlight을 수식하는 형용사적 용법의 to부정사이다.

해석 쓰레기 지대는 쓰레기, 낚시 도구, 그리고 해양 쓰레기로 알려진 다른 잔해들이 모이는 바다의 넓은 지역이다. 그들은 환류라고 불리는 해류를 회전시켜 형성되는데, 이것은 쓰레기들을 한 곳으로 밀어낸다. 이러한 지역들 중 가장 유명한 것은 종종 태평양 거대 쓰레기 지대라고 불린다. 그것은 북태평양 환류에 위치해 있다. 어떤 지역은 다른 지역보다 쓰레기가 더 많고, 대부분의 쓰레기들은 미세 플라스틱이다. 미세 플라스틱은 크기가 5mm보다 작기 때문에 육안으로 바로 눈에 띄지 않는다. 이것은 많은 쓰레기들을 보지 않고 태평양 거대 쓰레기 지대의 특정 지역을 항해하는 것을 가능하게 한다. 해양 쓰레기는 조류와 플랑크톤이 영양분을 만들기에 충분한 햇빛을 받지 못 하게 할 수 있다. 그것들의 크기에도 불구하고, 이 작은 유기체들이 위협을 받을 때, 먹이 사슬 전체가 위험에 처하게 된다.

● **litter** 쓰레기   **debris** 쓰레기   **noticeable** 뚜렷한, 현저한   **nutrient** 영양분   **organism** 유기체, 생물(체)

---

3 **정답** ⓑ which → that ⓒ more → the more

해설 ⓑ 「warn + 간접목적어(potential predators) + 직접목적어(that the frogs are ~ to eat)」의 구조이다. 목적어가 되는 명사절을 이끌기 위해 which가 아니라 접속사 that이 들어가야 한다.

ⓒ 「the + 비교급 ~, the + 비교급 … (~할수록 더 …하다)」 구문이므로 the more로 고쳐야 한다.

오답풀이 ⓐ 상관접속사 「both A and B (A와 B 둘 다)」가 쓰였으므로 and는 적절.

ⓓ 문장의 동사인 communicate와 and로 연결된 병렬구조이므로 have는 적절.

ⓔ 문맥상 '목적'을 나타내는 부사적 용법으로 쓰인 to signal은 적절.

해석 파나마 금개구리의 서식지는 파나마 코르딜레라 산맥의 축축한 열대 우림과 건조한 운무림 모두에 있다. 그들의 피부가 밝은색인 목적은 개구리가 매우 독성이 강해서 먹기에 위험할 수 있다는 것을 잠재적인 포식자들에게 경고하기 위한 것이다. 실제로 개구리가 먹는 곤충의 종류가 다를수록 피부에서 분비되는 독성이 강해진다. 수컷 파나마 금개구리는 휘파람 소리로 의사소통하며 적어도 두 종류의 다른 울음소리를 낸다. 개구리들은 고막이 없기 때문에 이것은 독특한 행동이다. 대신, 그들은 다른 개구리들에게 신호를 보내기 위해 일종의 수화를 사용한다. 그들은 영역을 지키고 짝을 유인하기 위해 손을 흔들거나 발을 들어 움직인다.

● **habitat** 서식지   **potential** 잠재적인   **predator** 포식자   **toxic** 유독한   **whistle** 휘파람 소리를 내다   **territory** 영역

---

4 **정답** ⓐ hop ⓑ to catch ⓒ be understood ⓓ describing

해설 ⓐ 문맥상 hop이 와야 하는데, to run, jump와 and로 연결된 병렬구조이므로 hop이 적절하다.

ⓑ 자신에게 튀어 온 공을 잡으려고 노력할 것이라는 문맥이 되어야 하므로 「try + to-v」 구조인 to catch가 적절하다.

ⓒ '아이의 말이' '이해되는' 것이므로 The child's speech와 understand는 수동관계. 수동태 be understood가 적절.

ⓓ 아이의 언어 능력을 서술하는 부분이므로 describe가 적절하다. 절과 절을 연결하거나 구와 구를 연결하는 접속사가 보이지 않고 문장상 '~하면서'를 뜻하므로 분사구문을 이끄는 분사 자리이다. 의미상의 주어인 he와 describe는 능동관계이므로 describing이 되어야 한다.

해석 남자아이가 네 살이 되면 빨리 달리고, 서 있는 자세에서 앞으로 뛰고, 한 발로 몇 번 깡충깡충 뛸 수 있을 것이다. 네 살이 된 해의 중반쯤에는, 아이는 자신에게 튀어 온 공을 잡으려고 할 것이다. 네 살짜리 아이는 점점 기술이 늘어 단추를 풀고, 치약 뚜껑을 열고, 심지어 도움 없이 화장실에 가는 것과 같이 이전에는 가능하지 않았던 일들을 할 수 있게 된다. 아이의 말은 이제 낯선 이들에게조차도 대부분 이해될 것이다. 아이는 어떤 사건이 자신의 기분을 어떻게 만들었는지까지 묘사하면서 자신을 표현하기 위해 생각을 정리할 수 있을 것이다. 비록 아이가 몇 년 더 책을 읽을 준비가 되어 있지 않을 수도 있지만, 그는 문자, 숫자와 같은 기호나 심지어 가족들이 가장 좋아하는 식당의 간판까지도 인식하기 시작할지도 모른다.

● **hop** 깡충깡충 뛰다   **unassisted** 도움을 받지 않는

구문 [3-5행] The 4-year-old's increasing skills allow him to do things [**that** ● weren't possible before], such as **undoing** buttons, **opening** the toothpaste cap *and* even **going** to the toilet unassisted.

동명사구가 콤마와 and로 연결된 병렬구조.